KB011508

브라질 흑인의 역사와 문화

중남미지역원
학술총서 **25**

브라질 흑인의 역사와 문화

(História e Cultura do Negro no Brasil)

이광윤 지음

산지니

들어가는 말

이 책에서 우리는 브라질 사회에서 흑인의 여정과 관련해 중요하다고 생각되는 주제와 사건을 선별하여 브라질 역사의 한 주역인 흑인에 대한 모든 것을 살펴보고자 한다. 그래서 제1장에서는 브라질의 역사와 15세기 이후 아프리카 대륙에서 있었던 변화를 관련지어 간략하게 아프리카 역사와 노예제도를 고찰한다. 당시 아프리카 사회는 유럽과 아메리카를 포함하여 대서양 노예무역이라는 매우 큰 이득이 있는 상업무역의 범주에 편입되고 있었다.

대규모 흑인 노동력의 거래는 검은 아프리카의 방향을 재설정해주었으며, 대서양 무역과 함께 아프리카 대륙은 근대 세계에 인구 전파의 중심지가 되었다. 노예시장에 흑인을 제공하는 것은 일부 아프리카 왕국에게는 엄청난 이익을 보장하는 사업이었으며, 그들의 재산은 '시체 운반선' 또는 '무덤'이라 불리던 노예선(奴隸船)에 가득 실린 엄청난 인간 짐들에 의해 좌우되었다. 그리고 아프리카와 유럽, 브라질의 노예 밀매업자들은 이들 힘없는 흑인 노예들을 폭력과 무력을 통하여 값싼 가격에 사들여 막대한 이득을 남기며 팔아넘겼다. 당시 노예무역은 주로 아프리카에서 그 지역의 강력한 왕국과 상업동맹을 선점하고 있었던 영국과 프랑스, 포르투갈의 몫이었다.

대서양을 통한 1,100만 명 이상이나 되는 노예의 매매는 당시 해상국가들의 정치적, 경제적 지형도를 바꿔놓았다. 오늘날 브라질에 해당하는 포르투갈령 미주에서 아프리카 흑인들의 노예화는 새로운 삶의 방식을 만들었다. 해상항로를 통하여 브라질의 사탕수수 농장과 광산, 커피 농장 등에 들어온 흑인들은 자신들의 노동력뿐만 아니라 종교와 토속신앙, 투쟁 방법, 여가생활, 관습, 삶과 죽음을 이해하는 방식, 그리고 농업기술 등 아프리카의 다양한 지역의 문화적 유산을 들여와 브라질 사회에서 노예로 지내면서 새로운 문화적 유산으로 재창조하였다. 즉 아프리카 흑인 노예와 그의 후손들은 아메리카 신대륙에서 서로 다른 종족과 현지의 주민들과 교류하면서 아프리카를 재창조하였던 것이다.

아프리카 흑인들이 노예제도로 인한 가족 이산에도 불구하고 가족적이며 애정 있는 관계를 회복할 수 있었던 것은 무엇보다 그들이 지닌 창조적인 능력 때문이었다. 이들의 변화는 그들이 타고 온 무덤과도 같은 노예선에 승선하자마자 시작되었다. 같은 노예선을 타고 브라질까지의 험난한 항해를 거치면서 어렵게도 생존한 그들은 서로서로 '말룽구'(malungo, 같은 배를 타고 아프리카에서 온 흑인 노예들을 일컫는 용어로 동지 또는 동행자의 의미)였다. 반투어에서 파생한 이 말은 '커다란 나무배'라는 뜻으로, 이 배에 같이 타고 노예로 끌려온 흑인들은 서로를 영원히 이어주는, 친척 사이처럼 끈끈한 우정의 관계를 맺었다. 또한 아프리카의 동일한 지역, 동일한 종족집단에서 온 흑인들은 자신들의 관계를 '빠렌찌'(parente, 친척이라는 의미)라는 표현으로 불렀다. 같은 식으로 가톨릭 수도회와 아프로-브라질 종교인 '깐돔블레'(candomblé)는 가족의 일종이었으며 그래서 하나의 깐돔블레에 속하는 사람들을 규정하기 위해 '성가정'(聖家庭, família-de-santo)이라는 표현을 사용하였다. 이러한 조직들은 바로 연대와 단결의 장(場)이었으며, 가치의 분배 그리고 삶의 계획과 미래의 조건이었던 것이다.

그래서 우리는 노예제도가 단지 하나의 경제체제가 아니라, 브라질 사회를 형성한 것이라고 말할 수 있다. 노예제도가 실시되었던 브라질에서 사회적 위치는 자유인과 노예 혹은 해방된 노예의 조건에 의해서 결정되었다. 많은 노예를 소유하고 있다는 것은 곧 부와 명성 그리고 권력을 의미하는 것이었으며 그래서 심지어 전 노예들(해방된 노예들)도 그것을 얻기 위해 노예를 갖고 싶어 했을 정도이다.

하지만 노예사회에서 사회적 긴장과 충돌은 일상적인 것이었다. 주인에게 불복종하고, 환자인 척하고, 태업과 생산을 더디게 하는 것 외에도 농장에서 탈출하는 행위는 흑인 노예들의 다양한 저항 전략이었다. 일시적이긴 하지만 노예들의 탈출은 노예에 대한 주인의 통제 한계를 보여주는 것이었으며, 주인의 지배로부터 도망친 노예들은 자신의 삶을 스스로 개척할 능력을 시험받았다. 때때로 노예제도에 대한 흑인들의 저항은 집단반란으로 나타나기도 했는데, 특히 19세기 초 30년간 노예들의 폭동은 경찰력과 농장주들을 위협에 빠뜨리게 할 정도였다. 제5장에서 보듯이 일부의 노예폭동은 그 원인과 의도가 명백하였다. 주인으로부터의 부당한 대우에 항의하거나 또는 주요 도시정부를 전복할 의도의 흑인폭동은 곧 노예질서를 약화시켜 19세기 브라질 사회의 가장 큰 쟁점이었던 노예무역과 노예제도의 종식에 기여하게 되었다.

1850년 노예무역의 금지 이후, 노예제도에 반대하는 사람들은 해가 갈수록 늘어났으며, 그래서 결국 기습적이지 않고 점진적인 노예해방을 기대하였던 노예소유자들의 요구에 부응하여 '벤뜨리 리브리 법'(Lei do Ventre Livre)과 '쎄사제나리우스 법'(Lei dos Sexagenários)이 통과되었다. 이들 법안은 사실상 농장주들로부터 노예해방의 최종 결정권을 빼앗은 것으로서, 그때부터 최종 결정은 정부, 특히 사법부의 판단에 놓이게 되었다.

시간이 흐르면서 흑인 노예들은 법적 통제를 벗어난 투쟁을 가속화하여, 노예탈출이 더욱 늘어나고, 탈출 노예들의 공동체였던 '낄롬부'(quilombo)의 수도 크게 증가하였으며 폭동과 심지어 주인과 감독관을 살해하는 사건도 빈번하게 되었다. 이와 함께 노예해방 운동도 증가하였으며, 탈출과 폭동으로 야기된 사회적 불안정은 곧 노예제도 폐지에 대한 결정적인 압력으로 작용하였다. 결국 노예제도 사회의 사회적 위험과 정치, 경제, 문화적 손실을 우려한 백인과 흑인, 남녀노소 모두 브라질에서의 노예제도 폐지를 위해 투쟁하게 되었다. 제6장에서 볼 수 있듯이 노예제도 폐시론자들은 평등한 자유를 요구하면서 브라질의 근대화를 위한 유일한 출구는 오로지 노예해방이라고 인식하고 있었다.

1888년 5월 13일 '아우레아 법'(Lei Áurea)이 발표되면서 브라질에서 더 이상 노예제도가 존재하지 않게 되자, 전 농장주와 전 노예들 모두 자신들의 이익을 주장하고 나섰다. 이들은 모두 노예해방 선언이야말로 브라질에서 백인과 흑인의 사회와 권력의 관계를 결정짓는 중요한 변수가 될 것이라는 것을 잘 알고 있었다. 결국 1888년의 노예제도 폐지는 브라질 흑인 역사에 있어 가장 중요한 하나의 사건으로 기억되지만, 사회-인종적 위계질서가 그대로 유지되면서 노예제도 폐지가 어떻게 가능했었는지를 이해하는 시금석이 되었다. 노예해방이 정부로부터 보상을 기대하였던 전 농장주들에게는 불쾌한 것이었다면, 흑인 민중들의 열망을 채우기에는 미흡하였다.

노예해방은 자유인이 된 흑인들에게 교육과 노동, 그리고 토지에 대한 권리와 자신들의 종교를 자유롭게 실행할 수 있는 자유를 허용하는 구체적인 행동을 보여주지는 못하였다. 노예해방 이후 1년 반이 지나 공화정이 선포되었을 때도 흑인들의 시민권은 새로운 정치제도 계획에 고려되지 않았으며, 오히려 공화정 정부는 흑인들의 자치권을 약화시키고 과거 농장주들의 명령권 유지를 보장하고자 하였다. 공화정 정부는 흑인들이 왕(王) 없이는 살 수 있지만, 감독관이나 주인 없이는 생활할 수 없다는 주장을 펴면서 경찰력으로 하여금 흑인을 감시하고 더욱 통제하기에 이르렀다. 그래서 많은 흑인들은 오히려 노예제도가 폐지되었던 제국주의 시대에 대한 향수를 느끼게 되었었다.

한편 유럽과 미국에서 통용되었던 인종의 논리가 브라질에서도 사회, 인종적 불평등을 정당화하기 위해 그대로 이용되었다. 1930년대까지 '흑인과 백인은 서로 다른 인종에 속해있다'라는 사고가 흑인의 열등함과 종속을 설명하는 과학적 논리로 통용되었지만, 흑인들은 자신들의 삶의 조건을 보장받기 위한 투쟁을 게을리하지 않았다. 흑인 민중은 도시와 농촌에서의 다양한 폭동에 참여하면서 또 다른 빈곤계층과 함께 공화국 초기 정부의 억압적이며 권위적인 정책에 반대하고 나섰으며, 제뚤리우 바르가스(Getúlio Vargas) 정권하에서는 브라질 국민의 한 사람으로서 정치 참여와 사회적 인식의 제고를 위해 정부와 연합하기도 하였다.

또한 흑인들은 바이아 주에서의 '까누두스의 난'(Guerra de Canudos)과 히우 지 자네이루에서의 '의무예방접종 반대시위'(Revolta da Vacina)에서처럼 오지 지역과 대도시에서 흑인들이 소외된 공공정책에도 대항하였다. 하지만 이러한 사건들은 공공권력과 흑인 민중이 언제나 투쟁의 관계였다는 것을 의미하지는 않는다. 왜냐하면 정부가 흑인들의 자치권을 제한하려 하면 할수록 흑인들은 이에 저항하였으며, 정치적인 게임에서 나타나듯 둘 사이에는 언제나 타협과 긴장이 공존해 있었기 때문이다.

한편 우리는 브라질 사회에서 구체화된 인종차별에 대한 다양한 형태의 대항의 방식을 살펴볼 수 있다. 흑인 언론과 유흥과 무도회, '삼바 학교'(escola de samba), 깐돔블레 등은 바로 브라질 흑인들의 정치 · 문화적 협상과 조직의 능력을 보여주는 단적인 예들이다. 그러한 조직들은 브라질 흑인들의 현대사에 있어 흑인운동을 진작하고 인종차별에 집중적으로 대처하는 데 중요한 역할을 하였기 때문이다. 20세기 후반 흑인운동 조직들의 이상과 열망, 그리고 투쟁은 인종차별을 보석될 수 없는 범죄로 입안하는 데 커다란 역할을 하였으며, 이와 함께 최근 들어와 아프리카 역사와 아프리카-브라질 역사와 문화의 교육을 의무화하는 법이 만들어지는 데도 크게 기여하게 되었다. 그리고 이들 단체의 노력은 대부분이 흑인들인 빈곤가정의 자녀들이 고등교육 기관에 입학할 수 있는 쿼터제를 도입하는 데도 나타나게 되었다.

하지만 여전히 흑인 민중에게는 개선되어야 하고 쟁취되어야 할 것이 많이 남아 있다. 오늘날 흑인은 브라질을 대표하는 삼바와 축구의 귀재요, 가장 순수한 민족문화를 유지하고 표현하는 대표자들이지만, 사회적 갈등으로 곡해되고 인종 혼합의 후손으로만 인식되고 있다. 그러나 브라질의 흑인들이 인종 혼합에 반대하는 것은 아니다. 브라질의 흑인들을 혼혈인으로만 정의하는 것의 이데올로기를 살필 필요가 있다. 또, 브라질의 흑인들은 실제로 축구와 삼바, 힙합, 펑크의 대가들이지만 이러한 문화들만이 유일하게 브라질의 흑인을 표현하는 것은 아니어야 한다. 오히려 우리가 지각해야 할 문제는, 브라질의 교도소 수감자, 또 극빈곤층의 대부분이 흑인이며, 흑인은 늘 경찰의 폭력과 실업에 보다 쉽게 노출되어 있다는 사실이다.

오늘날 흑인들을 위한 기회의 평등과 자유, 그리고 사회적 통합에 대한 보장이라는 요구는 과거 또 다른 흑인들이 주장하였던 것과 다름이 없다. 인종차별에 대항하며 보다 나은 삶의 조건을 주장하는 것이야말로 흑인 민중의 투쟁의 역사에서 나타나듯 그들의 후손들에게 맡겨진 또 다른 과업이다. 어쩌면 이 모든 것은 브라질을 형성하고 있는 모든 브라질인들이 반드시 이루어야만 하는 과업인지도 모른다.

목차

I

아프리카 역사와 노예제도

브라질에서 흑인의 역사는 노예 매매와 그 시작을 같이하지 않는다. 브라질 흑인의 역사는 미주 지역의 노예제도 이전, 그리고 브라질에서의 포로 생활 이전으로 거슬러 올라가는 아주 오래된 이야기이며, 특히 포르투갈 사람들인 유럽 항해자들의 모험과 국가로서 브라질의 형성이 서로 교차되는 전설과도 같은 이야기이다. 아프리카의 역사를 안다는 것은, 어떻게 수백만 명에 이르는 흑인 남자와 여자, 심지어 어린이들이 자신들의 땅에서 포획되어 미주 지역으로 향하는 선박의 지하창고로 옮겨졌는지를 이해하는 데 필수적이다. 그래서 브라질 흑인들의 역사 여정을 이해하기 위해서는 아프리카 대륙이 어떻게 그리고 왜 현대 세계 최대의 인구 산포 중심지로 변하였는가를 알 필요가 있다.

15세기에 유럽인들이 아프리카에 도착했을 때 그들은 자신들의 삶과는 전혀 다른 생활방식이 존재하고 있었다는 것을 알게 되었다. 유럽인들은, 아프리카인들 사이에서는 사회·경제적 조직이 확대가족이라는 친족중심의 인간관계를 바탕으로 구성되어 있으며, 동일한 지역에서 다양한 사람들이 동거하고 있고, 다른 종족에 대한 공물(供物) 납부의 체제를 지니고 있다는 것을 보았다. 아프리카인들에게 한 종족 집단에 대한 친족중심의 인간관계는 인간 정체성을 규정짓는 가장 근원적인 형태의 하나였으며, 이는 곧 인간의 사회적 위치가 친족 혈통의 정도에 의해 주어진다는 것을 의미하였다. 이러한 사회에서 단결은 대부분이 조상들에 대한 기억의 보존에, 연장자에 대한 존경심과 특권에 그리고 동일한 종교적 신념의 분배에 달려 있었다.

아프리카에는 말리(Mali)와 같은 강력한 제국이나 콩고(Kongo, 오늘날의 콩고Congo와 다름)와 같이 아주 잘 공고화된 왕국들뿐 아니라 가문이나 혈통에 의해 연결된 소규모 집단 촌락 등이 존재하고 있었다. 그리고 기후적 조건과 사업의 기회에 따라 이동하였던 상인과 농민, 목부(牧夫)와 같은 떠돌이 집단들도 또한 존재하였다. 아프리카 대륙이 광대한 영토와 소규모 인간 집단이라는 불균형으로 특징 지어지고 있지만, 왕국의 확대, 집단의 이주, 대상(隊商)의 이동, 강(江)으로의 접근 경쟁, 도로나 노정(路程)에 대한 통제는 전쟁과 종족 간의 예속 관계를 가져오기도 하였다.

종족의 노예화

종족 간의 무력전쟁에서 승리자들은 패배한 부족의 일부를 노예화하는 것이 일반적이었는데, 종족 노예화라 부르는 이것은 보통 소규모 농업이나 가족에서 노동력을 이용하기 위해 종족 상쟁에서 패배한 인원을 포획하는 것이었다. 땅은 풍부하였지만 노동력은 부족한 상황에서 이러한 형태의 노예화는 가족이나 집단의 부양에 쓰일 인원을 확대하기 위한 방법이었다. 가족당 노예의 숫자는 적었지만 노예를 소유하고 있다는 것은 소유자들의 권위와 위엄을 대변해주었으며 또한 혈통 보존의 능력을 과시하는 것이었다. 그래서 이런 형태의 노예화에서는 종족 집단의 확충을 보장해주는 여자와 어린이들이 더 선호되었으며, 이로서 여자 노예들이 첩이 되거나 소유자의 자식을 갖는 것이 정당하다고 여겨졌다.

또한 노예의 가족으로의 편입은 점진적으로 이루어졌는데, 노예의 자식은 주인의 집에 태어나면 매매될 수 없었으며 이들의 후손은 후에 노예의 신분에서 벗어나 같은 혈통으로 동화되어갔다. 그리하여 노예의 탄생과 함께 종족 집단은 더욱 성장하였으며 이와 함께 친족관계는 강화되고 또 주인에게 종속된 수는 더욱 늘어났다. 노예들의 통합은 또한 어린이들의 노예화에 대한 선호로 설명되는데, 이는 어린이들이 보다 쉽게 동화되고 또 주인의 가족과 보다 밀접한 관계를 형성하고 있기 때문이다. 노예가 되는 위험한 경우가 발생하는 것은 비단 전쟁을 통해서만은 아니었다. 아프리카의 많은 사회에서 포로가 된다는 것은 도둑질이나 살인, 요술, 그리고 때때로 간음에 대한 형벌을 의미하였으며 또한 차압이나 납치, 교환, 매입 등도 노예가 되는 또 다른 이유였다. 사람들은 부채 지불을 위한 보증으로서 차압될 수 있었는데, 이 경우 친척들이 부채를 청산하면 포로의 신세를 면하게 되었다. 이러한 형태의 포로 혹은 노예 취득의 형태는 아프리카에서 시대적으로나 지역별로 대동소이하였으며, 노예무역이 활발해지기 시작한 이후 납치나 공격 등의 사건이 빈번하게 발생하였다.

모잠비크의 쎄나(Sena) 종족의 예와 같이 일부 아프리카 사회에서 노예화는 기아와 가뭄이 극심했을 때의 생존 전략이기도 하였다. 공동체내 개인의 판매와 교환은 노예화된 사람을 포함해 집단의 생존을 보장해주었으며, 먹을 것을 위한 구성원의 교환은 종족 집단의 소멸을 피하는 방법이었던 것이다. 친족관계로 강하게 결속된 그들 사회에서 노예가 된다는 것은 추방된다는 것을 의미하며 나아가 이방인이 되어 또 다른 종교적 신앙을 갖고, 다른 언어로 소통하고 또 자신의 전통에 대해 문외한이 된다는 것을 의미하는 것이다. 그래서 누군가에게 노예라는 선고를 내리는 것은 그 사람의 뿌리를 없애며 모욕하는 것 이상의 것을 의미하였다.

무어족의 흑인 노예화

7세기 말과 8세기 중반 사이 아랍인들이 이집트와 아프리카 북부 지역을 점령한 이후, 소규모의 종족 노예화는 해외로의 노예무역과 함께 병행되어 아프리카 노예화는 무어족의 의미심장한 목표로 변모되었다. 이때부터 아랍인들은 대규모 기업적 형태로 노예무역을 발전시키기에 이르렀다. 그리하여 소수의 아프리카인 포획과 노예화에 그치지 않고 수백 명에 달하는 흑인들이 아프리카 내에서뿐 아니라 아랍 세계에서, 그리고 후에는 브라질을 포함한 미주 지역으로의 대서양 횡단 무역 주체로 교환되거나 팔리게 되었다.

이슬람의 노예화

이슬람 세력의 확장과 함께 아프리카의 역사는 새로운 노정을 겪게 되었다. 8세기 말부터 아랍인들은 페르시아 만(灣)과 아라비아 지역에서 출발하여 언어와 상업거래 그리고 무력에 의해 이슬람교를 전파하기 시작하였다. 소위 지하드(jihad), 즉 성전(聖戰)이라 불리는 투쟁을 통해 아랍인들은 이슬람교를 전파하고, 정치지도자를 개종시켰으며, 알라신을 거부하는 불충한 사람들을 노예화하였다. 북아프리카에서 일찍이 이슬람교로 개종한 종족은 베르베르(Berber)족이었다. 사하라 사막을 가로지르는 거대 대상(隊商)으로 불리는 카필라(cáfila)는 주로 이슬람화된 베르베르족이었다. 이들의 무역 노정을 따라 이슬람교는 사하라 사막 남부 아프리카 사바나 지역인 수단 지역에 전파되었다.

낙타를 이용한 대상무역

주요 운송수단으로 낙타를 선택한 것은 아프리카에서 이슬람교가 확산되는 데에 결정적인 역할을 하였는데, 이는 베르베르인들로 하여금 원거리를 이동하고 사막에서의 고된 생존조건을 견딜 수 있도록 했기 때문이다. 대상들은 마치 움직이는 도시와도 같았으며, 안내자들과 군인, 상인 그리고 수백 마리의 낙타와 노예들은 소량의 물과 오아시스의 온화한 기후, 그리고 낙타 덕분에 힘든 길을 이동할 수 있었다.

사하라 사막을 이동한다는 것은 극도로 피곤한 일이기도 하지만 위험한 돌발 사고가 수시로 발생하는데, 모래 폭풍에 맞닥뜨리거나, 사구(砂丘) 사이에서 길을 잃거나, 또는 도적떼의 공격을 당하는 등의 위험에 처할 수가 있다. 베르베르인들의 노정(路程)은 9세기에 모리타니 남쪽과 차드 호수에 이르는 세네갈, 니제르 강 주변의 모로코와 알제리, 리비아, 튀니지와 이집트로 이어지는 꽤나 멀고도 오랜 여정이었다. 이미 9세기 중

사막을 가로지르는 대상들

반에 약 30만 명에 이르는 노예들이 사하라 대상들에 의해 이주를 했을 만큼 노예무역은 이들 대상들의 주요 상품이었다.

대상들은 칼과 옷감, 말, 구리, 유리 및 돌 세공품, 조개, 향수, 그리고 소금 등을 가득 싣고 아프리카 북부에서 출발하여 수단의 사바나 지역까지 이동하였으며, 수개월 후 돌아올 때는 금과 가죽, 상아, 그리고 많은 노예들을 갖고 왔다. 650년부터 1800년까지 이러한 사하라 사막 횡단 무역에서 약 7백만 명의 아프리카인들이 노예로 잡혀왔는데 그중 20%는 이동 중 사막에서 사망한 것으로 알려지고 있다.

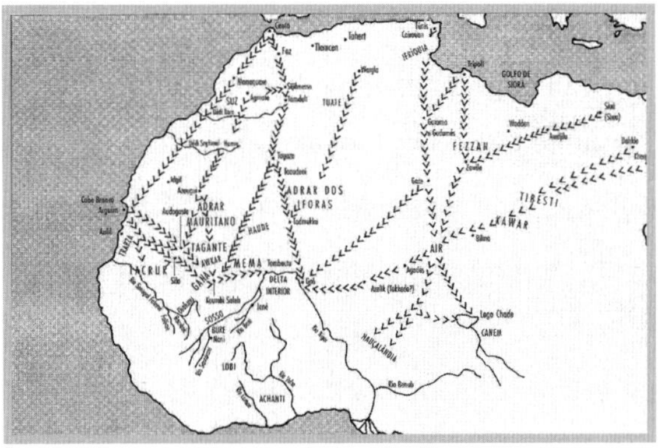

사하라 사막을 통한 이슬람 대상들의 무역 노정

이슬람 대상들은 무역을 위해 이동 중 수단(Sudan)의 도시와 마을 경계에서 야영을 하며 자신들의 종교적 관습을 실천하기를 게을리하지 않았는데, 그들은 하루에 다섯 차례의 기도를 행하였으며, 이와 함께 비가 오기를 기원하고, 부적을 만들며, 거래를 하는 중에도 현지인들을 위해 점을 치거나 약을 제공하는 일을 하였다. 이 모든 행위는 이슬람 계율에 따른 것으로, 이러한 교류를 통하여 이슬람교는 현지인들에게 일부 수용되기도 하였지만, 전통신앙을 갖고 있는 민중들에게는 강한 저항을 받기도 하였다. 이 때문에 많은 지역에서 알라신에 대한 믿음과 아프리카인들의 전통신앙이 공존하기도 하였지만, 일부 지역에서는 조상들에게서 물려받은 전통신앙을 고수하였다. 하지만 전통신앙을 유지하는 민중들 사이에서도 일부는 알라신으로 개종하지 않으면 노예가 될 위험 부담이 크기 때문에, 그리고 진실한 종교적 확신에 의해서 개종하는 경우도 있었다.

이슬람의 코란은 노예화를 위한 포획을 제한하거나 비난하지는 않으며, 마호메트의 추종자들은 노예화가 종교적 임무의 하나라고 여기고 있었다. 그래서 이교도들은 노예가 되면서 개종의 기회를 얻게 되는 것이고, 이슬람 계율을 전수받아 신자가 되면 이후 자유인이 될 권리를 갖게 되었다. 하지만 개종이 곧 노예 해방을 의미하는 것은 아니었다. 왜냐하면 이슬람 세계에서 노예의 숫자를 늘리기 위한 상업적이고도 이기적인 이유가 있었기 때문이다. 먼저, 한 개인이 노예가 되면 이슬람 계율에 따라 교육을 받기위한 시간과 조건이 거의 주어지지 않았으며 그리고 두 번째로 노예 노동력이 이슬람 시장의 무역 활성화의 기반이 되고 있었기 때문이었다.

원거리(遠距離) 무역의 강화 체제는 노예 포획의 증가를 요구하였다. 노예들은 교환의 산물로서뿐 아니라 고된 항해에서 짐꾼으로 쓰이기도 하였는데, 이들이 주로 운반한 것은 소금과 옷 궤짝, 야자열매, 무기 그리고 청동 제품 등이었다. 노예의 포획이 증가하면 할수록 아랍 세계에서 필요한 직업이나 일자리는 더 많이 늘어났는데, 이들이 담당했던 것은 여자 노예들을 대상으로 한 축첩(蓄妾)을 비롯해서 농민이나 수공예자, 하층 관리인, 가정부, 직조공, 도기제작공 등이었으며 그리고 무엇보다 노예들을 가장 필요로 했던 분야는 전쟁을 치르는 데 필수불가결한 군인이었다. 이슬람 계율을 전파하고 이를 공고히 하기 위한 영토 정복과 현지 지도자의 제압을 위해서는 더 많은 군인들을 필요로 하였다. 왜냐하면 이슬람 세력이 더 많은 영토를 정복하면 할수록 그곳을 통제하고 또 다른 영토 정복의 필요성 또한 증가하였기 때문이었다.

아랍 세계 전체는 아프리카뿐 아니라 인도와 중국, 서남아시아와 서유럽에서 들여온 포획 노예들의 좋은 시장이 되었으며, 그래서 이슬람 지역 노예시장에는 다양한 지역에서 포로가 되어 잡혀온 노예들을 쉽게 볼 수 있었다. 하지만 특히 이집트를 비롯하여 아프리카 북부지역이 아랍인들에 의해 지배된 이후 아프리카 검은 대륙은 노예 공급의 주된 지역이 되었다. 이미 9세기에 바그다드 대상들에 의해 아프리카에서 들여온 노예의 수는 45,000명에 이르렀고, 10세기 초부터 아프리카 흑인 노예의 수는 터키인과 슬라브족 노예들을 크게 앞질렀다. 이러한 경향은 18세기에 대략 71만 5천 여 명의 아프리카 흑인들이 포로가 되고 또 이집트와 리비아, 튀니지, 알제리 그리고 모로코 등에서 노예화가 이루어진 것을 보아 이후에도 계속된 것으로 보인다. 아프리카 흑인들의 노예화가 왕성하게 이루어졌다는 것은 곧 아랍 민중의 피부색에 점차 검은색이 자리 잡게 되었다는 것을 의미한다.

이와 같이 아프리카 소규모 종족 노예화는 이슬람의 대규모 노예화 제도에 그 자리를 물려주게 되었고, 15세기부터 유럽인의 아프리카 해안 진출과 함께 이러한 과정은 보다 국제적 차원에서 진행되어 검은 아프리카대륙은 전 세계 노동력의 수출지역으로 변모하게 만들었다. 따라서 당시 유럽의 강대국들, 네덜란드와 프랑스, 영국, 스페인, 그리고 무엇보다도 포르투갈은 아프리카 시장에 뛰어들어 막대한 이익이 보장되는 노예무역에 집중하였다.

그리스도교의 노예화

당시의 쎄우따

포르투갈 항해자들은 특산물과 금을 구하고자 해외 진출에 나섰다. 1415년 아프리카 북단의 상업 요충지인 쎄우따(Ceuta)를 정복하면서 아프리카의 풍부한 자원에 대한 소식을 듣게 된 포르투갈은 이 지역 진출을 서둘렀다. 그들은 아프리카 내륙에 금의 도시와 귀금속으로 넘쳐나는 강이 존재하는 것으로 생각하고, 15세기 중반 이후 아프리카 해안지역에 대한 본격적인 탐험에 나섰다.

오늘날의 모리타니에 위치한 아르깅(Arguim) 지역에 살고 있던 아프리카인들은 해안지역에 접근하는 크고 낯선 배들을 보았을 때 엄청난 충격을 받았다. 아랍 세계의 이방인들이 아프리카 지역에 나타나는 것에는 이미 익숙해져 있었지만 아프리카인들은 유럽인의 용모와 커다란 범선을 보고는 기이함을 느꼈던 것이 틀림없다. 이미 아프리카에는 소수의 백인들이 존재하고 있었지만 유럽인들은 또 다른 모습이었으며, 또한 포르투갈 사람들이 타고 온 범선은 크기는 아프리카인들이 보아온 배와는 비교도 되지 않을 정도였다.

해양으로의 진출을 시작한 이후 포르투갈은 동행하는 선원 중에 진출 지역의 언어에 능통한 통역을 대동할 필요성을 인식하고 있었다. 그래서 모리타니인과 무어인, 말레이인과 인도인 선원들을 승선시켰는데, 이들은 통역뿐 아니라 바람의 방향이나 항로, 별의 위치, 그리고 아프리카 해안지역에 대해 이미 잘 알고 있어 항해에 필수적인 인원이었다. 포르투갈인과 아프리카인의 최초의 접촉은 그다지 우호적이지는 않았다. 처음에 그들은 한쪽에서는 독화살을 쏘고 다른 쪽에서는 총을 쏘는 적대행위를 보였지만, 포르투갈의 통역들이 아프리카인들과 중재에 나서 우호적인 관계를 만들어가 세네갈 강 인근 지역까지 진출하였다.

아프리카에 진출한 포르투갈 항해자들은 황금을 얻기를 희망하였고, 반면에 흑인 부족장들은 사막의 대상들과의 교역을 통해 익숙해져 있던 물품들, 특히 모로코나 이집트산 무기와 직물, 제조품, 그리고 베니스의 유리 공예품, 부족 간 전쟁의 승리에 필수적이며 권위와 부유함의 상징인 양마(良馬)를 요구하였다. 포르투갈 사람들은 원하는 만큼의 황금은 얻지 못하였지만, 사하라 사막의 대상들이 그랬던 것처럼 많은 노예들을 싣고 포르투갈로 돌아갔다.

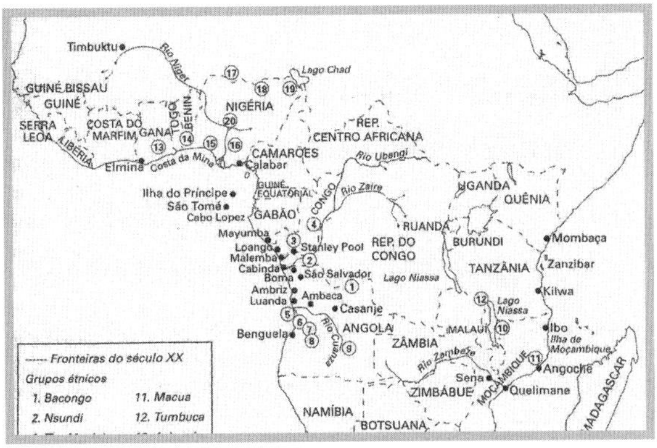

대서양 노예무역에 포함된 주요 아프리카 지역

우리는 아프리카 노예무역이 유럽인들의 이 지역 도착 이전부터 존재하였다는 사실을 알고 있다. 세네갈 강 인근 지역의 부족장들은 이미 오랫동안 노예와 금, 후추, 동물의 깃털과 가죽 등을 제공하는 사하라 무역에 참여하였지만, 유럽인들이 도래한 이후부터 노예무역이 본격적으로 이루어지면서 교역상황이 바뀌게 되었다. 또한 거대한 상선에 실려 고된 항해를 시작한 포획된 흑인 노예들은, 유럽인들이 자신들의 육체를 먹고 옷에 물감을 들이거나 포도주를 만들기 위해 자신들의 피를 마신다는 식인풍습을 갖고 있다고 믿고 있는 등 노예로서의 미래에 대한 걱정에 휩싸여 있었다.

아프리카 대륙의 흑인 부족장들은, 유럽인들이 자신들의 교역에 손해를 끼칠 수 있다고 의심하여 이들에게 유용한 정보를 제공해주지 않았으며, 아프리카 내륙 금광지역을 개방해주지도 않았고 대상들 또한 사하라 사막 횡단 여행을 안내하지도 않았었다. 하지만 유럽인들은 적극적이고도 집요하게 아프리카 진출을 고집하였으며, 이로서 아르깅(Arguim)이 상업요충지로 선정되어 드디어 1445년 이곳에 첫 번째 포르투갈 재외상관(在外商館)이 설치되어 사하라 횡단 무역의 노정이 시작되었다.

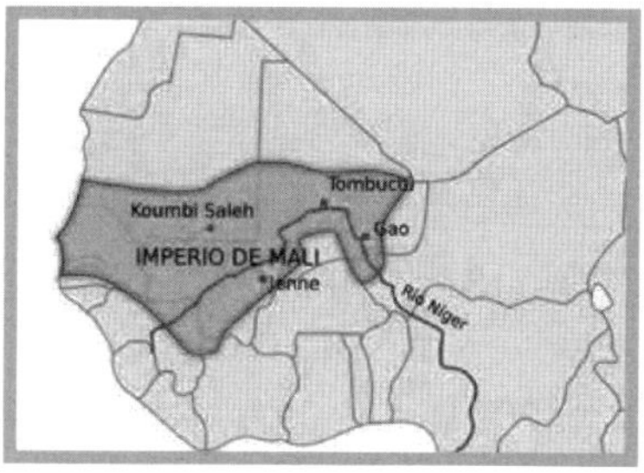

15세기 말리 왕국

포르투갈의 아프리카와의 교역에 대한 집요한 요구는 점차 결실을 보게 되었다. 아프리카인들의 유럽인에 대한 의심은 점차 해소되기 시작하였고 교역에 대한 충분한 보상도 이루어져 1460년경에는 잠비아 강 인근 지역에서 강력한 세력을 형성하고 있던 말리(Mali) 왕국과도 무역을 하는 등 호의적인 교역이 크게 증가하였다. 그러나 사하라 횡단 무역을 독점하여 그들이 꿈꾸었던 금광지대를 차지하려는 포르투갈의 근본적인 목적은 이루어지지 못하였다.

황금해안

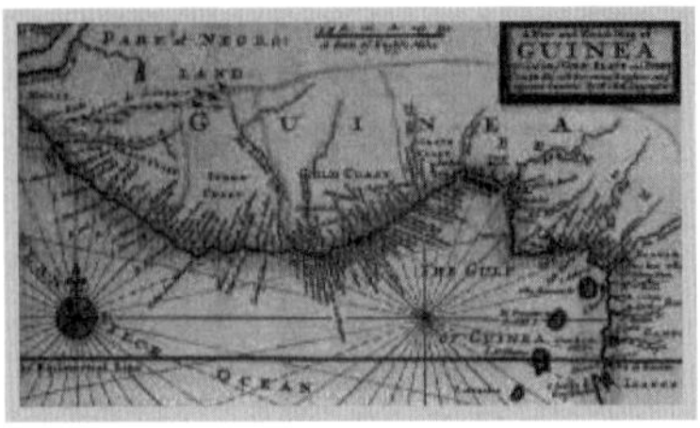

아프리카 황금해안

16~17세기에 걸쳐 포르투갈은 황금해안으로 알려진 지역에서 너무 멀리 떨어지지 않은 항구 사이를 오가는 연안무역이라는 새로운 교역 형태에 집중하였다. 다양한 약용 씨앗과 같은 가치 있는 상품을 좋은 가격에 얻기 위해서는 아주 먼 원거리를 이동할 필요가 있었다. 생산자와 최종 소비자 사이에는 일련의 중간자계층이 있어 아프리카 내륙 교역이 활성화되었다 하더라도 상품가격은 비쌀 수밖에 없었다. 그래서 포르투갈 사람들은 연안무역의 망(網)과 교환수단으로 노예의 가치를 이용하는 것에 주목하였으며, 그때부터 해안지역을 오가는 범선의 쾌속성을 이용하여 다른 아프리카인들에게 팔기 위해 아프리카인들을 노예로 구입하기 시작하였다.

포르투갈인들의 상업적 성공은 곧 아프리카 대륙의 불행과 일치하였다. 해안지역에서의 노예매매는, 일부 아프리카인들에게는 풍요와 군사적 힘을 부여했지만 또 다른 아프리카인들에게는 비참함을 가져다준 계기가 되었다. 유럽인과의 교역은 오로지 노예를 확보하기 위한 목적으로 이민족(異民族)과의 전쟁에 나서는 부족장들의 권력을 강화시켜준 것이다. 포르투갈인의 아프리카 대륙 출현은, 그때까지 의미 있는 경제적, 정치적 권력을 갖지 못했고 또한 체계적이지 못한 노예사냥에만 힘썼던 해안지역 아프리카인들의 삶에 새로운 변화를 가져다주었다. 포르투갈의 규모 있는 교역 시도 이전에 아프리카 경제의 주된 교역은 사하라의 대상들에게만 의존하여 북부와 내륙지역에서만 이루어졌을 뿐이었다.

포르투갈은 아프리카와의 교역으로 많은 이익을 보게 되면서 아프리카 해안지역에 더 많은 무역관(貿易館)을 설치하였다. 또한 다른 유럽국가의 접근을 무력화하고 노예를 포함한 상품을 보호할 수 있도록 대포 등으로 무장한 견고한 성(城)을 건설하는 것이 시급하였다. 그리하여 1482년 오늘날의 가나에 싸웅 조르지 다 미나(São Jorge da Mina) 성이 유럽식 건축 재료와 양식에 따라 견고하게 건설되었다. 포르투갈 요새의 위엄은 곧 포르투갈인들이 원대한 계획에 따라 오랫동안 이 지역을 지배할 것이며 또한 현지의 호전적인 부족들—판찌(Fanti)나 아깐(Akan)과 같은—이 포르투갈 요새 건설 및 진출을 방해하지 못하게 하려는 의도를 잘 보여주고 있다. 하지만 건설 초기 이들 아프리카 부족들은 자신들의 땅을 양도하기를 거부하였고, 높은 세금을 징수하거나 용수(用水) 접근을 막거나 게다가 건설에 참여한 사람들을 공격하는 등의 방해활동을 계속하였었다.

싸웅 조르지 다 미나 성(城)

이러한 방해에도 불구하고 포르투갈은 8년에 걸쳐 침입자를 공격하기 위한 두 개의 호(굴)와 높은 망루, 대포를 갖추고 1천 명 정도의 포획된 노예들을 보호할 수 있는 견고한 성을 완성하였다. 하지만 이 성은, 1630년 이후 브라질의 뻬르남부꾸(Pernambuco) 주를 지배하고 이곳 사탕수수 농장에 유입될 노예를 통제하며 노예무역에 뛰어들기 시작했던 네덜란드 서인도회사(Companhia Holandesa das Índias Ocidentais)의 침략을 받아 네덜란드의 지배하에 있게 된다. 사탕수수 산업과 농장을 토대로 한 당시 뻬르남부꾸 경제는 아프리카 흑인 노예들의 대규모 소비 시장이었다.

사탕수수 농장에 동원된 흑인 노예들

싸웅 조르지 다 미나 성을 지배하면서 포르투갈은 자신들로부터 노예들을 사들이고 사막의 대상들에게 재판매할 수 있는 모든 것을 구입한 만딩가(Mandinga)족이라는 영리한 상인들을 인근 지역으로 끌어들였다. 이로서 포르투갈인을 포함하여 아프리카 상인들을 연결하는 상업망을 구축하였으며, 다른 한편으로, 보다 남쪽으로 진출하여 직접 교역을 가능케 하였던 연안무역 항로를 통하여 많은 해안지역에 걸쳐 주민들의 이주까지 가능하게 만들었다.

포르투갈인들은 아프리카인들에게 소금과 쌀, 양모, 면화 등을 제공해주고 그 대가로 금이나 노예 등을 받았는데, 1500년에서 1535년 사이 포르투갈이 싸웅 조르지 다 미나 성으로 데려온 노예의 수는 1만 명에서 1만 2천 명에 이른 것으로 알려지고 있다. 이 중 다수는 만딩가 족으로부터 받은 것이었고 또 일부는 15세기 이후 포르투갈 상인들이 빈번하게 항해하였던 베닝 만(Golfo de Benim)에서 들여온 것들이었다. 1479년에는 단 한 차례의 항해에서 베닝 만으로부터 무려 400여 명의 노예들이 들어와 싸웅 조르지 다 미나 성에서 금과 교환된 것으로 전해지고 있다.

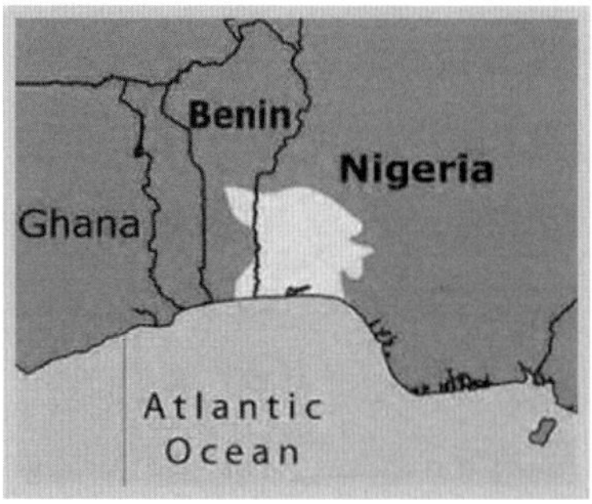

오늘날의 베닝

노예들의 해안

포르투갈인들이 베닝 만에서 상업 활동을 시작하기 전에는 밀림 지역에 큰 아프리카 왕국이 존재하지 않았는데, 이는 밀림의 울창한 산림이 상업적 침투 활동을 어렵게 만들었기 때문이다. 하지만 베닝 왕국은 예외였다. 15세기 후반 포르투갈 탐험대가 베닝 왕국의 수도에 진출하였을 때 이곳에는 넓고 긴 도로와 많은 집이 있는 대도시의 규모를 유지하고 있었다. 그러나 베닝 왕국의 확대는 무엇보다도 16, 17세기 활발한 노예무역에 이 왕국이 참여하면서부터 가속화되었다.

베닝 왕국에서 소금과 말린 생선, 약용 씨앗, 가죽, 옷감과 구리 등을 사고 팔 수 있는 상업 교역의 통제권은 왕에게 있었으며, 교역의 독점권이 왕에게 강력한 정치권력을 보장하고 있다는 것을 알게 된 포르투갈은 상대와 보다 우호적인 관계를 맺고자 베닝 왕을 가톨릭으로 개종시키려고 시도하였다. 하지만 이미 프랑스와 영국, 네덜란드 등이 무역협정을 제안하며 베닝 왕국과의 교역관계를 강력히 희망하고 있던 터라 베닝 왕은 포르투갈과의 단독 약속에는 흥미가 없었다. 베닝 왕의 태도는 그러한 무역협정의 규정들이 다만 유럽인들의 능력에 달려 있는 것이 아니라, 또 다른 아프리카인들의 이익에 달려 있는 것이라는 사실을 명백히 한 것이었다.

그래서 유럽인과 아프리카인 간의 이해관계를 결합하지 않고는 노예무역의 풍요를 이해할 수 없을 것이다. 유럽 국가들은 노예생산 지역에 대한 통제를 유지하고자 하였지만, 노예무역은 매우 복잡한 교역이었으며 또한 정치지도자와 크고 작은 규모의 아프리카 상인들을 포함하는 전문 참여자의 긴밀한 협조를 요하는 분야였다. 아메리카 대륙에 매매된 흑인 노예의 약 75%는 아프리카인 간의 전쟁의 희생자들이었다.

다오메족 사람들

흑인 노예들에 대한 욕심은 아프리카의 정치적 지형도를 바꾸어 놓았다. 다오메(Daomé)와 사드라(Sadra), 아샨티(Achântis) 그리고 오이오(Oió)와 같은 왕국들은 17, 18세기 노예무역 덕분에 풍요를 거두었다. 16세기까지 오이오 왕국은 농업과 직물업 경제에 의존했던 소규모 요루바 왕국에 불과하였다. 이곳의 직물은 후에 브라질 바이아 주 흑인들에 의해 계승되어 그 가치가 상당한 수준에 이르렀다. 하지만 노예무역과 함께 농업과 직물제조업은 그 중요성을 잃게 되었으며, 16세기 말 이곳의 주요 도시들은 노예무역에 적극 참여하게 되어 베닝 만 지역은 '노예들의 해안'이라는 명칭으로 불리게 되었다.

'노예들의 해안'에서는 경쟁이 매우 활발한 시장이 형성되었는데, 노예를 파는 사람들 중에서 요루바족과 다오메족은 유럽산 물품에 대한 경쟁이 심했으며, 노예를 사는 사람들 사이에서도 좋은 노예를 차지하려는 경쟁이 치열했다. 노예들의 해안에 위치한 항구에서 영국인, 네덜란드인, 포르투갈인 그리고 브라질인들은 아메리카로 수출될 노예들을 배에 가득 실었다. 당시 유럽의 모든 강대국들은 이익이 많이 나는 이러한 국제 무역에 예외 없이 뛰어들었다. 그래서 처음에는 주로 아프리카 해안지방의 흑인들이 노예로 잡혀 실려 나갔지만, 점차 해안에서 멀리 떨어진 마을의 주민들도 강도와 전쟁의 희생물로 포로로 잡히고 말았다.

포로로 노획된 흑인들은 서로서로 목이 묶인 채 때로는 수개월에 걸쳐 구매자들이 기다리는 노예시장으로 이동해야 했다. 18세기에 이들 노예들은 주로 브라질 바이아 주에서 생산된 잎담배와 교환되었는데, 당시 바이아산 담배는 최고의 품질을 자랑하여 국내·외에서 수요가 많은 품목이었다.

그러나 당시의 무역관계 활성화는 요루바 왕국을 위험에 빠뜨렸다. 인근 다오메 왕국의 확대와 함께 오이오 왕국에 예속된 많은 영토가 약탈을 당하고 그 부족민들이 노예로 잡히고 말았다. 그리하여 요루바족은 18세기 말부터 노예사냥꾼에서 포획 노예로 전락하는 신세가 되고 말았다.

포로로 사로잡힌 흑인 노예들

다오메 왕국은 대서양 교역 확대와 함께 1700년 이후 강력한 중앙집권제를 확립하고 발전을 거듭하고 있었다. 다오메 왕국은 18세기 말 오이오 왕국의 지배하에 있던 부족민을 포로로 잡고 경계를 확장할 임무를 지닌 강력한 무장 병력을 유지하고 있었다. 이는 노예무역에 의존하는 경제 체제의 왕국에게 필수적인 것이었다. 다오메 왕국에게는 노예무역이 필수적인 사업이라 1750년과 1795년, 그리고 1805년에는 브라질과 노예 수출과 관련한 독점협정을 체결할 임무를 띤 특사를 브라질 바이아에 파견하기도 하였다. 그리하여 다오메 왕국 부족장들과 바이아 주 농장주들 간의 협정을 통하여 브라질과의 노예무역이 정기적으로 이루어지게 되었다. 같은 시기에 포르투갈은 이미 중-서부 아프리카 부족들과의 협상을 통해 정치적인 관계뿐만 아니라 종교적으로 그리고 경제적으로 긴밀한 유대를 형성하고 있었다.

콩고-앙골라

1483년 포르투갈의 항해자 디오구 까웅(Diogo Cão)이 아프리카 해안을 보다 면밀히 탐색하고자 자이르(Zaire) 강에 도착했을 때, 이 곳에는 콩고(Kongo)라는 강력한 왕국이 존재하고 있었다. 마치 거대한 새와 같은 큰 배를 타고 디오구 까웅 일행이 왕국 인근 지역에 도착했다는 소식은 이 지역 주민들에게 삽시간에 퍼졌으며, 콩고-앙골라 왕국은 바다에서 온 유럽인들이 또 다른 세계에서 도착한 초자연적인 존재들이라고 생각하였다. 이 왕국의 흑인들은 산 자와 죽은 자의 세계 사이에 깔룽가(Calunga)라는 경계가 존재한다고 믿고 있었으며, 누군가가 죽으면 그의 영혼이 삶과 죽음의 경계를 넘어 대양(大洋)이라는 일시적인 지대를 항해한다고 믿고 있었다. 그래서 이들은 디오구 까웅과 함께 도착한 백인들이야말로 집으로 돌아온 조상들의 영혼일 것이라고 생각했던 것이다.

콩고 왕국의 부족장

포르투갈인들에 대한 대접은 융숭했고 또 매우 우호적이었다. 왕국의 해안 지방 부족장인 마니 느소요(Mani Nsoyo)는 축제를 벌여 그들을 대접했고, 포르투갈인들은 흑인들의 대접에 매우 만족해하며 자신들이 갖고 온 선물을 왕에게 주고자 하였다. 그래서 당시 왕국의 도시였던 므반자 콩고(Mbanza Kongo)에 백인들의 사절단이 보내어졌으며, 콩고의 왕 마니콩고(Manikongo)는 백인들이 대양을 건너왔다는 사실에 매우 놀라워하며 그들을 배로 돌려보내는 대신 자신의 왕궁에 머물게 하였다.

포르투갈 백인 사절단은, 콩고 왕국이 꽤나 복합적이며 중앙집권화된 정치-행정 조직체를 유지하고 있으며, 최고의 권력자인 왕은 왕실 위원회와 지방행정가, 세금징수원, 판사 그리고 군장교의 직책을 맡고 있는 귀족 위원회에 의해 선출되는 마니콩고라는 것을 알게 되었다. 그리고 이 왕국의 경제는 농업과 목축업에 주로 의존하고 있지만 소금과 철제품의 거래를 위한 큰 규모의 지역 시장이 존재하고 있으며, 여기서 사용되는 화폐는 왕실이 독점적으로 채취하는 루안다(Luanda) 섬 지역에서 생산되는 조개의 일종인 것도 알게 되었다.

콩고 왕에게 파견된 사절단의 귀환이 늦어지자 디오구 까웅은 네 명의 콩고인을 인질로 삼아 수개월 후 자신들이 돌아올 때 데리고 오겠노라고 약속하며 그들을 포르투갈 왕에게 데리고 갔으며 이 약속은 지켜졌다. 콩고로 돌아왔을 때 네 명의 아프리카인들은 유럽인처럼 옷을 입고 또 포르투갈어를 말하였다. 콩고 왕국 도시에 머물렀던 포르투갈 사절단이 그들이 보고 들은 많은 것을 디오구 까웅에게 전달하였다면, 포르투갈에 다녀온 네 명의 콩고인들도 마니콩고에게 포르투갈에서 보았던 것들, 특히 엄청나게 큰 배들과 무기 그리고 풍요로운 세상에 대해 말하면서 그것들을 소유한 사람의 권력이 그로 인해 막강하였다고 보고하였다.

이러한 보고를 들은 야망 가득한 마니콩고 느징가(Nzinga)는 포르투갈 항해자들과 협정을 체결하는 것이 필요하다고 보고, 1489년 디오구 까웅의 귀국 범선에 포르투갈 왕인 동 주엉(D. João) 2세에게 보내는 다양한 선물과 콩고 사절을 파견하였다. 콩고 사절단의 목적은, 아프리카의 젊은이들이 유럽에서 선진 교육을 받을 수 있도록 허가하고 또 콩고에 가톨릭 신부들을 파견해달라 요청하는 것이었으며, 이로서 이들이 훗날 콩고에서 목공과 석재, 그리고 농업 분야 등의 장인으로 활약해주기를 희망한 것이었다. 이에 대해 포르투갈 왕은 콩고의 요청에 대해 즉각적으로 응답하였는데, 이는 가톨릭으로 개종할 준비가 되어 있는 강력한 왕국과의 동맹관계는 곧 아프리카에서 자신의 발판을 굳힐 절호의 기회라고 판단하였기 때문이다.

아프리카 흑인들의 미사예식

콩고 왕의 입장에서는 유럽의 선진 문물과 지식, 기술, 관습을 받아들여 자신의 왕국을 보다 견고하게 강화할 수 있다고 생각하였다. 이후 마니콩고와 부인 한 명, 그리고 아들 한 명이 1491년 세워진 돌과 석회로 만든 교회에서 세례를 받게 되었는데, 이때부터 콩고 왕은 동 주엉(D. João) 1세로, 부인은 레오노르(Leonor)로 그리고 아들은 아퐁쑤(Afonso)라는 포르투갈식 이름으로 불리게 되었다. 물론 왕실 가족 중에는 가톨릭으로의 개종을 거부하는 사람들도 있었는데, 마니콩고의 또 다른 아들인 므판주 아 키티마(Mpanzu a Kitima)가 대표적인 인물로, 그는 후에 개종을 거부한 이유로 포르투갈 군대의 지원을 받은 아퐁쑤에게 밀려 왕위계승에서 패배하고 말았다.

가톨릭을 적극 전파하는 것 외에도 아퐁쑤 왕은 의복과 언어, 교육, 그리고 과학 기술 등을 통하여 콩고 왕국을 포르투갈과 유사하게 만드는 데 큰 관심을 보였다. 하지만 협상 말기에 포르투갈은 대형 범선 등의 건조 기술과 같은 과학 지식을 전수하겠다는 약속을 저버렸으며, 고작 아메리카에서 들여온 밀과 만지오까(mandioca), 고구마, 그리고 땅콩 등의 재배기술만을 전해주었을 뿐이다. 또한 콩고의 아퐁쑤 왕은 군사적 지원 외에 구리 교역을 증대시키기 위해 포르투갈의 협조를 요청했으며, 구리 수출의 대가로 각종 유럽 제품을 원했다. 아퐁쑤 왕은 이들 유럽산 제품을 왕국의 지방 수령에게 나눠주었으며, 지방 수령은 또 부족장들에게, 부족장은 또 가족들의 우두머리에게 나눠주어 1506년부터 1543년까지 재위한 아퐁쑤 왕은 유럽산 상품을 통하여 왕권 유지를 위한 충성의 계보를 확고히 할 수 있었다.

하지만 아퐁쑤 왕의 교역 통제는 점차 왕의 수중을 벗어났는데, 이는 왕실의 감시를 피해 지방 행정가들이 포르투갈과 직접 교역을 하기 시작했기 때문이었다. 콩고 왕국의 고위 관리나 엘리트들이 유럽산 제품을 선호하면 할수록 왕국의 미래는 더 위험에 빠질 수밖에 없었다. 유럽산 제품에 대한 수요가 늘어날수록 콩고의 주요 수출품목인 구리와 가죽 등은 생산의 한계에 부닥쳐 포르투갈 상인들에게 주어야 할 부채의 부담은 커질 수밖에 없었으며, 이러한 요인으로 말미암아 15세기 말 중서 아프리카 지역에서 가장 견고했던 왕국 중 하나는 사라질 수밖에 없었다.

당시까지 콩고에서의 노예제도는, 특히 도심지역에서 상당한 숫자의 전쟁 포로가 귀족을 위해 봉사하고 있었지만 여전히 가정 노예의 형태에 머물러 있었다. 하지만 포르투갈의 진출 확대와 함께 포획 노예들은 콩고의 귀족이나 왕의 개입 없이 포르투갈에 대한 현지 화폐의 대용 수단으로 사용되기에 이르렀다. 이로써 17세기에는 더 많은 노예들이 교역 거래에 이용되었고 포르투갈은 이를 기꺼이 받아들였으며, 이와 함께 많은 지역에서 오로지 포르투갈 상인들에게 팔려나갈 노예들을 포획하기 위한 목적으로 전쟁이 연이어 발생하였다.

동시에 포르투갈은 아퐁쑤 콩고 왕의 중재 없이, 콩고와 이웃하며 콩고에 예속돼있던 느동고(Ndongo, 앙골라의 옛 이름)와 노예무역을 강화해나갔다. 포르투갈은 이 지역에서 은 광산을 찾을 것으로 기대했다. 1575년 루안다(Luanda) 섬 앞의 땅들이 포르투갈의 봉토(封土)로 인정되었을 때 포르투갈의 식민 의도는 보다 명백해졌으며, 포르투갈인들이 이 지역에 집과 교회, 요새들을 건설하면서 정착할 목적을 보이자 지역 주민들이 반발하고 나섰다. 아프리카 대륙의 내륙으로 진출하기 위한 포르투갈의 투자는, 느징가(Nzinga) 여왕의 선례와 같은 현지 정치지도자들의 반발과 투쟁을 불러 일으켰다. 게다가 포르투갈인들은 열병이나 식량 부족, 해충(害蟲), 가뭄, 그리고 인근 지역에 기대하였던 은이 존재하지 않음으로 인한 좌절이나 실망 등과 같은 또 다른 적들과도 싸워야 했다.

포획된 노예들이 끌려가는 모습

그래서 포르투갈은 아프리카에 대한 정복사업이 별로 가치가 없다고 판단하고, 루안다 주민 자신들이 노예사냥에 나서고 있기 때문에 최대의 이익과 최소의 노동을 확실하게 보장해주는 노예무역에만 집중하기로 결정하였다. 이 때문에 루안다는 최대의 노예시장으로 급속하게 변모하였으며, 이로써 앙골라 왕국은 16세기 말부터 18세기 중엽까지 포르투갈령과 스페인령 미주 지역에 대한 최대의 노예공급원이 되었다. 1575년과 1591년 사이 앙골라 지역에서 브라질로 팔려나간 노예의 수는 5만 2천여 명을 훨씬 넘어서는 것으로 알려지고 있다.

동아프리카

풍요한 자원과 상업 항로를 찾고자 포르투갈은 계속해서 아프리카 해안 곳곳을 탐험하며 수색하였다. 아프리카 서부 해안지역에서 포르투갈의 입지는 어느 정도 확고해졌지만, 이에 만족하지 않고 포르투갈 항해자들은 15세기에 인도양과 접하고 있는 아프리카 동쪽 해안지역에까지 진출하여 이 지역의 항구와 도로 그리고 테라스가 있는 다층의 집과 건물 등이 포르투갈과 스페인의 그것과 매우 흡사함을 보고 큰 감명을 받았다. 특히 몸바싸(Mombaça) 항에서 금과 은, 진주, 비단, 유리와 특산품을 실어 나르는 커다란 상선들의 끊임없는 운행을 본 포르투갈 사람들은 이 지역과의 교역을 꿈꾸게 되었다.

당시 아프리카 동부 해안지역의 소팔라(Sofala), 모잠비크(Moçambique), 잔지바르(Zanzibar), 그리고 또 다른 도시국가들은 인도양을 통하여 이슬람 세계와 경계를 접하고 있으며 이미 무어족에 의해 통제되는 상업망을 형성하고 있었기에 이곳에 매료되어 막 도착한 포르투갈인들을 곱지 않은 시선으로 바라보았다. 당연히 이 지역 사람들은 낯선 포르투갈인의 출현을 반기지도 않았으며 오히려 적대적으로 생각하였다. 그럼에도 불구하고 16세기에 수십 명의 포르투갈 사람들이 이 지역 내륙에 몰래 숨어들어 무어족과 전쟁을 벌이며 질병과 싸우고, 아프리카 부족장과 협상을 하고, 가톨릭을 전파하고 그리고 무역관을 설치하였는데, 포르투갈인들이 있었던 지역에는 상당수의 흑인 노예들이 농업과 목축활동에 동원되었다.

하지만 포르투갈 사람들로 하여금 이 지역에 머물도록 유혹했던 금과 은, 상아가 있는 땅은 이미 무어족이 지배하고 있는 곳이었다. 그래서 낄로아(Quiloa)와 몸바싸(Mombaça), 마싸빠(Massapa), 멜린드(Melinde), 그리고 모잠비크(Moçambique)와 같은 주요 상업중심지의 통제를 놓고 포르투갈인과 무어족 간에 수없이 전쟁이 발생하였으며, 이러한 긴장 관계는 오래 지속되어온 당시 상업망의 균형을 깨뜨리는 결과를 낳고 말았다. 그리하여 포르투갈 인에 대한 세금 징수와 약탈, 방화 그리고 반란 행위와 더불어 네덜란드와 영국의 침략행위로 말미암아 이 지역 상업 활동의 풍요는 한층 위협받게 되었다.

포르투갈 사람들은 요새와 성을 건설하면서 이 지역에서 헤게모니를 확보하려 하였다. 그래서 동아프리카 지역 진출을 위한 포르투갈 전진기지가 모잠비크 섬에 건설되었고 1593년에는 몸바싸에 최대의 성(城)인 '예수의 요새(Fortaleza de Jesus)'가 만들어졌다. 그러나 이 요새는 무어족의 끊임없는 공격을 받아야 했으며 노예들의 폭동의 무대요 정치적 동맹자들의 피난처가 되었는데, 포르투갈인들은 이 성을 통제하고 있었지만 그들이 그토록 염원하던 대량의 금과 은은 확보하지 못하였다. 그래서 아프리카 서쪽 지역에서 그랬던 것처럼 포르투갈이나 네덜란드, 그리고 영국이 커다란 부를 확보할 수 있었던 것은 오로지 노예무역을 통해서였을 뿐이다.

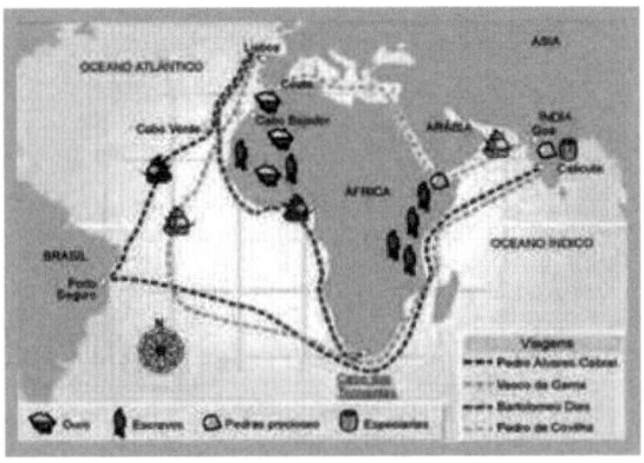

15세기 대서양 상업항로

유럽인의 출현과 함께 아프리카인들은, 한편으로 대서양 상업항로를 통한 교역으로 막대한 이익을 추구하고자 하였지만, 다른 한편으로 대규모 노예제도라는 비극적인 아픔을 겪어야만 하였다. 유럽과 브라질이라는 거대 무역상인들에게 영구히 종속되어 있는 상황에서 아프리카 상인들은 이러한 상업교역의 극히 미약한 연결고리였을 뿐이며, 노예무역은 대규모 경제를 움직이는 요인이기는 하였지만 아프리카 사회에 비참하고 극심한 결과만을 남겨놓았을 뿐이었다.

공동체와 가족으로부터 한 개인이 강제적으로 분리되며 야기되는 무수한 고통 외에도 노예무역은 아프리카 곳곳에서 인구 감소를 초래하였으며 아프리카 자체에서도 절실히 필요했던 '아프리카인 노동력'을 아메리카 대륙으로 이전하는 비극적인 결과를 낳았다. 게다가 아프리카 대륙에서의 유럽인의 출현은 대서양을 통한 대규모 무역망에 흑색의 아프리카를 통합시켰으며 훗날 브라질이라는 독립 국가를 이룬 신대륙 세계의 미래 방향을 결정짓는 중요한 동기가 되었다.

II

대서양 교역시대의 아프리카와 흑인

노예무역과 브라질

정확한 수는 알 수 없지만, 16세기와 19세기 중엽 사이 아메리카 대륙으로 이주한 아프리카인들의 숫자는 1천 1백만 명을 넘어서는 것으로 추산되고 있다. 이 중에는 심지어 어린이들도 있었다. 하지만 여기에는 아프리카에서의 강제적 포획과정에서, 그리고 대서양 횡단이라는 가혹한 이주 여정에서 생존하지 못한 노예의 수는 포함되지도 않았다. 그중 상당수인 4백만 명 이상이 브라질의 여러 항구에 도착하였는데, 이에 비추어볼 때, 아메리카의 다른 어느 지역도 브라질만큼 노예무역을 통하여 아프리카 대륙과 긴밀한 관계에 있지 않으며, 거의 3세기 이상의 기간에 걸친 이러한 극적인 강제 이주는 브라질과 아프리카를 영원히 묶어놓았다고 해도 과언이 아니다.

아프리카인들이 자신들이 살던 땅과 공동체로부터 강제로 끌려 나와 아주 먼 곳에 노예로서 노동을 강요당한 것은 신대륙 식민지에 사람을 거주시키고 또한 광물 및 열대 자원을 채굴하려는 유럽 강대국들의 목적에서 비롯된 것이었다. 포르투갈 식민지였던 브라질은 많은 노동력을 필요로 하는 경제의 수요에 부응하기 위하여 아프리카인들의 공급에 의존하였으며, 특히 사탕수수와 같은 대규모 수출농업 경제 중심지역에서는 절대적으로 아프리카 흑인 노예의 노동력이 필요하였다. 하지만 열악한 생활 조건과 가혹한 대우를 받았던 노예 민중은 자유인만큼의 인구 신장세를 기록하지 못하였으며, 유아사망률은 매우 높았던 반면 기대수명은 현저하게 낮았다. 그래서 사망자 외에도 노예해방이나 또는 낄롬부(quilombo)[1]로 탈출한 노예 숫자를 보충하기 위해 노예무역은 계속되었으며 특히 경제성장이 가속화되던 시기에는 아프리카 노예의 수요가 급증하기도 하였다.

아프리카 흑인

대규모의 노예무역이 본격화되기 전, 포르투갈 식민지배자들은 브라질 해안지역에 거주하였던 원주민 인디오의 노동력에 의존하였었다. 노예제도는 그래서 원주민 인디오들에게도 부과된 강제 노동의 일종이었다. 16, 17세기의 아프리카 흑인 노예를 '기네의 흑인'(negro da guiné)이라고 부른 반면, 인디오 노예는 그와 구분하고자 '이 땅의 흑인'(negro da terra)이라고 불렀다. 빠우-브라질(pau-brasil) 나무의 채취와 이후 사탕수수 농장에서의 노동력 수요가 늘어나자 포르투갈 백인들은 해안지역에서 멀리 떨어진 내륙에 거주하고 있는 인디오들을 포획하고자 탐험대를 조직하기에 이르렀는데, 소위 '정당한 전쟁'(guerras justas)으로 불린 이러한 포획활동을 통하여 가톨릭으로의 개종을 거부하는 인디오 공동체는 노예화되고 말았다.

16세기 중엽부터 인디오 노예 공급이 줄어들자 이를 대신하고자 아프리카 노예들이 대량으로 유입되기 시작하였다. 인디오의 아프리카인 대치는 몇 가지의 요인을 들 수 있다. 첫째는 사탕수수 농장에서 노동하거나 예수회 선교사들의 선교마을(미션missão, 포교구)에 살고 있

1 농장에서의 학대와 중노동을 피해 도망친 노예들이 오지로 숨어들어 인디오와 함께 거주한 마을 공동체

던 인디오들이 전염병에 걸려 그 수가 현저히 격감했다는 점이고, 둘째는 노예 노동에 지친 인디오들이 내륙으로 도망치면서 포획 비용과 해안지역 농장으로의 수송 비용이 크게 늘어났다는 것이다. 또한 인디오 포획은 브라질을 유럽과 아프리카 교역과 연결시키려는 포르투갈 왕실의 이익에 크게 부응하지 못하였으며, 대부분의 인디오 공동체가 원활하고 정기적인 노예 공급원으로서 제 역할을 하지 못해 지속적으로 늘어나는 노동력 수요를 충당하여 상업망을 형성하는 것이 어려웠기 때문이었다.

하지만 인디오 노예제도는 식민지 브라질의 많은 지역에서 오랫동안 유지되었으며, 특히 대규모의 아프리카 노예들을 들여올 수 없었던 싸웅 빠울루 지역에서 오랜 시간 지속되었다.

흑인 노예의 포획과 운송

인디오 포획은 그들을 개발되지 않은 황량한 오지 지역으로 더욱 내몰고 있었다. 빠라(Pará) 주와 마란냐웅(Maranhão) 주에서 인디오 노예는 아프리카 노예무역으로 흑인 노예들이 이들 지역에 정기적으로 공급되던 18세기 말까지 여전히 광범위하게 이용되고 있었다. 또 카카오 등 당시 '오지의 약물'으로 불리던 자연식물에 기초한 경제가 크게 번성하였던 오늘날의 아마조나스(Amazonas) 주에서도 인디오 노동력은 19세기까지도 여전히 이용되었다.

인디오 노예 노동력이 줄어들면서 포르투갈의 아프리카 노예에 대한 관심은 더 커질 수밖에 없었으며, 노예무역은 거대 사업으로 성장하면서 큰 이익의 원천이 되었고 이때부터 '신대륙 발견'과 함께 시작된 다양한 활동 가운데 대서양 남부에서 가장 큰 이득을 올리는 사업으로 변모하기에 이르렀다.

시간이 지나면서 포르투갈에 상업 기반을 둔 노예무역상인들은 점차 브라질에 근간을 둔 노예무역상인들에게 자리를 빼앗겼으며, 18세기에 이르러 아프리카 벵겔라(Benguela)와 루안다(Luanda)는 포르투갈 상인들의 개입 없이 브라질과 직접 노예무역을 하게 되었다. 그리하여 노예무역상인들은 식민지 브라질에서 노예무역의 유지와 확충을 위한 보다 중요한 직책을 차지하며 지배계층으로 발돋움하게 되었다.

1850년 노예제도가 폐지될 때까지 대서양을 통한 노예무역은 브라질에 엄청난 풍요를 가져다주었는데, 항구 도시에서 거대 노예상인들은 호화스런 대저택에 살면서 부와 권위를 과시하고, 종교적 친목단체를 만들고, 또 시의회나 시, 주정부 등에서 중요한 직책을 맡아 엘리트 중의 엘리트로 군림하게 되었다.

안또니우 비에이라 신부

유럽인들에게 노예무역은, 개종하지 않는 아프리카인들을 위한 복음 전파의 도구로 정당화되었다. 안또니우 비에이라(Antonio Vieira) 신부는 노예무역을, 흑인들을 이교도의 나라로부터 구출하여 가톨릭 브라질에서 영혼을 구원하는 기회로 여기며 '성모 마리아의 위대한 기적'이라고 칭하였다. 18세기까지도 문명화의 개념이라는 것은, 대서양을 통한 노예무역이야말로 야만의 아프리카를 구원하는 십자군적 행동이라는 종교적 정당성에 기초하였던 것이다.

1633년 바이아(Bahia) 주 헤꽁까부(Recôncavo) 사탕수수 농장에서 노예들을 상대로 한 설교에서 안또니우 비에이라 신부는 노예무역을 다음과 같이 정당화하였다.

> "당신들의 고귀한 탄생의 의무를 시작하면서, 당신들이 첫 번째로 그리고 가장 우선 행해야 하는 것은, 당신들을 사랑하여 당신들을 고향에서 이곳으로 데리고 와 평온한 삶과 그리스도인의 신념과 믿음 속에 살게 해주시고 영혼을 구원해주신 주님께 무한한 감사함을 드리는 것입니다. 주님께서 행하신 그 모든 것은 내가 감히 말하건대 천 년도 훨씬 전에 이 땅에 오신 주님께서 성경에서 말씀하신 대로 이루어진 것입니다."

노예무역을 통한 브라질의 식민화

아프리카-브라질 노예무역 항로

노예무역을 통하여 포르투갈은 훗날 브라질이라고 불리는 거대한 영토를 식민지화할 수 있었다. 어쩌면 포르투갈은 아프리카인들 없이는 해양진출의 과정에서 발견한 땅들을 차지하는 것이 어려웠을지 모른다. 16세기에 포르투갈은 식민지 땅에 이주시킬 충분한 인구를 갖고 있지 않았기에 또 다른 제국주의 강국의 탐욕에 맞서 자신들이 발견한 영토를 지키기 위하여, 그리고 그 곳에서 발견한 진귀한 열대작물을 차지하고 재배하기 위하여 대규모의 아프리카인들을 수입해야만 했다.

아프리카 흑인 노예와 그 후손들은 노예가 된 인디오들과 함께 밀림을 개척하고, 마을과 항구를 건설하고, 내륙 깊숙한 곳까지 이르기 위하여 강을 건너 도로를 건설하였다. 이들은 내륙으로 진출하는 과정에서 식민자의 영토 개척에 반대하는 수많은 인디오 종족과 전투를 벌이기도 하였으며, 인디오들과 함께 탈출하여 흑인 공동체 마을인 낄롬부를 건설하기도 하였다. 그리고 내륙과 해안지역과의 원활한 소통을 위하여 군대와 짐마차를 안내, 수송한 것도 이들 노예들이었다.

19세기 중엽 이후 브라질로 들어온 아프리카 흑인 노예들은 대부분 살바도르(Salvador)와 오늘날 싸웅 빠울루인 싸웅 비쎈찌(São Vicente), 히우 지 자네이루(Rio de Janeiro) 그리고 헤시페(Recife)에 정착하였지만, 점차 다양한 경로를 통하여 브라질 전 지역으로 진출하였다. 백인 식민개척자들은 가는 곳 어디든 언제나 흑인 노예들을 대동하였다.

노예를 형벌에 처하는 기둥, 뻴로우링유

18세기 초 포르투갈 백인들이 금이나 귀금속을 찾기 위해 마뚜 그로쑤(Mato Grosso)로 진출하였을 때도 아프리카 흑인 노예들을 데리고 갔는데, 그곳의 꾸이아바(Cuiabá) 마을은 그래서 당시에 노예 인구가 폭발적으로 증가하였다. 이 때문에 이 마을에는 1726년, 순종하지 않거나 도망치다 붙잡힌 노예들을 형벌에 처하기 위한 기둥이며 공권력의 상징인 뻴로우링유(pelourinho)가 만들어지기도 하였다. 이곳에서 흑인 노예의 노동력은 너무나도 중요하여 포르투갈 왕실이 징수하는 세금 중 하나에 광물업자들이 소유하고 있는 노예의 수에 따른 것이 있을 정도였다.

아마존 지역에서는 16세기 중반, 전문적으로 노예공급을 담당하는 무역회사가 만들어지면서 정규적인 노예무역이 가능해졌는데, 당시 약 18척의 선박이 흑인 노예들을 싸웅 루이스(São Luís)와 벨렝(Belém) 항으로 운송하였으며 이들 대부분은 아마존 지역 수출 특산물인 카카오 재배에 동원되었다. 금을 찾고, 가축을 사육하고, '오지의 약초'를 채집하기 위하여 백인 식민개척자들은 해안지역에서 행해지던 노예제도를 이곳 밀림지역에서도 똑같이 실현하였으며, 아프리카인과 그들의 후손인 이들이야말로 식민지의 가장 오지로 들어간 노예들이었던 것이다. 하지만 노예제도에도 불구하고 아프리카인들은 아프리카 흑인문화를 유지, 계승한 주역이었으며 신대륙에 정착한 민중들의 삶의 형태와 방식에 많은 영향을 끼쳤다.

유럽인들은 아프리카인들을 대단위 농장과 도시에서 노동을 하게 할 목적으로 데리고 왔지만, 이들 흑인 노예들과 그 후손들은 브라질의 농장과 광산 등에서 일하는 것 이상의 것들을 실현하였다. 그들은 아프리카 문화 요소에서 귀중하고 쓸모 있는 것들을 브라질에 들여와 활력적이고 창조적인 문명화의 대리인 역할을 수행하였다. 흑인 노예들의 가축 사육의 많은 부분은 아프리카에서 기원된 것이었으며, 브라질 철광 제련은 아프리카인들에게서 습득된 것이었고, 이외에도 포르투갈어는 아프리카 흑인들의 언어를 일부 차용하여 보다 간결하게 되었다. 이러한 점을 고려할 때 노예무역은 아프리카인들을 노예화하기 위한 방책이었지만, 또한 브라질을 아프리카화하는 것으로 끝났다고 할 수 있다.

노예선의 항구들

대서양을 횡단하는 노예무역은 아프리카 대륙의 다양한 지역에서 들어온 사람들로 브라질 식민화를 가속화하였다. 포르투갈 본국은 같은 언어를 사용하며 문화적 유대가 강한 같은 종족의 흑인 노예들이 혹시라도 폭동을 일으킬지도 모른다고 우려하여 동일한 종족의 집중을 막고자 다양한 지역과 다양한 종족의 노예들을 서로 혼합하는 정책을 채택하였지만, 이것이 제대로 지켜지지는 않았었다. 왜냐하면 아프리카와의 교역관계상 노예상인들은 대부분 같은 지역에서 잡혀온 노예들을 운송하는 경향이 컸기 때문이다.

아프리카 해안에서 노예선으로 실리는 흑인 노예들

그래서 16세기 브라질에 온 대부분의 흑인 노예들은 포르투갈에 의해 기네(Guiné)라고 명명된 쎄네감비아(Senegâmbia) 지역 출신들이었으며, 그곳에서 포르투갈은 만자까(Manjaca)와 발란찌(Balante), 비자구(Bijago), 만딩가(Mandinga), 그리고 잘로푸(Jalofos)와 같은 다양한 종족을 실어 보냈다. 하지만 16세기부터 18세기 중엽까지 브라질에서 필요한 노예 노동력 대부분을 제공한 것은 오늘날 앙골라 지역의 상인들과 부족장들이었다. 이러한 이유로 안또니우 비에이라 신부는 브라질과 아프리카 앙골라와의 교역과 노예무역 관계를 설명하면서 "사탕수수를 이야기하는 사람은 브라질을 이야기하고, 브라질을 이야기하는 사람은 앙골라를 이야기한다"라고 말하기도 하였다. 당시 앙골라의 주요 노예 수출 항구는 루안다(Luanda)와 벵겔라(Benguela) 그리고 까빈다(Cabinda) 등이었다.

앙골라 지역에서 노예로 브라질에 온 흑인들은 히우 지 자네이루(Rio de Janeiro)와 미나스 제라이스(Minas Gerais), 싸웅 빠울루(São Paulo) 그리고 히우 그란지 두 술 (Rio Grande do Sul) 주 등에 정착하였지만, 아프리카 다른 지역에서 온 노예들도 이 지역에 정착하였었다. 1815년 이후 영국이 대서양 횡단의 노예무역을 끝내기 위해 모든 노력을 경주할 때, 히우 지 자네이루의 노예상인들은 오늘날 탄자니아 남부와 모잠비크 북부, 말라위 그리고 잠비아 북동부 지역을 포함하는 아프리카 동부 해안지역에서 노예무역을 강화하였었다. 그래서 아프리카 동부 해안지역의 노예들은 브라질 땅에서 '모쌈비끼'라고 불리게 되었다.

18세기 중엽부터 1850년 노예무역이 종지부를 찍을 무렵까지 브라질 북동부지역에 대한 노예공급의 주된 책임자였던 바이아 주 노예상인들은 오늘날 나이지리아 남서부 베넹 만 지역에서의 노예무역에 집중하였다. 베넹 만을 통하여 바이아 노예상인들은 다고메(Dagomé), 제제(Jeje), 하우사(Hauçás), 보르누(Bornu), 따빠(Tapa), 그리고 나고(Nagô) 족 등의 노예들을 수입하였으며, 이들은 자낑(Jaquin)과 아주다(Ajudá), 뽀뿌(Popo), 아빠(Apá), 그리고 오닝(Onim) 등의 항구에서 운송되어 브라질로 들어왔는데, 이들은 브라질에서 미나스(minas)라고 불리었다.

동일 지역에서 왔으며, 동일한 언어를 사용하고 동일한 나라에 속해 있다는 사실은 이들 아프리카 노예들이 브라질에서 생존할 수 있었던 근본적인 요인이었으며, 그것을 통해서 이들은 우정과 가족, 그리고 공동체 관계를 재건할 수 있었다. 노예제도는 서로 다른 종족의 아프리카인들이 교류의 폭을 넓히고 서로 유대관계를 형성하는 것을 억제하지는 못하였으며, 노예제도에 대한 적대감의 완화는 아프리카에서 구분 지어진 종족 집단의 단결을 가능하게 하기도 하였다. 한편, 노예무역을 통하여 브라질 땅에 들어온 종족의 다양함과 복합성은 브라질로 하여금, 오늘날에도 여전히 지속되고 있는 아프리카의 전통과 문화가 혼재된 혼혈의 공간을 만들어 브라질을 보다 다양하게 채색하고 견고하게 만드는데 큰 역할을 하게 되었다.

대서양 횡단

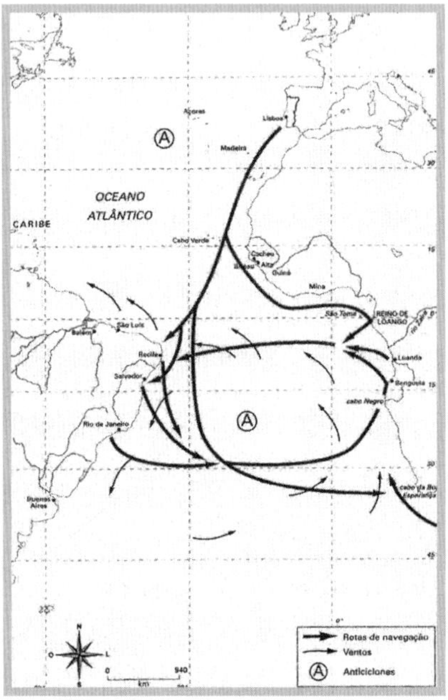

대서양 횡단의 노예무역항로

아프리카 내륙에서 포획된 노예들은 해안지역의 운송항구에 도착할 때까지 멀고도 먼 여정을 겪어야 했으며, 그 중 많은 수가 오랜 도보여행과 각종 질병, 그리고 학대를 견디지 못하고 사망하였다. 항구에 도착한 흑인들은 울타리로 만든 커다란 천막에 집단 거주하며, 노예선이 가득 채워져 아무도 모르는 미지의 세계로 출발할 때까지 수일에서 수개월을 기다려야 했다. 이러한 기다림의 시간 동안 많은 이들이 사망하였는데, 이는 흑인들이 수용되어 있던 시설이 너무나도 비위생적이고 통풍도 안 되는 등 열악했기 때문이다. 어떤 때에는 앙골라 지역에서 포획된 노예의 약 40%가 브라질로 수송되지도 못하고 아프리카 땅에서 사망하는 경우가 있었다. 하지만 노예무역을 담당하는 아프리카 상인은 포획노예들이 출발 항구에서 오랜 시간 머물러서는 안 된다는 것을 잘 알고 있었다. 왜냐하면 열악한 환경에서 질병으로 사망하는 경우 외에도 집단 수용된 노예들이 혹시 폭동을 일으킬지 않을까 하는 우려 때문이었다.

노예선 내부에 수용된 노예들

수송될 노예들의 수가 다 채워지면 흑인 노예들은 뚬베이루(tumbeiro, 무덤이라는 뜻)라 불리는 노예선(奴隸船)으로 옮겨지는데, 배 안으로 들어가기 전 그들은 가슴이나 등에 뜨거운 쇠로 자신들이 소속된 노예상인의 표식을 받게 되며, 노예선 안에서는 아프리카 해안을 더 이상 보지 못하도록 안전을 이유로 쇠로 묶여졌다. 선실 안의 상황 또한 열악하고 비참하기 그지없었는데, 이는 높은 수익을 얻기 위하여 선장들이 노예를 최대한 가득 싣고 나서야 항해를 시작하였기 때문이다. 16, 17세기 포르투갈의 범선은 약 500명을, 그리고 이보다 작은 쌍 돛배는 200명까지 운송할 수 있었다. 하지만 19세기 들어 노예상인들은 증기선을 이용해 흑인 노예를 운송하여 시간을 단축하였으며 이때 평균 한 척당 수송된 노예의 수는 350명 정도로 알려지고 있다.

노예선을 가득 채운 노예들

노예상인들은 가급적 최대한의 노예들을 배에 수용하는 것에만 관심을 가졌는데, 당시 비일비재했던 이러한 방법은 여행을 견딜 수 없는 고역으로 만들었으며, 노예들에게 제공되는 식량도 부족해 보통

하루에 한 끼의 식사만 제공될 뿐이었다. 1642년 루안다에서 노예무역에 종사하던 네덜란드인은, 포르투갈 노예상인들이 노예들에게 올리브유와 튀긴 옥수수만을 제공하고 있다고 폭로하였다. 식수 부족은 자주 탈수현상을 야기하였으며, 식량 부족과 갈증 외에도 흑인 노예들을 괴롭힌 것은 무엇보다도 자신들의 사랑하는 가족과 종족에게 결코 다시는 돌아갈 수 없다는 고통과 향수병이었다.

17세기 앙골라에서 브라질 뻬르남부꾸 주까지의 여정은 평균 35일, 바이아 주까지는 40일, 그리고 히우 지 자네이루 주까지는 50일이 걸렸다. 하지만 다음 세기에 보다 작고 빠른 선박의 운행으로 여정 기간이 약간 줄어들어, 앙골라에서 히우 지 자네이루까지 35~40일 정도가 소요되었지만, 바람이 역으로 불 때는 이보다 더 늘어나 식량 부족과 전염병이 만연하는 상황이 연출되었다.

포르투갈 왕실은 노예들의 초과 수송을 금지하고, 선박 내에 의료시설을 설치하며 노예들에게 최소한의 편의를 제공하기 위하여 노예선의 규정을 수차례 제정하려 했지만 수포로 돌아가고 말았다. 대서양 횡단 중 사망률은 급속도로 늘어나, 1811년 까빈다(Cabinda)에서 출발하여 히우 지 자네이루에 입항한 노예선 싸웅 주제 인디아누(São José Indiano) 호의 경우 667명의 노예 중 121명이 항해 중 사망하였으며 신부 한 명과 3명의 선원도 목숨을 잃었다. 당시의 조사에 따르면 항해 중 사망자의 수는 전체 노예의 15~20%로 추산되는데, 40~50%의 사망률도 가끔 발생하곤 하였다.

항해 중 노예 사망의 원인은 무엇보다도 식량과 식수의 부족, 학대, 초과수용, 그리고 육체적 · 정신적으로 흑인들을 괴롭힐 미래의 고된 경험에 대한 걱정 등이었던 것으로 알려지고 있다. 이외에도, 노예무역은 흑인들로 하여금 그때까지 알려지지 않았던 질병에 대한 전염과 이에 대한 무방비 노출이라는 폐해를 야기하였다. 아프리카의 다양한 지역 출신의 흑인들과 브라질, 포르투갈 승무원들 간의 접촉은 노예 수송 선박으로 하여금 각 대륙의 고질적인 질병들이 혼재되어 나타나는 질병 집합소의 역할을 하게 하였는데, 특히 황열병과 발진 또는 천연두와 같은 질병으로 인해 노예들뿐 아니라 승무원들 사이에서도 사망자가 많이 발생한 것으로 알려졌다. 또한 자살로 인한 사망자의 숫자도 적지 않았는데, 운항 중 바다에 뛰어들어 스스로 생을 마감한 노예도 상당수 있었지만, 어찌됐든 당시로서는 높은 사망률에도 불구하고 노예무역은 이익이 보장되는 사업임에 틀림없었다.

무덤이라 불리는 노예선 내에서 아프리카 흑인 노예들이 겪었던 끔찍한 생활상에 대한 기록은 많지 않지만, 1649년 12월에 900명 이상의 노예들이 탔던 노예선에 동승한 이탈리아 프란시스코 소속의 쏘렌또(Sorrento) 수사는, "참을 수 없는 악취와 편히 누워 있을 수도 없는 협소한 공간, 처참한 상황과 고통으로 여기저기서 울부짖는 아우성으로 가득 찬 이곳은 말 그대로 지옥과 다름없다"라고 말하였다. 20세기 초 소설가 주제 린스 두 헤구(José Lins do Rêgo)는, 갈디나(Galdina)라 불리는 여성 노예가 아주 어린 나이에 아프리카에서 붙잡혀 노예선을 타고 경험한 끔찍한 생활에 대한 이야기를 다음과 같이 전해준 바 있다.

무덤이라 불린 노예선의 내부

아, 백인들이 우리에게 가하는 채찍질로 얼마나 등이 아팠는지!
아침이면 배 위에 올라 해를 바라보았는데, 모두 벌거벗은 채로 우리가 잠을 자는 곳에 구멍을 내고 그곳에 용변을 보았어요. 밤이면 흰 날개가 우리의 상공 위로 날아가며 부딪치는 소리가 들렸는데, 그것은 하늘을 날 수 없는 죽은 영혼의 비행(飛行)이었어요. 매일 밤 땅에서 날아와 하늘로 오르는 그 날개들은 배의 창문에 부딪쳤어요. 거의 매일 죽어나가는 슬픈 영혼들은 천국으로도 지옥으로도 갈 수 없이 깊은 바다에 던져졌지요.(…) 나는 밤마다 선실 천장 위로 나는 커다란 새를 보았는데, 그 영혼은 나를 포기하지 않았답니다.

여자 노예 갈디나는 항해 중 사망한 흑인들의 영혼과 그들의 운명에 대해 자세히 기술하여 대서양 횡단의 처참한 트라우마를 보여주고 있다. 앞에서도 본 바와 같이 콩고-앙골라 출신의 많은 흑인 노예들에게 죽은 영혼을 위한 최적의 장소는 자신들의 후손인 살아 있는 사람들과 함께 있을 수 있는 곳이었다. 바다 한가운데서, 그리고 무덤과도 같은 노예선에서의 죽음은 이들의 영혼이 고향과 사람들에게 가까이 돌아가는 것을 막아버렸으며, 그래서 생존자들은 바다에서 죽은 불쌍한 영혼에 의해 운명이 정해진 것처럼 보였다.

길고 긴 대서양 횡단이라는 고통의 여정 동안 서로 다른 지역에서 포획된 노예들은 서로서로 우정을 쌓아갔으며, 공동의 연대의식과 상호 원조의 생각을 갖는다는 의미에서 서로를 "말룽구"(동료라는 의미)라 불렀다. 1836년 노예 신분에서 해방된 한 흑인은 바이아의 석방노예 200명을 데리고 아프리카로 되돌아갔는데, 그들 중 60여 명은 1821년 노예선 에밀리아(Emília) 호를 타고 오닝(Onim) 항구를 출발하여 함께 바이아로 온 사람들이었다.

노예선에서 흑인들의 생활은 불신과 두려움, 그리고 적대감 그 자체였기에 여정 내내 감시와 주의가 집중되었으며, 선원들은 폭동의 위험을 피하기 위해 불만스런 노예들을 지하창고에 가두었다. 노예선 상의 폭동에 대한 기록은 아주 드물지만 그 위험성은 노예상인들에 의해 종종 알려져 있었다. 1823년 바이아 주로 향하던 한 노예선에서 포르투갈어를 말할 줄 아는 아주 영민한 흑인이 주도하는 폭동이 바다 한가운데에서 발생하였는데, 이때 상당수의 흑인과 선원들이 사망하였으며 배를 탈취한 흑인 노예들이 바이아 주 해안지역에 도착했다는 기록이 전해지고 있다.

하선을 기다리는 노예들

새로운 노예들은 보통 10~30세로 대부분 20대의 남성들이었는데 젊은 남자의 노동력이 그만큼 브라질 시장에서 가치가 많이 나갔기 때문이었다. 노예 주인과 농장주들은 생산능력이 있는 남자 노예를 더 선호하였으며 아프리카에서 노예시장을 통제하였던 흑인들도 아프리카 자체 시장에서 더 가치가 나가는 10세 미만의 어린이들과 여성 노예의 숫자를 현격히 줄이기 시작하였다. 그래서 브라질에서는 여성노예의 숫자가 현저히 줄어 남성 2명당 여성 1명이라는 불균형이 나타나기 시작하였다.

노예선 자체의 남성의 우세는 식민 전 지역 노예인구의 심각한 성비 불균형을 초래하였는데, 특히 대규모 사탕수수 재배지역에서는 노예제도가 끝날 때까지 여성 노예의 수가 희귀할 정도였다. 19세기 히우 지 자네이루 커피농장 지역의 경우 10명의 흑인 노예 중 6~7명이 남성들이었고 대도시에서는 남성 2명당 1명의 여성의 비율이었다. 이러한 현상은 노예를 수출하는 지역에서 정반대의 결과를 가져왔는데, 앙골라의 경우 노예무역 시기에 여성의 수가 남성을 크게 앞질렀었다.

브라질에 도착한 생존자들

고통스런 오랜 항해 끝에 아프리카 흑인들은 브라질의 여러 항구에 도착하였는데, 특히 히우 지 자네이루(Rio de Janeiro)와 살바도르(Salvador), 헤시페(Recife), 포르딸레자(Fortaleza), 벨렝(Belém) 그리고 싸웅 루이스(São Luís)는 최대의 수입 항구였으며 동시에 식민지 전 지역으로 노예를 송출하는 분배 중심지였다. 17세기 살바도르와 헤시페는 식민지에 도착하는 아프리카 노예들의 대규모 분배 중심지로 자리 잡아 이곳에서부터 흑인 노예들은 북부 마란냐웅(Maranhão)과 빠라(Pará), 히우 아마조나스(Rio Amazonas)와 마뚜 그로쑤(Mato Grosso) 주 등지로 퍼져나갔다. 17세기 말과 18세기 초까지는 미나스 제라이스(Minas Gerais) 주에서 금과 다이아몬드가 발견되면서 히우 지 자네이루가 미나스 제라이스 광산지역에 대한 상당수 흑인 노예 분배지로 각광받았지만 살바도르도 여전히 광산지역에 대한 노예를 공급하는 항구였었다.

브라질 항구에 도착한 흑인 노예들

18세기에는 벨렝과 싸웅 루이스가 아마존 전 지역에 대해 흑인 노예를 판매하는 주요 중심지가 되었으며 특히 벨렝에 도착한 노예들은 아프리카에서 직접 송출해 온 노예가 대부분이었지만, 19세기 초부터는 히우 지 자네이루와 바이아, 뻬르남부꾸(Pernambuco), 그리고 쎄아라(Ceará) 등지에서 온 노예들이 많았다. 벨렝에 도착한 노예들은 육로를 통하여 걸어서 혹은 배를 타고 아마존 내륙지역으로 이동하였다.

노예선이 항구에 도착하면 세관 당국은 성별로 흑인 노예들의 수를 세고 엄마와 동반한 어린이, "끄리아스"(crias)의 수를 기록하였다. 3

세 이상의 노예들에 대해 세금을 납부한 후 노예상인들은 노예들을 경매 장소로 데리고 가는데 구매자들이 많은 경우 세관 인근에서 직접 경매에 붙이기도 하였다. 하지만 대부분의 노예들은 도시 중심 항구 지역 인근의 창고로 이동하였는데, 히우 지 자네이루의 경우, 발롱구(Valongo)라 불리는 항구 인근 지역에 막 도착한 아프리카인들의 집합소로 기능하는 가옥 수십여 채가 있었으며 이곳에 300~400명을 수용하는 창고들이 존재하였다.

노예 매매 시장

노예선을 타고 이동하는 혹독한 여정 탓에 아프리카 흑인들은 발진이나 옴 등 각종 피부병을 앓거나 먹지 못해 지극히 말라 있었으며, 어린이들은 기생충과 영양실조로 인하여 배가 크게 부풀어 있었다. 또한 안질환 등이 유행하여 노예선 전체가 전염되어 상당수 흑인 노예들이 거의 또는 완전히 실명하는 경우도 있었다.

히우 지 자네이루의 발롱구에서 흑인 노예들은 여행의 피로를 회복하고 또 구매자를 기다리면서 수일 동안 또는 수주 동안 기다렸는데, 많은 사람들이 이 과정에서 견디지 못하고 사망하는 경우가 허다하였다. 노예들은 여행을 하는 동안 극도로 지치고 허약해졌으며 또한 신세계에 존재하였던 질병에 대한 저항력이 부족하여 브라질 도착 후 초기 수개월 사이에 사망하는 비율이 꽤 높았다. 발롱구에서의 높은 사망률로 인하여 인근 지역에는 막 도착한 흑인들의 매장을 위한 묘지가 건설될 정도였다.

살아남은 흑인들은 노예시장에서 매매를 위한 준비를 거쳐야 했다.

노예시장에 도착한 흑인들은 우선 목욕을 하여 깨끗해진 다음 서로서로 머리와 수염을 깎아주었다. 흑인들의 피부병을 숨기고 보다 젊게 보이게 하기 위해 노예상인들은 때로는 피부에 기름을 바르기도 하였다. 그리고 흑인 노예들이 삐쩍 마른 모습으로 도착한 것을 보고 노예상인들은 보다 건강하게 보이도록 몸무게를 회복시키기 위해 단시간에 음식의 양을 늘리곤 했는데, 당시 유럽인들이 식인풍습을 지니고 있다고 믿고 있었던 흑인들이 강제로 음식을 많이 섭취하며 느껴야 했던 공포심은 엄청났던 것으로 전해지고 있다.

음식을 제공하고, 병을 치료하고, 또 예방접종을 하는 것 외에도 노예상인들은 흑인 노예들의 자살을 막기 위하여 정신건강을 개선하는 노력을 들이기도 하였다. 흑인 노예들에게 가장 치명적인 질병은 비타민 C의 심각한 결핍으로 야기되는 괴혈병으로 이 병은 일명 '루안다병'이라고도 불렸다. 이 때문에 노예상인들은 흑인들에게 과일을 섭취하게 하였으며, 또한 괴혈병과 다른 질병 등을 동반하는 정신 질환을 치료하기 위한 명목으로 흑인들로 하여금 강제로 춤을 추게 하기도 하였다. 그리고 흑인 노예들이 향수병으로 의기소침해 있지 않도록 하기 위해 담배와 같은 흥분제를 제공하였다.

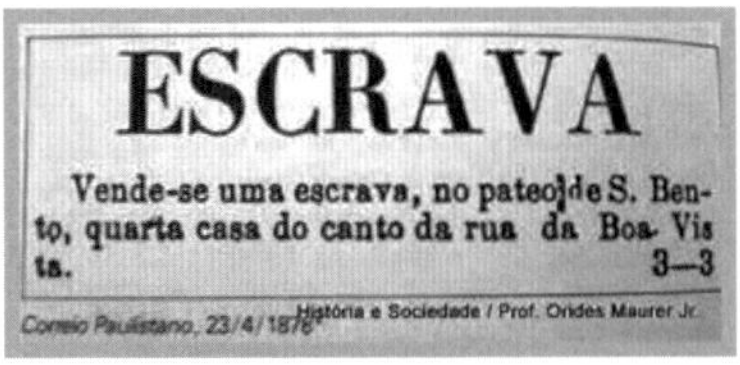
ESCRAVA

Vende-se uma escrava, no pateo de S. Bento, quarta casa do canto da rua da Boa Vista. 3—3

Correio Paulistano, 23/4/1878 História e Sociedade / Prof. Orides Maurer Jr.

여자 노예를 판매한다는 광고

대규모의 흑인 노예를 매매하였던 허가업자와 상점은 상점이나 창고의 문 앞에 아프리카에서 막 들여온 새 노예들을 전시하거나 신문에 광고를 내 새로 들여온 노예들을 판매하는 방법을 사용하였으며, 정해진 날짜에 연령별, 성별 그리고 국적별로 나누어 판매하여 구매자들의 관심을 끌었다. 특히 노예들을 나이별로 보여줄 때, 가장 늙은 30~40세의 노예는 맨 뒷

줄에, 가장 가치가 높은 15~20세는 중간 자리에, 그리고 여자들과 어린이들은 제일 낮은 자리나 땅바닥에 자리 잡게 하였다. 매매되는 노예가 선택되면 판매자와 구매자는 가격과 판매조건을 절충하는데, 질병이 없는 경우 보통 성인 남자 노예는 여성 노예나 10세 미만의 어린이들에 비해 훨씬 높은 가격으로 판매되었다.

브라질의 흑인 노예 시장은 정해진 규정과 법 그리고 판매자와 구매자들 간의 암묵적인 동의에 의해 통제되었다. 브라질 땅에 도착한 후 사망한 노예들의 수가 적지 않았던 점을 고려해볼 때, 대부분의 노예 구매자들은 구매를 확정짓기 전까지 일정 기간과 조건을 두고 흑인 노예들을 시험 구매하였는데, 만일 15일 내에 구입한 노예가 사망하거나 또는 구매자가 흑인 노예의 심각한 질병을 발견하는 경우 이를 돌려주고 또 다른 새로운 노예를 받을 수 있는 법적 선택권이 있었다.

노예상인들에 의해 이송되는 흑인 노예

브라질 땅에 막 도착한 흑인 노예의 대부분은 브라질 내륙지방 구매자들의 몫이었는데, 이들은 판매중개인이나 농장 대리인에 의해 구입되어 수일에서 수주에 걸친 고난의 여정을 겪으며 육로나 해로를 통해 내륙지방으로 이동해야만 하였다. 예를 들어 히우 지 자네이루 항에 도착한 흑인 노예들은 싸웅 빠울루와 미나스 제라이스, 마뚜 그로쑤, 고이아스, 싼따 까따리나, 빠라나, 히우 그란지 두 술 주 등으로 팔려갔으며, 히우 그란지에서는 이웃 나라인 칠레나 볼리비아, 아르헨티나, 그리고 우루과이 등지로 밀매되었다. 또 바이아 항에서는 다양한 지역으로 노예들이 팔려나갔는데, 특히 바이아와 미나스, 마뚜 그로쑤와 고이아스를 잇는 국왕도로(Estrada Real)를 통하여 수많은 노예 마차들이 노새 몰이꾼에 의해 이동되었다.

내륙지방으로의 노예 매매는 전문적인 상인들의 몫이었지만 이들 대규모 노예상인 외에 많은 수의 중소 노예상인들도 브라질에서 노예 매매를 담당하였는데, 이들과 노새몰이꾼, 그리고 보부상들은 소수의 노예를 구매해 농장이나 마을에 되파는 판매 방법을 이용하였다.

대서양 노예무역의 종식

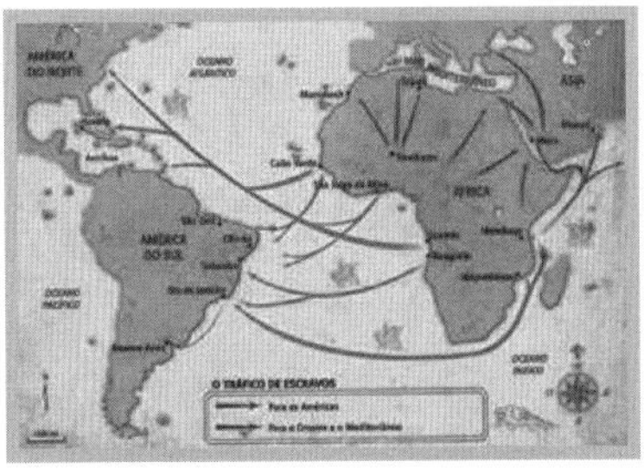

18~19세기 노예무역 항로

19세기 초 이후 아프리카 흑인 노예무역은 점차 폐지를 위한 압박을 받게 되었다. 우선 외부적으로 노예무역에서 가장 큰 혜택을 본 영국이 가장 공격적으로 노예무역을 반대하였다. 사실 영국은 포르투갈과 브라질에 뒤이어 대서양에서 제2의 노예무역 대국이었다. 하지만 1807년 영국 국내의 노예폐지운동 압력에 의해 영국 의회는 자신들의 미주 식민지에 대해 노예무역 종식을 선언하였으며 1833년에는 노예제도를 폐지하였다. 당시에 최강국의 면모를 지닌 영국은 자국의 조치를 여타 다른 나라들에게도 똑같이 적용하려고 하였다. 이 때문에 브라질은 흑인 노예의 최대 수입국일 뿐 아니라 카리브지역 영국 식민지에서의 사탕수수 수출의 최대 경쟁국으로서 당연히 영국의 노예폐지 결정의 표적이 될 수밖에 없었다.

1810년 영국 정부는, 당시 브라질에 수립된 포르투갈의 동 주엉 6세(D. João VI) 섭정왕자로부터 노예무역을 제한하는 약속을 받아냈으며, 1815년에는 비엔나 의회(Congresso de Viena)에서 적도 북단 지역에서 노예무역을 금지하는 제안을 가결시켰다. 이러한 조치는, 대부분의 노예상인들이 브라질 바이아에 본부를 두고 아프리카 북부 지역의 노예무역을 담당하였던 브라질 노예무역에 심각한 영향을 미칠 수밖에 없었다. 급기야 브라질의 동 주엉 6세는 1817년, 노예의 불법 무역이 의심되는 선박에 대한 감시와 수색에 대한 권리를 영국 해군에 양도하고 말았다. 그리고 1826년 브라질 독립의 인정에 대한 대가로 영국 정부는 브라질 정부에게 3년 내에 노예무역을 폐지한다는 약속을 받아냈으며, 1831년 11월 7일 브라질 의회는 아프리카에서의 노예수입 금지 법안을 통과시켰다.

비엔나 의회

하지만 노예무역 폐지에 대한 압력은 영국에 의해서만 시작된 것이 아니라 브라질 사회 각계각층에서도 노예무역에 반대하는 목소리가 터져 나오고 있었다. 19세기 초 이후, 주제 보니파씨우(José Bonifácio)와 같은 브라질 정치가들은 이미 노예무역 폐지에 대한 우호적인 입장을 표명하고 나섰을 뿐 아니라, 당시의 일간지들도 노예무역의 참화를 비난하는 기사를 쏟아내고 있었

주제 보니파씨우

다. 노예무역 폐지를 주장하는 많은 사람들은 아프리카 흑인의 유입이 증가하면 할수록 브라질 사회의 아프리카화가 가속화될 것이라고 우려하였으며, 이를 막기 위해서는 유럽인의 피가 수혈되어야 한다고 주장한 것이다. 이외에도 흑인의 유입 증가가 1790년대 프랑스령 아이티에서 노예제도를 파멸로 이끌었던 대규모 노예반란의 폭발과 같은 상황을 만들지도 모른다는 우려가 팽배해 있었다. 그러나 노예제도 자체에 대한 비난과 노예무역의 참혹한 상황에 대한 동정에 폐지를 주장하는 사람도 있었다.

1831년 브라질 의회가 아프리카로부터의 노예수입 금지 법안을 통과시킨 것은 엄밀히 말해 브라질 당국이 진심으로 노예제도 폐지의 수순을 따라갔기 때문은 아니었다. 그것은 '영국 정부에게 보여주기 위한 조치'였을 뿐, 이후에도 노예무역은 브라질에서 공공연하게 지속되었다. 그 실례로, 1830년에서 1840년 사이 브라질 남동부 지역의 커피재배의 놀라운 신장세와 함께 아프리카 흑인 노예의 유입은 오히려 크게 늘어났다. 그래서 당시 20년 동안 약 1백만 명의 흑인 노예가 브라질 땅에 도착한 것으로 추산되고 있는데, 이는 무엇보다도 노예상인들과 농장주들이 노예폐지 법안이 실행되기 전 현지 시장에 필요한 노예들을 미리 확보하려는 생각에서 비롯된 것으로 보인다.

1831년 이후 새로이 도착한 아프리카 흑인들은 한밤중에 해안에 도착하여 강제 행군을 거쳐 도심지에 멀리 떨어진 비밀 창고나 천막까지 이동해야 했다. 이때의 도착 상황은 보다 곤란할 수밖에 없었는데, 이는 흑인 노예들이 긴 시간의 여행 끝에 쉬거나 기운을 회복하기 위한 어떠한 장소도 제공되지 않았기 때문이었으며, 이러한 열악한 상황은 도착 후 흑인 노예들의 사망률을 더욱 증가시킨 것으로 추측되고 있다.

아프리카 지역에서 영국 해군의 감시는 그 전까지 실행되었던 노예무역의 형태에 의미심장한 변화를 야기하였다. 그중 가장 눈에 띄는 변화는 오랜 세월 유럽과 브라질 노예상인들에 의해 이용되었던 노예무역 중심지와 노예 송출항구의 역할을 한 요새들의 포기였다. 그래서 베넹 만(Golfo de Benim) 지역에서 노예들의 승선은 해안지역에 퍼져 있는 작은 항구에서 이루어졌으며, 영국 해군의 감시와 추적을 피하기 위해 노예상인들은 백여 명 정도만이 승선할 수 있는 보다 빠르고 보다 작은 배를 이용하게 되었다.

1845년 영국 의회는 브라질 영해(領海)를 운항하고 있더라도 노예를 수송하는 것으로 의심되는 모든 선박의 포획과 몰수를 허용하는 법안을 통과시키는 보다 극렬한 결정을 내렸다. 법안을 발의한 영국 외무장관 조지 고든(George Gordon, 제4대 애버딘 백작)을 기념하여 명명된 애버딘 법(Bill Aberdeen)과 함께 영국 해군은 보다 공격적인 방법으로 노예무역에 참여하고 있던 브라질 선박을 체포하거나 침몰시키는 행위를 서슴지 않았다. 그래서 당시 영국과 브라질 간의 외교관계는 심각하게 냉각되었으나 노예무역은 그 후에도 5년여 동안 더 지속되었다.

에우제비우 지 께이로스 법무장관

1850년 9월 4일 브라질 의회는 노예무역에 참여하는 사람에게 보다 엄격한 처벌을 예고하는 노예무역 금지법안인 발의자 이름을 딴 에우제비우 지 께이로스 법(Lei Eusébio de Queirós)을 통과시켰다. 이러한 결정은 영국 해군의 압력에 승복한 것이기도 하였지만 다른 한편으로는 노예들의 폭동을 두려워해 이루어진 것이기도 하였다. 당시 20여 년 동안 엄청난 수의 흑인 노예가 브라질 사회로 유입되는 데 대해 브라질 엘리트들은, 1830년대 브라질 사회를 뒤흔들었던 노예 반란의 재판이 벌어지지 않을까 하는 우려를 갖고 있었던 것이다.

노예무역의 금지는 다양한 결과를 초래하였는데, 그중 가장 특기할 만한 사실은 아프리카 흑인의 숫자는 점차 줄어든 반면 브라질 땅에서 태어난 혼혈인 끄리오우루(crioulos)의 수는 더욱 늘어났다는 것이다. 그리고 1850년 이후 흑인 노예의 가격은 급속도로 높아져 한정된 고소득 농장주들의 수중에 노예들이 집중되는 결과를 가져와 일부 노예 소유자들은 자신들보다 더 부자인 이들에게 노예를 재판매하기도 하였다.

커피농장에서 일하는 흑인 노예

남동부지역 커피농장에서의 점증하는 노동력 수요는 도심지역 노예들이 급속하게 농촌으로 이전하는 결과를 가져왔다. 1850년부터 이러한 노예의 국내무역, 특히 북동부지역에서 남동부 커피농장으로의 노예 이동이 가속화되었는데, 1871년에서 1881년 사이 약 7천 명의 노예들이 쎄아라(Ceará) 주에서 남부지역으로 이동하였다. 노예무역의 결정적인 금지 이후 브라질 남동부지역으로 이전한 노예의 수는 20만 명 이상인 것으로 추산되고 있으며, 노예의 국내 이동이 가장 활발하였던 1873년과 1881년 사이에는 9만 명 이상의 흑인들이 남동부 지역으로 들어왔는데, 그중 대부분이 싼뚜스와 히우 지 자네이루 항에 도착해 커피농장으로 옮겨졌었다.

국내의 노예 이동이 활발하였던 시기에 노예들이 빠져나간 곳은 북동부지역만은 아니었으며 미나스 제라이스 주에서도 1만 명 이상의 노예들이 타 지역으로 이동한 것으로 추산된다. 남동부지역으로 옮겨간 흑인 노예의 대부분은 남자들이었지만, 상당수의 여성 노예들도 매춘을 비롯하여 다양한 직종에 종사하기 위해 이동하였다.

브라질 국내의 다른 주(州)로 팔려간 남자 및 여자 흑인 노예들은, 그들의 부모와 조부모들이 아프리카 땅에서 잡혀 대서양 횡단의 여정을 거쳐 신대륙에 정착하면서 겪어야 했던 것과 똑같은 고향 이탈의 감정을 겪어야 했었다. 이들은 가족과 공동체로부터 강제로 분리되어 새로운 주인과 새로운 노동에 적응하고 익숙해져야만 했는데, 새로운 생활에 대한 적응은 고통스럽고 또 긴장의 연속이었다. 이 때문에 역사가들은 북부지방에서 팔려온 흑인 노예들이 남동부지역에서 가장 반항적이고 순종하지 않는 노예들이었다고 보고 있다. 이와 관련해 1854년 싸웅 빠울루의 발리 두 빠라이바 두 술(Vale do Paraíba do Sul)의 커피 농장주들은 '북부에서 온 흑인 노예'들의 혹시 있을지도 모르는 폭동과 반란을 방지하기 위한 조치를 검토하기 위해 위원회를 조직하기도 했다. 북동부와 북부지방에서 온 흑인 노예들의 문란한 행동은 브라질에서 조만간 노예제도의 종식을 가져오게 될 긴장을 가중시킨 것임에는 틀림없었다.

아프리카에서 왔든 아니면 북부지방에서 재이주하였든 아프리카 흑인 노예들과 이들의 후손들은 생존을 위해, 새로운 주인과 새로운 생활에 적응하기 위해, 그리고 자신들이 처한 불행한 상황에서 도망치기 위해 무던히도 애를 써야만 하였다. 하지만 이 모든 것은 혼자서 할 수 있는 것은 아니었다. 그래서 그들은 생존과 저항을 위해 자신들을 도와줄 새로운 가족과 공동체를 구성해 강력한 단결과 연합을 필요로 하였다.

III

브라질의 노예와 노예제도

아프리카인에서 노예로

대서양 횡단의 고된 여정 끝에 브라질의 어느 대도시 항구나 황량한 해안지역에 도착한 이후 아프리카인들은, 생존이라는 것이 곧 앞으로 부닥쳐야 할 크나큰 도전이라는 사실을 알게 되었다. 이때부터 아프리카 흑인들은 대서양 저편에 남겨두고 온 가족과 친구들에 대한 그리움과 자신들 고향으로부터의 이탈에 대한 고통을 겪으며 살아야 했다. 그들은, 노예로 살아간다는 것은 곧 재산의 일부분인 것처럼 팔리고, 구매되고, 다른 물건들로 교환되며 물려주고 그리고 물려받는 물건과 다름 없다는 것을 알게 되었다. 나아가 그들은 주인의 지배하에 여러 가지 일에 매달려 해가 뜨고 질 때까지 노동에 시달려야 한다는 것도 알게 되었다.

300년 이상 브라질에서 생산되고, 소비되고 또 수출되었던 것 대부분이 노예노동 착취의 산물이었다. 흑인 노예의 손으로 광산에서 금과 다이아몬드를 캐내고, 농장에서는 사탕수수와 커피, 카카오, 면화, 그리고 수출을 위한 열대작물 등을 재배하고 수확하였다. 이외에도 흑인 노예들은 자신들의 생존을 위한 식량생산에

농장으로 나가는 흑인 노예들

동원되었으며 가축사육과 육포제조, 수공예와 가사 일에 매달려야 했다. 도시에서도 그들은 사람과 물건을 수송하는 일을 하여야만 했으며, 또한 집과 다리, 공장과 도로건설, 그리고 또 다른 일 등에 노동력을 제공하여야 했다. 그리고 이들은 도심 거리의 행상인이나 채소상인과 같이 식량 분배를 책임지는 일도 하여야 했다.

그래서 흑인 노예의 숫자는 특히 열대작물을 수출하는 지역에서 브라질 인구의 중요한 일부를 대변하고 있었다. 19세기 초 브라질의 인구는 381만 8천 명 정도였는데 그중 193만 명이 노예였으며, 일부 지역에서는 노예의 숫자가 일반 자유인의 숫자를 능가하기도 하였다. 통계에 따르면 1872년 당시 대규모 커피 재배지였던 싸웅 빠울루의 깜삐나스 시의 경우, 자유인의 수가 8,281명이었던 것에 비해 노예의 수는 무려 13,685명에 달했다. 19세기 중엽 노예무역이 금지될 때까지 흑인 노예의 대부분은 아프리카 태생이었는데, 살바도르 시의 경우 노예 인구의 63%가 그리고 히우 지 자네이루의 경우에는 70%가 아프리카에서 태어나 브라질로 이주하였다.

노예를 소유하는 것은 사탕수수 농장주들과 커피 농장주나 도시 부유층의 특권만은 아니었다. 19세기 초까지 노예의 소유 경향은 가난한 사람이든 부자든 사회 다양한 계층 사이에 널리 유행하고 있었으며, 신부와 군인, 공무원, 수공업자, 술집 주인, 상인 그리고 소규모 경작자들은 노예에 투자까지 하였다. 심지어 과거 노예 신분이었던 사람들도 노예를 소유하고 있었는데, 도시지역에서는 대부분의 노예들도 한 명 혹은 두 명의 노예를 소유하고 있어 노예제도의 지속을 원하는 사람은 농장주들뿐만은 아니었던 것으로 볼 수 있다.

많든 적든 노예의 숫자와 그 제도에 대한 이견은 무려 300년 이상이나 브라질에서 노예제도가 지속될 수 있는 여건을 만들어주었다.

1822년 브라질이 포르투갈로부터 독립을 이루어냈을 때 브라질의 토착 엘리트들은 노예제도의 종식과 상관없이 브라질의 체제 현대화를 실현하려고 하였다. 그래서 미주에서 가장 근대적이며 자유주의적인 모양을 갖추어 1824년 공표된 브라질의 첫 번째 헌법도 노예에 관한 소유자의 권리에 대해서는 언급이 없었다. 모든 사람이 자유롭고 평등하다는 자유주의 원칙을 옹호하는 것과 동시에 노예제도를 유지하려는 것은 19세기 내내 브라질이 안고 있던 가장 커다란 딜레마였다.

노예제도는 경제체제보다도 더 크게 브라질 전체 사회에 큰 영향을 미쳤다. 즉 노예제도는 모든 사회적 행위를 규정지었으며, 사회 · 인종적 불평등을 결정하였고 또 명령 하달과 복종의 감정과 가치, 예법을 강화하였으며, 명령을 하는 사람과 복종을 하는 사람의 사회적 위치를 제도적으로 결정지었다. 노예들은 사회의 가장 억압받는 집단으로, 이들은 법적인 계약 체결에서, 자신의 개인적 삶과 재산을 영위하는 것에서, 자유인을 상대로 법적 소송을 제기하는 것에서, 그리고 노동의 선택에서도 자유롭지 못하고 제약만 받을 수밖에 없었다.

그래서 식민시대와 제국주의 시대의 브라질은 노예사회로 특징 지어지며, 흑인과 혼혈인, 노예 등은 유럽에서 도래한 백인이나 브라질에서 태어난 토착 백인들에 비해 언제나 열등하게 취급되는 인종차별의 사회였었다. 그러한 점에서 노예제도라는 용어는 동시에 인종차별이라는 용어로 대변될 수밖에 없었으며, 이는 곧 경제적 착취와 계급차별로 이루어졌다.

주인과 노예의 관계는 개인적 지배에 근간을 두고 있으며 무엇보다도 강제적 행위에 의해 결정되었다. 그래서 노예제도는 항상 육체적 형벌과 제재라는 기본적인 요인에 의해 운영되었으며, 노예들은 자신들이 받아야 하는 형벌에 대해 상소의 기회도 많지 않았다. 혹시라도 신체적 형벌로 인해 노예가 사망에 이르게 되고 누군가가 당국에 청원한다 할지라도 그 결과는 전혀 받아들여지지 않았다. 식민헌법 자체는 노예와 자유인으로 하여금 악덕 주인을 행정이나 교회당국에 고발할 수 있게끔 하고 있지만 판사 앞에서 노예에 대한 악행을 털어놓는 주인은 거의 없었다. 또한 주인과 같은 계급에 속하는 판사들도 고발된 주인을 용서하거나 무죄 처분을 내리기 일쑤였다.

식민시대 브라질 노예제도에 대해 기록을 남긴 많은 역사가들은 노예들에 대한 혹독한 대우에 대해서는 비난을 하고 있지만 정작 노예들이 받아야했던 형벌의 정당성을 비난하는 사람은 없었다. 18세기 초 브라질 바이아에 거주하였던 이탈리아 예수회 선교사 조루지 벤치(Jorge Benci)는 주인과 농장주들로 하여금 노예들에게 의식주 면에서 인간적 대우를 하라고 계도하면서도 "그리스도교적 박애심"을 갖고 노예들에게 형벌을 가하라고 말한 기록이 있다.

조루지 벤치

그러나 노예 주인들은 육체적 폭력만으로 노예제도를 유지할 수 없다는 것을 곧 알아차렸으며, 노예들에 대한 정당하지 않은 가혹한 형벌은 노예들의 탈출과 주인 및 가족의 생명에 대해 크나큰 위협의 결과를 낳을 수 있다는 것을 인식하였다. 흑인 노예들은 채찍을 통해서만 복종을 기대할 수 있는 수동적인 존재는 아니었으며, 일상적인 투쟁에서 노예제도의 한계를 드러내며 무조건적인 복종에 저항하기 시작하였다. 그래서 주인들은 노예들의 노동에 대해 격려책을 쓰면서 유화정책을 펴기 시작하였다. 북동부 사탕수수 농장에서 그리고 남동부 커피농장에서 주인인 농장주들은 노예를 가족의 보호 아래 두는 가부장적 이데올로기를 채택하였으며, 노예들의 잘못을 용서하거나 형벌을 부과하는 일의 심판권을 갖고 노예의 굴복과 복종, 충성을 동시에 기대하였다.

노예에 대한 폭력

백인들의 땅에서 흑인 노예들이 살고 생존한다는 것은, 보다 인내하며 생활할 수 있는 세상을 만드는 길을 열어가는 것을 말하며 또한 일상적인 노력을 통하여 노예지배의 상황을 바꾸거나 역전시키는 것을 의미하였다. 그래서 흑인 노예들은 다양하고 독창적인 방법을 통하여 주인들의 생각과 의지를 속이고 또 때때로 자신들의 삶을 결정지으려는 방침을 뒤집으면서 앞서 언급한 가부장적 이데올로기를 이용하려고 하였다. 즉 흑인 노예들은 탈출과 반란을 통하여 자신들의 일상적인 저항의 형태를 진전시켜갔으며 그리하여 노예제도 세상에서 자신들의 운명을 일궈나가는 노력을 경주하였던 것이다.

흑인 노예들은, 노예제도에 의해 자신에게 부과된 '생산도구로서의 존재' 상황으로부터 탈피하여 자신들만의 공간에서 사랑하고, 가족을 형성하고, 자식을 낳고, 즐기고 쉬며 또 자신들의 신을 섬기는 일을 하기를 원하였다. 그리고 또한 탈출과 반란이라는 수단을 통하여 노예제도라는 이 가혹한 생활에서 벗어나기를 원하였다. 그러나 어쩌면 노예들이 진정 원하고 간절히 갖고 싶었던 것은, 노예제도 하에서 생존하기 위해 아프리카에서 살았던 평화로운 추억과 삶의 기억을 간직하는 것이었는지도 모른다.

노예의 생활상

노예 신분으로 살았던 흑인들의 생활상은, 노예사회의 근간을 이해하고 또 노예들이 어떻게 지배를 극복하려고 노력했는가를 알 수 있는 기본 요건이 된다. 여기서 우리는 노예 민중의 대부분이 집중해 있었던 대규모 영농재배 지역의 노예들을 먼저 살펴보기로 한다.

사탕수수 제당공장을 운영하는 데 필요한 노예 숫자는 농장의 크기와 설탕 수출량의 많고 적음에 따라 차이가 있지만, 19세기 바이아주의 대부분의 제당공장은 평균 60~80 명의 노예를 소유하고 있었으며 일부 대규모 농장의 경우 200명 이상의 노예를 소유하고 있는 곳도 있었다. 북동부지방 제당공장의 노예들은 해가 뜨기 무섭게 노동을 시작하여 밤이 이슥할 때까지 사탕수수밭에서 하루의 대부분을 고되고 쉼 없이 보내야만 했다.

흑인 노예들은 보통 아침 5시경, 감독자의 기상나팔에 맞춰 일어나 그날의 지시사항을 듣기 위해 마당에 모였다. 종교단체에 소속된 일부 제당공장의 경우 사탕수수밭으로 나가기 전 아침기도를 바쳐야 했다. 노예들은 보통 10명에서 15명씩 그룹을 이루어 노동을 하였는데, 힘든 일이니만큼 때때로 노예들은 노래를 부르며 시름을 달래곤 하였다. 이들은 노동현장에서 아침 9시에 아침을 먹기 위해 잠시 그리고 점심 후 3, 4시경에 현장에서 잠시 휴식을 취하고 난 후 밤이 이슥해질 때까지 일을 계속해야만 하였다.

사탕수수밭을 준비하고, 씨를 뿌리기 위해 고랑을 판 후 사탕수수밭의 잡초를 제거하는 소위 '정리 작업'은 매우 고되고 어려운 일이었다. 이러한 정리 작업은 하루 종일 계속되었는데 노예들은 다른 일을 마친 후에도 이 작업에 매달려야 했다. 사탕수수 수확은 남자와 여자, 그리고 어린이 노예의 몫이었다. 남자 노예들이 사탕수수를 베고 잎을

쳐내면 여자와 어린이 노예들은 이를 운반하기 위해 다발로 묶어 놓아야 했다. 이러한 작업을 모두 끝내고 나서야 노예들은 비로소 자유 시간을 가질 수 있었다.

사탕수수농장의 노예들

10~12세 흑인 노예 아이들은 또한 수집된 사탕수수를 제당공장의 제분소까지 옮기는 우마차의 몰이꾼으로 이용되었다. 모든 작업을 보다 빨리 마치기 위하여 노예 부모들은 큰 자식들을 일터에 동원하기도 하였지만, 어린 자식들도 힘든 노동에서 예외가 되지는 않았는데 이들은 주인집의 가사일이나 식량재배, 사냥 등을 담당하여야 했다.

제당공장에서 노예들의 사망률은 높았고 반면에 출생률은 낮아 죽거나 노쇠한 노예들을 대체할 새로운 노예를 계속 충원할 필요가 있었다. 19세기에 제당공장의 전체 노예 중 약 6%는 노동을 할 수 없을 정도의 극심한 피로에 지쳐 이 중 상당수가 사망에 이르렀던 것으로 전해지고 있다. 1622년과 1653년 사이 바이아 주의 쎄르지삐 두 꼰지(Sergipe do Conde) 제당공장에서는 70명의 노예를 유지하기 위해 매년 약 5명의 새로운 노예를 구입했던 것으로 전해지고 있다.

사탕수수 농장에서의 노동은 여성들에게는 너무나도 고되고 힘든 것이었으며 특히 임신 중이거나 출산 후의 여자 노예들은 노동과 육아를 동시에 해야 하는 이중고를 지고 있었다. 그래서 특히 노동력이 집중되는 사탕수수 수확기에 맡은 일의 과중함 때문에 유산율과 유아 사망률이 훨씬 높았다.

수확기에 노동량은 더욱 늘어나 힘든 일은 때때로 밤늦게까지 계속되었으며, 수확한 사탕수수가 상하지 않고 신속한 공정이 진행되도록 제분기(製粉機)는 밤낮없이 쉬지 않고 돌아가 보통 이 시기에는 하루 18~20 시간을 작업해야 했다. 이러한 집중적인 제분작업과 노동은 사탕수수밭에서의 작업이 불가능한 겨울철 우기인 8월에서 5월까지 지속되었다. 제분작업에서 일부의 노동, 즉 사탕수수를 수거해 제분소로 옮기는 일이나 제분하고 난 뒤의 찌꺼기를 버리는 일 등은 언제나 여자 노예들에 의해 이루어졌다. 2~3명의 여자 노예들은 사탕수수를 제분기에 끼워 넣는 아주 조심스런 작업을 담당하였는데 이 작업은 자칫 부주의한 경우 액을 만들기 위해 사탕수수를 압축하는 강한 실린더에 의해 손이나 팔이 잘릴 수도 있었다.

설탕 생산의 모든 과정은 감독자나 관리인에 의해 진행되었으며, 사탕수수 밭에서 각 조(組)의 노예들은 노예이거나 해방된 흑인인 관리인들의 감독하에서 일을 하였는데, 일부 농장에서는 여자 노예들을 감독하기 위해 여자들이 관리인의 역할을 하였다. 각 조의 관리인은 감독조장의 지시를 받았는데, 이들은 보통 노예들의 훈육을 담당하였다. 제당공장에서 제분기 조장은 제분작업을 통솔하였으며 사탕수수가 적당히 압축되었는지, 그리고 사고의 경우 제분기를 멈추는 일을 담당하였다. 증기가마실(보일러실)에서는 설탕 장인이 최상의 품질을 만들기 위한 정제과정을 지휘하였다. 그리고 많은 노예들은 설탕 제조과정을 배워 후에 유명한 설탕 장인이 되었는데, 이러한 점에 비추어 노예제도는 노예들의 노동력을 이용하여 그들의 노동을 원숙하게 만들었을 뿐 아니라

사탕수수 제당공장

그들의 지성과 창조성을 개발하는데도 적지 않은 역할을 한 것으로 보인다.

하지만 사탕수수밭과 제당공장에서의 노동만이 흑인 노예들이 해야 하는 전부는 아니었다. 노예들은 울타리를 만들거나 개축하는 일, 도랑을 파는 일, 도로와 다리를 만드는 일, 주인집에 땔감을 제공하는 일, 가축을 방목하는 일, 그리고 과수원을 경작하는 일 등도 맡아 해야 했다. 이외에도 자신들의 식량생산을 위해 밭을 일구거나 사냥, 수렵 등의 일도 담당해야 했기에 노예들은 잠시도 쉴 틈이 없었다.

제당공장에서의 생산 작업은 종종 태업(怠業)의 대상이 되기도 했는데, 설탕을 정제하는 과정을 방해하기 위해 당밀(糖蜜) 가마에 레몬을 넣는 경우도 있어, 부주의하거나 반란의 조짐이 있는 노예들이 보다 전문화된 작업에 선발되는 일은 없었다. 노예들의 협조를 구하기 위해 농장주들은 유인책을 쓰기도 하여 전문적인 노예들에게는 소량의 설탕이나 술, 당밀, 옷 또는 돈을 제공하기도 하였다.

또한 관리직을 수행하는 노예들에게 농장주들은 돈을 주거나 특권을 제공하는 혜택을 베풀었지만, 이는 노동의 계급체계를 만들고 노예들의 협조를 얻기 위한 조치였을 뿐이며 그렇다고 그들이 제한 없는 협력을 하였다는 것을 의미하지는 않는다. 감독자들과 장인(匠人)들은 때때로 노예들의 작은 위법행위를 감추어주었는데 이로써 노예들에 대한 농장주의 보복을 피할 수 있었다. 여기서 한 가지 간과할 수 없는 사실은 전문적인 흑인 노예노동자와 감독자들 중에 노예 폭동의 최상층부 지도자들도 있었다는 것이다.

브라질 남동부 커피농장의 노예들은 감독자의 감시하에 하루에 15~18시간 동안 중노동을 하였다. 그들은 동이 트자마자 노예거주지인 쎈잘라(senzala) 앞에 모여 그날의 과업을 지시받기 위해 줄을 서야

노예들의 거주지 쎈잘라

했으며, 곧 우마차에 실려 멀리 떨어진 커피 재배지로 이동해야만 했다. 사탕수수 농장의 노예들과 마찬가지로 커피 재배지의 흑인 노예들도 노동요(勞動謠)를 부르며 노동의 시름을 잊고자 했는데, 이들은 아침 9, 10시경에 콩죽과 옥수수 가루, 그리고 육포로 이루어진 아침을 먹기 위해 잠시 쉬었으며, 오후 4시경 한 차례의 식사를 위해 쉬었다가 동이 질 무렵까지 고된 노동을 하다 해가 지면 거주지로 돌아오는 생활을 계속하였다. 하지만 집에 돌아와서도 이들의 노동은 끝나지 않고 다음 날 먹을 식량인 만지오까나 옥수수 가루를 준비해야만 했으며 밤 10시가 되어서야 잠자리에 들 수 있었다.

광업지역에서 노예제도는 노동의 주된 조직을 구성하였는데, 18세기 중엽 채광업이 융성하던 시절 흑인 노예들은 미나스 제라이스 주 인구의 약 30%를 차지하였으며, 이곳뿐 아니라 마뚜 그로쏘와 고이아스 주의 광업지역에서도 노예들은 금의 채굴을 용이하게 하기 위한 둑이나 댐의 건설 공사에 지속적으로 동원되었다. 이들 지역의 노예 주인들은 강에서 사금(砂金)을 채취하는 작업을 위해 보통 10명에서 20명의 노예를 소유하고 있었다. 1860년대 영국의 싸웅 주엉 델 헤이(São João Del Rei) 광업회사는 주인들에게 노예를 임대받기도 해 무려 1,700명의 노예를 부리고 있었다.

노동시간의 대부분을 강이나 계곡의 물속에 잠긴 채 있어야 하는 광업지대에서 흑인 노예의 노동 상황은 더욱 열악하여, 이곳의 흑인 노예들은 사탕수수나 커피 재배지의 노예들보다도 수명이 훨씬 짧았던 것으로 알려지고 있다. 그래서 흑인 노예들의 조기 사망을 피하기 위해 노예 주인들은 혹독한 사금채취 노동에 동원된 노예들을 돌보려 종종 간호사들을 고용했으며, 질병 치료를 위해 아프리카 혹은 인디오의 천연 약초에 의존했다.

광산지역에서 흑인 노예들은 백인이나 혼혈인 감독자의 끊임없는 감시하에 광물 채취를 해야 했으며, 특히 사금 채취 작업 동안에 발견되는 금이나 다이아몬드를 감추지 못하도록 감독관 앞에서 몸을 웅크린 채 일을 하였고, 작업이 끝난 뒤에는 매번 몸수색을 당해야 했다. 하지만 이러한 감시에도 불구하고 노예들은 자신들이 그렇게도 염원하던 노예 석방을 위한 돈을 마련하기 위해 나름대로 다양하고 교묘한 감추기 술책을 개발하였다.

광산지역의 노예들

히우 그란지 두 술 주에서는 흑인 노예들이 가축 사육과 육포 제조 등의 작업에 동원되었다. 18세기 이 지역에서 생산된 육포가 브라질 전 지역으로 확대 수출되면서 노예들의 숫자도 크게 늘어났다. 19세기 이 지역 육포제조 농장에서는 보통 70여 명의 노예를 소유하고 있었으며 일부는 100명에 이른 곳도 있었다. 흑인 노예들은 육포 제조 농장에서 가축의 도축에서부터 고기 보관, 그리고 가죽 손질 등의 고된 작업을 담당하였는데, 가장 활동적인 작업시기인 10월부터 5월까지 하루 평균 16시간을 무서운 감독자의 감시하에 일을 하였던 것으로 알려지고 있다. 작업은 보통 밤늦게까지 연장되었는데 고된 작업을 독려하기 위해 노예 주인들은 종종 독주(毒酒)를 제공하기도 하였다.

흑인 노예들은 육포 제조 농장이나 광산지역 그리고 사탕수수 농장에서의 고되고 혹독한 노동의 의무를 거부하기 위한 다양한 저항의 방법을 강구하였는데, 그중 가장 대표적인 것이 질병이나 탈출이었다. 1933년 바이아 주 내륙에서 과거 사탕수수 농장의 노예였던 한 사람이 증언하기를, "과도한 노동으로부터 탈피하고 휴식을 취할 수 있는 방법은 오로지 탈출하는 것"이었으며, "이러한 탈출의 구실로는 인근 지역 다른 농장의 친척을 방문하기 위한 것"이었다고 말하였다.

흑인 노예들의 폭동

사탕수수나 커피 농장에서 흑인 노예들은 농장주나 감독자들 앞에서는 열심히 일하는 척하였지만, 이들이 없을 때는 잠시 쉬는 등의 꾀를 내기도 하였다. 남동부 커피 농장에서 노예들은 노동을 흥겹게 하기 위해 '종구스'(jongos)라는 즉흥 노래를 부르곤 했는데, 이 노래는 주인이나 감독자들이 다가온다는 것을 알려주는 경고의 노래로 불리었다. 한편 이들 농장에서 노예들과 농장주들 간의 투쟁이 빈번하였는데, 이는 대개가 노동시간의 감소를 둘러싸고 벌어진 것이었다. 특히 1789년 바이아 주 일레우스(Ilhéus)의 한 사탕수수 농장에서는 노예들이 폭동을 일으켜 농장주에게 보상을 요구하는 계약서를 만들기도 하였는데 그 내용 중에는 노동시간의 감소와 휴식의 권리를 주장하는 것이 포함되어 있었다.

노예들의 의식주

사탕수수 농장이나 커피 농장 그리고 육포 제조 농장과 광업지대에서의 흑인 노예의 삶의 조건은 지극히 열악하였다. 흑인 노예들이 거주하였던 쎈잘라(senzala)라는 집단거주지는 원래 아프리카 낌분두(quimbundo)어에서 기원한 것으로, 농장에서의 노동자 숙소 또는 대저택과 분리된 거주지를 의미하는 말이었다. 19세기 브라질의 대농장에는 두 가지 형태의 쎈잘라가 존재하였다. 그 첫 번째는 커다란 막사 형태인 사각형의 긴 단일 건물로 그 내부는 여러 개의 칸막이 방으로 나뉘어 있었다. 이것은 농장주가 설계하여 만든 것으로 보통 농장주의 대저택 옆이나 뒤에 위치해 쉽게 감시의 대상이 되었으며, 남자 노예와 여자 노예 그리고 자식이 딸린 부부를 위한 각각의 막사가 따로 있었다. 쎈잘라는 밤에 감독자들에 의해 자물쇠가 채워졌지만 노예들의 탈출을 저지하기에는 완벽하지 못했다. 하지만 해가 뜨기 무섭게 일터로 나가 해가 져서야 들어와야 하는 노예들의 교육을 위해서는 중요한 조치였다.

막사 형태의 쎈잘라

두 번째의 쎈잘라는 짓이긴 진흙 벽과 짚으로 덮여져 서로 분리된 오두막의 형태로 이는 노예들에 의해 직접 만들어졌다. 흑인 노예들은 이곳에서 자신들만의 공간을 유지하고 또한 고향인 아프리카에서 갖고 온 문화적 요소들을 활용하여 자신들만의 가정생

자물쇠를 채운 노예들

활에 대한 프라이버시와 자유를 더 많이 누릴 수 있었던 것으로 보인다. 왜냐하면 비교적 농장주에게서 멀리 떨어져 자신들의 음식을 요리하고 식생활을 영위할 수 있었기 때문이다.

북동부 농장에서는 이 두 가지 형태의 쎈잘라가 공존했지만, 보통은 대저택에서 일정 거리 떨어져 줄지어 배열된 초가집의 형태도 있었다. 빠라이바(Paraíba) 주 농장에서는 줄지어 배열된 쎈잘라 간의 공간을 "거리"라고 불렀는데, 이는 노예들의 세계와 주인의 대저택 세계를 구별하는 공간이었다. 쎈잘라의 내부에는 개인용품 몇 가지, 즉 옷을 보관하는 작은 트렁크와 멍석으로 만든 조악한 침대, 그리고 작은 의자와 냄비와 진흙 접시와 화덕이 있을 뿐이었다.

열악한 상황의 쎈잘라 내부

광산지역에서 흑인 노예들은 오두막이라 불리는 초가집에 거주하였는데, 이는 광물 채굴을 위한 이동의 신속을 위해 쉽게 만들고 또 해체할 수 있기 때문이었다.

흑인 노예들은 주인의 허락 없는 재산을 손에 넣을 수 없었으며 혹시라도 재산을 소유하고자 하는 경우 농장의 또 다른 보조 노동에 동원되었다. 그래서 노예들은 따로 돈을 벌기 위해 휴일에도 주인의 일을 거들거나 아니면 시장에 내다 팔기 위해 옷이나, 짚 바구니와 진흙으로 빚은 냄비나 그릇 등을 만들어야 했다.

광업지역의 흑인 노예들의 경우에는, 이미 사금 채취업자들이 채굴해 간 장소에서 금이나 다이아몬드의 잔재를 찾기 위해 여가시간을 이용하였는데, 금의 채굴이 쇠퇴기에 접어들었던 1850년경 꾸이아바

(Cuiabá) 시에서는 노예들과 가난한 자유인들이 특히 폭우가 내린 후 길바닥에 쏟아진 자갈 사이에서 소량의 금 조각을 찾으려는 모습이 자주 연출되곤 하였다.

다른 미주지역에서와 마찬가지로 브라질의 흑인 노예들도 농업 외에 자신들의 소비와 판매를 위해 가축 사육과 같은 독립적인 경제활동을 영위하였다. 소와 돼지 또는 닭 등의 이들 가축들은 1/2 제도(생산의 절반씩을 나눠 갖는 형태)의 형태로 주인의 땅이나 농장, 초원에서 방목되었다.

히우 지 자네이루와 싸웅 빠울루의 커피 농장에서 많은 노예들은 생산된 커피의 일부분을 주인 몰래 전용하는 경우가 허다하였다. 그래서 길가의 잡화상에서는 농장에서 몰래 흘러나온 닭이나 돼지, 그리고 커피를 팔곤 하였는데 노예들이 훔친 물건들은 주로 옷이나 생필품을 구매하는 데 사용되었다.

흑인 노예들의 의복은 극도로 초라하고 열악하였다. 제당공장 주인들은 일 년에 두 차례, 사탕수수 수확과 제분의 시기에 옷과 옷감을 배급할 뿐이었다. 18세기에는 남자 노예에게 상의와 하의 한 벌, 그리고 여자 노예에게는 면치마만 제공되었을 뿐이고, 19세기 남동부 커피 농장에서는 남자 노예에게 연간 3벌의 상의와 바지, 그리고 외투와 모자, 두 개의 담요가, 그리고 여자 노예에게는 치마와 목도리 등이 지급되었다.

미나스 제라이스 주 광산지역의 노예들에게는 그다지 옷이 필요치 않았다. 하루의 대부분을 물속에 다리를 담근 채 지내야 했기 때문에 보통 반바지와 모자만을 착용했을 뿐이다. 노예 주인의 입장에서는 이러한 복장이 금 등의 귀금속을 숨길 수 없었기 때문에 통제를 더욱 용이하게 할 수 있었다. 감독자들의 경우에는 상의를 착용하였지만,

광산의 노예들

노예 주인은 귀금속을 발견하는 노예들에게도 상으로 의복을 좀 더 지급하였다. 그래서 의복을 더 많이 지급받고자 하는 노예들은 주인을 위해 기꺼이 초과노동을 하는 경우도 있었다. 19세기 들어서 이들 제당공장과 광산지역에는 행상인과 보부상들이 출현하여 노예들이 선호하는 질 좋은 옷감으로 만든 의복을 팔기도 하였다.

19세기에 브라질을 여행한 외국인들의 기록과 삽화에 따르면, 당시 브라질 흑인 노예들의 의복은 같은 노예라 하더라도 하는 일이 서로 다른 것을 여실히 보여주고 있는데, 집 안에서 수공업이나 가사 일을 하는 노예는 농장 노예들보다 훨씬 좋은 의복을 입고 있었다.

노예 주인들은 노예들에게 의복을 지급하고 병을 치료해주는 것 외에 먹을 것을 제공해주었지만, 그 양이나 질이 형편없어 종종 노예들의 원성과 또 폭동의 원인이 되곤 하였다. 1871년 싸웅 빠울루 주 깜삐나스(Campinas) 시에서는 그레고리우(Gregório)라는 흑인 노예가 주인을 살해한 혐의로 체포되었는데, 경찰조사에서 그는 "일 년에 두 차례만 의복과 아주 적은 양의 하루 두 끼 식사만을 제공받았을 뿐이고, 식량 재배나 가축 사육도 허락되지 않았으며, 최근 들어서는 약간의 돈을 더 벌기 위해 일요일에 이웃을 위해 일하는 것조차 허용되지 않아 불만이 극에 달하였다"라고 증언하였다.

노예들의 생활상

노예제도에 대한 연구 조사에서 공통적으로 나타난 것은 바로 노예들에게 제공된 극히 열악한 식량 사정이었다. 어쩌면 노예들의 수명이 짧을 수밖에 없었던 것도 이러한 질 낮은 음식이 원인이었는지도 모른다. 그래서 식민시대와 제국주의 시대를 통틀어 농장주들로 하여금 노예들에게 충분한 먹을 것을 제공해주고 이와 함께 특히 만지오까(mandioca)와 같은 기본 식량의 생산을 위해 토지 이용을 의무화하는 다양한 법령과 규정이 만들어졌다. 사탕수수와 커피 수출이 증가하던 시점에는 일시적으로 물가가 오르고 식량이 부족하기도 하였다. 사탕수수 농장주들은 노예들에게 보통 만지오까 가루, 콩, 생선 또는 말린 고기 등의 식량배급을 매일 노예들에게 제공하였다. 그리고 사탕수수 수확기에는 노동을 독려하기 위해 술을 제공하기도 하였다.

만지오까

일부 사탕수수 농장에서 흑인 노예들은 전적으로 주인에 의해 제공되는 식량배급에 의존해야 했으며 또 다른 농장에서는 노예들이 자신의 거주지인 쎈잘라에서 음식을 준비하였다. 그러나 보통 대부분의 농장에서는 이 두 가지의 방법을 혼용하였지만, 매일 배급되는 식량이 너무 부족하여 노예들은 자신들이 직접 생산하는 식량으로 충족해야 했다.

노예들은 여가 시간을 이용하여 부족한 농산물 식량을 사냥과 낚시로 충당할 수 있었다. 일부 광업지역에서 노예주들은 식비절감을 위해 노예들에게 사냥을 시키기도 하였다. 중앙아프리카 출신의 노예들은 사냥에 쓰이는 다양한 형태의 올가미 제조법을 잘 알고 있어 브라

쎈잘라에서의 노예생활상

질 땅에서 아프리카식의 사냥 방식은 곧 정착될 수 있었다.

놀고 있는 밭에 대한 경작활동은 노예들이 식량 생산을 증대할 수 있는 또 다른 수단이었으며, 많은 농장에서 노예들은 자신의 밭을 경작하여 먹을 것을 조달하였다. 광산지역의 경우 노예주들은 노예들에게 남는 시간 동안 야채밭을 경작하거나 돼지, 닭 등을 사육하게끔 하였다. 그래서 이 지역 노예주들은 식량비용을 절감하게 되었으며, 특히 식량의 대부분을 외부에서 들여와야 하는 외딴 광산지역의 경우에는 이러한 경작방식이 식량 생산의 중요한 원천이 되었다.

노예주들의 관점에서는 식량 생산을 위한 토지의 양도가 노예들의 협력을 얻어내는 하나의 방편이었지만, 노예들에게는 자신들의 식량 조달을 다변화하고 또 생산에서 남는 초과분을 시장에 내다 팔아 얼마간의 돈을 챙길 수 있는 방법이 되었다. 노예들은 이렇게 벌어들인 돈으로 자신들과 자식들의 노예석방을 기대할 수 있게 되었던 것이다. 즉 노예들은 토지를 이용할 수 있게 되면서 생존의 원천을 확대할 수 있게 되었고 나아가 음식의 질을 개선할 수 있게 되었으며 이와 함께 자신들의 문화적 다양화를 기할 수 있게 되었다.

도시에서의 노예 생활상

노예제도의 경제체제가 주로 농업에 기반을 두고 있었음에도 불구하고 도시에서 또한 노예 노동력은 경제체제의 중요한 구성원이었다. 도시에서의 일상에 기본적인 역할을 하는 소위 '임금 노예'라 부르는 노예들은 거리나 항구에서 사람들과 물건의 운송을 담당하고 있었다. 또한 19세기 마뚜 그로쑤(Mato Grosso) 주 꾸이아바(Cuiabá) 시에서는 식수(食水) 및 용수(用水) 공급의 문제가 있어 이들 임금 노예들이 공동우물에서 물을 길러 배달을 해주는 역할을 하였는데, 이러한 상황은 19세기 통틀어 살바도르와 히우 지 자네이루, 싸웅 빠울루 그리고 밀라 히까 등의 대부분의 대도시에서는 일상화된 모습이었다.

도시에서 노예들은 짐 운반 외에도 석공, 목수, 부두노동자, 선원, 마차꾼, 신발 수선공, 이발사, 양복재단사, 그리고 조산원에 이르기까지 그 역할이 미치지 않는 곳이 없을 정도였는데, 당시 이들 노예들이 없었더라면 도시의 기능이 마비될 정도였다. 대도시에서 이러한 하층적인 활동은 백인들이 혐오했던 일이었고 또 노예제 사회에서 육체적인 노동은 품위가 떨어지는 일이라 여겨졌기 때문에 혼혈인 그리고 노예들에 의해 담당될 수밖에 없었다. 하지만 19세기 말 유럽인들, 특히 포르투갈 이민자들이 밀려오면서 남동부 지역에서 이러한 상황이 급변하여 부두의 화물노동을 포함한 하층적인 활동에 대해 이민자들과 노예 혹은 자유노예들이 경쟁을 벌이게 되었다.

여자 노예들의 경우 도시의 주택가에서 가사노동자, 요리사, 보모와 유모 등으로 일하였는데, 이들은 집안일 외에도 농장주인의 저택 외부의 수많은 노동에도 동원되었다. 이들은 농장주가 일어나기 전 일찍부터 공동우물에서 저택에 필요한 식수를 수차례 공급해야 했으며, 또한 농장주가 재정적인 난관에 부닥칠 경우 다른 농장에 임대되어 일을 하여야만 하였다.

이외에도 여자 노예들은 과자나 케익, 사탕수수 주스와 또 다른 아프리카 음식 등을 파는 행상 일도 담당하였다. 당시 거리에는 행상인과 일용노동자들이 자신들만의 방식으로 고객을 유인하였는데, 어떤

행상에 나선 여자 흑인 노예들

이는 어린애를 등에 업고 또는 근처에 애들을 놀게 하면서 일을 해야만 하였다. 그리고 항구도시와 광산 인근지역에는 매춘을 위한 유곽도 존재하였다.

도시지역의 노예 일부는 크고 작은 공장에서도 일하였는데, 19세기 미나스 제라이스 주와 같은 곳에는 노예 노동자를 이용하는 다양한 분야의 공장들이 들어서 있었으며, 마뚜 그로쑤 주의 꾸이아바에는 화약 공장, 히우 지 자네이루 시에는 직물 및 비누, 모자, 기타 소비재 공장이 있었고, 1836년 싸웅 빠울루에 있는 철 주조공장은 무려 141명의 노예들이 일하고 있었다.

도심지역의 노예들은 보통 개인적인 이해관계에 따라서 또는 주인의 명령에 의해서 직업을 전전하였다는 사실이 매우 중요하다. 여자 노예들이 가사 노동에서 남는 시간 동안 거리에서 과자 등의 행상인을 하였던 것처럼 농촌지역과는 달리 도시에서의 노예 노동력의 활용은 매우 다변적이고 또 활동적이었다.

도시에서의 노예제도는 농촌과 비교해 몇 가지 점에서 차이가 있었다. 우선 노예의 숫자도 농촌보다는 훨씬 적었으며 또 다양한 사회 분야에서 일을 하였다. 도시의 노예들은 거리와 항구, 공사장에서 일하면서 상당 시간을 주인의 눈에서 떨어져 있을 수 있어 농촌의 노예들보다는 훨씬 많은 자유의 시간을 누릴 수 있었다. 그리고 일용직 노예의 경우 주인의 집에서 일을 끝낸 후 거리로 나가 소득을 얻을 수 있는 또 다른 노동을 하면서 일정 소득을 주인에게 바쳐 빚을 청산할 수 있었다. 노예 주인은 또한 자신의 노예를 일정 기간 동안 제3자에게

임대할 수도 있었는데, 이를 임대노예(negro de aluguel)라 불렀다.

거리에서 노동을 하는 일용노예와 임대노예는 상당 기간을 주인의 집이 아닌 밖에서 생활하였는데, 보통 이들은 가게라 불리는 '도시의 쎈잘라'인 주택의 다락방 혹은 지하실에서 거주하였다. 부자들이 버린 도시의 중심가에 있는 이러한 주택은 작은 칸막이로 나뉘어 흑인 노예뿐 아니라 자유인 또는 여자들과 함께 생활하는 공간으로, 빈민굴이라고도 불리었는데, 19세기 들어서는 이곳이 각종 범죄의 소굴이 된다 하여 경찰 당국의 끊임없는 감시를 받았다. 이 때문에 도심지역의 노예들은 처음에 주인의 눈에서 멀리 떨어져 지낸다는 것이 감시와 통제를 덜 받는 것으로 생각하였지만, 경찰과 이웃의 감시가 더욱 자신들을 구속한다는 것을 알게 되었고, 그들의 아프리카 의식이나 파티, 음주 등으로 인한 소란스런 행위는 경찰의 일상적인 통제의 대상이 되었다.

흑인 노예들의 여가

노예들은 무기 사용이나 밤에 도심지 거리를 다니는 것이 금지되어 있었다. 그래서 밤중에 거리를 다니는 노예들은 경찰에 의해 엄격히 통제되었는데, 이는 어둠을 틈타 노예들에 의해 범죄나 탈출, 혹은 폭동이 일어나지 않을까 하는 우려 때문이었으며 또한 주인의 허가 없이 밤에 돌아다니는 노예들은 탈출 의심으로 체포되는 경우도 있었다. 이와 관련하여 1829년 이스삐리뚜 싼뚜(Espírito Santo) 주의 비또리아(Vitória) 시 의회는, "주인의 허가증 없이 밤에 거리를 활보하는 모든 노예는 체포될 것이며, 그 다음 날 50차례의 채찍질을 받게 되고, 여자

노예에 대한 형벌

노예의 경우는 48대의 매질에 재범(再犯)의 경우 68대의 매질에 처해질 것이다"라고 결정하기도 하였다.

브라질의 모든 도심지에서 노예들은 밤 8시 통행금지 이후 모든 노예 주인이나 경찰 당국에 의한 서면 허가증이 있어야만 거리를 통행할 수 있었다. 또한 경찰은 아프리카 토착종교 의식 장소를 자주 순찰, 감시하여 위험인물을 체포하거나 의식에 사용되는 물품과 악기 등을 압수 또는 파괴하곤 하였다. 식민시대와 제국주의 시대의 법률은 아프리카 흑인들의 여가와 오락이 경찰에 의해 감시받아야 한다고 규정하고 있었으며, 모든 시의회도 흑인들의 춤과 예식 그리고 회합을 금지하고 있었다. 1831년 뻬르남부꾸(Pernambuco) 주 헤시페(Recife)시 의회는 흑인들의 종교의식에 있어 '거리에서의 소란이나 외침 등'을 공식적으로 금지하였으며, 이와 함께 해질 무렵부터 동이 틀 때까지 거리에서의 통행을 금지하고 또한 노동요를 부르는 습관도 금지하곤 하였다.

하지만 이러한 엄격한 조치에도 불구하고 흑인 노예들은 밤에도 거리를 활보하고 또한 파티를 하거나, 춤이나 까뽀에이라(capoeira)를 행하거나 또는 술집에 드나드는 것을 멈추지 않았다. 그래서 백인들이 오히려 밤에 거리를 다니는 것을 피했으며 이로써 흑인들에게 방해받지 않는 자기들만의 장소를 만들어 차지하는 것을 허용하였다. 이미 흑인 노예들은 도시의 구석구석을 잘 알고 있었으며, 나름대로 자신들만의 공간과 비밀 장소를 만들어놓고 있었던 것이다.

도시의 경제체제 기능을 위해 그리고 주민들의 편의를 위하여 필수적인 존재임에도 불구하고 흑인 노예들은 언제나 두려움과 감시의 대상이었다. 그래서 거리를 활보하는 많은 흑인 노예들은 언제라도 폭동을 일으킬 수 있는 존재로 의심을 받았으며, 또한 근거 없는 사실이지만 제국주의 시대에 도심지 노예들은 가장 조직화된 폭동의 주역으로 인식되기도 하였다. 이 때문에 흑인 노예뿐 아니라 자유인들도 언제나 경찰의 부당한 통제와 감시를 받아야만 하였다.

뻴로우링뉴에서의 형벌

도시지역에서 노예주들은 복종하지 않는 노예나 자신의 의무를 하지 않는 노예들을 벌주기 위해 공권력에 호소할 수 있었다. 식민시대에 이러한 형벌은 정해진 장소에서 공공연하게 실행되곤 하였는데 이러한 장소를 뻴로우링뉴(pelourinho)라 불렀다. 하지만 19세기 중엽 이후 노예제도에 대한 사회 일각의 비난이 공식 제기되면서 노예에 대한 형벌은 폐쇄된 공간에서 이루어졌으며 그래서 일반인의 관심을 끌지는 못하였다. 불복종하거나 도망친 노예들을 벌주기 위해 노예주들은 보통 채찍질과 매질이 이루어지는 공공 감옥 내에서의 형벌 행위에 대해 경찰에 세금을 납부하였다.

노동 현장에서의 단결

농촌이든 광업지역 또는 도시지역이든, 흑인 노예들은 노동을 통하여 연대감이나 단결의 유대관계를 공고히 하려고 노력하였다. 새로이 도착한 흑인 노예에게 노동은 노예공동체로 들어가는 첫 번째 통로였다. 이들은 노동을 통하여 오래전 도착한 흑인들에게 백인들의 언어의 기초를 배웠으며 생존을 위한 노예생활의 전략을 습득하였다. 흑인 노예 동료들은 휴식을 취하기 위해 주인이나 감독자의 눈을 피하거나, 다른 곳에 살고 있는 친척을 방문하거나 또는 종교의식 행사에 몰래 참여하거나 할 때 서로 공모를 하곤 하였다. 그리고 도망친 흑인 노예들이 집단 거주하였던 오지 낄롬부(quilombo)로 도망치거나 폭동과 같은 대담무쌍한 선택을 하려할 때도 이들 사이의 동료애가 크게 작용하였다.

낄롬부에서의 생활

도심지역의 흑인 노예, 특히 일용노예들은 '깐뚜'(Canto, 구석이라는 뜻으로 여기서는 노동현장에서의 집단을 의미함) 주변에 모여 있었는데, 이 명칭은 바이아 주 살바도르에서 일정 장소에 모여 있는 노동 집단을 부르는 말에서 시작되었다. 이와 비슷한 조직이 헤시페와 싸웅 빠울루, 히우 지 자네이루 그리고 뽀르뚜 알레그리와 같이 노예 노동력에 의해 움직이는 또 다른 도시에서도 존재하였다. 일반적으로 흑인 노예들은 항구지역이나 철도역 인근의 광장이나 모퉁이에 운집해 있었는데, 이 '깐뚜'에는 같은 종족의 흑인 노예 수십 명이 모여 있었다. 하지만 시간이 지나면서 이 '깐뚜'에는 종족적 배타성이 줄어들고 대신 다양한 흑인종족 외에도 혼혈인 등이 함께 동거하는 형태를 띠게 되었다. 19세기 말 이러한 상황은 매우 보편적이었으며, 각각의 '깐뚜'는 이들 집단 구성원 스스로에 의해 선택된 소위 '대장'이라는 인물의 지휘, 통솔을 받았다.

도심지역의 '깐뚜' 혹은 광장 등에서 일용직을 구하기 위해 의자나 보도에 앉아 고객을 기다리면서 흑인 노예들은 작은 바구니나 모자 등을 짜거나 팔찌 등을 만들기도 하였으며 때때로 행상 이발사들은 이발을 해주고 여자 노예들은 옥수수 죽을 팔기도 하였다. 석방된 노예들 주위에는 언제나 같은 직종의 노예들이 모여 결속된 우정을 보여주었으며, 이들은 또한 나이 들어 병든 노예들을 보호해주며 노예해방을 추진하려는 종교단체들에 기원을 갖고 있다.

그리고 바이아 주 살바도르에는 재정적으로 곤란을 겪고 있거나 노예폐지문서를 사려는 노예들에게 대부를 해주기 위해 돈을 저축하는 조합, '준따'(junta)가 존재하기도 하였다. 이들 조직은 노동력을 상실한 노예들이 구걸행위에 빠지지 않게 하기 위한 중요한 도구로 이용되었는데, '준따'는 예금과 출금을 기록, 관리하는 담당자가 있었고, 구성원인 조합원들은 매주 일요일에 모여 출금 또는 예금을 하였다. 흑인 노예들은 꿈에 그리던 아프리카로 돌아가기 위한 돈을 마련하고자 이러한 조직을 이용하였으며, 특히 19세기 히우 지 자네이루 항구지역의 흑인 일용노동자와 커피 운반자 등은 '준따'와 같은 조직을 잘 운용하였던 것으로 알려지고 있다.

도시의 흑인 노예 생활

종족적 정체성 외에 흑인 노예들을 단결시키는 또 다른 요인은 동일 직종에 있거나 동일한 노예주에게 소속되어 있다는 공동의식이었다. 그래서 세탁부들은 강이나 개울에 모여들었고, 도시의 용수(用水)를 공급하는 공동우물은 가사노동자, 세탁부, 물 운반인들의 모임 장소가 되었으며, 부두노동자는 항구지역에서 자신들만의 공동구역을 만들어 공동의 의식을 향유하였다. 또한 집단으로 일하는 노예노동자들은 서로서로를 돌보며 도와주곤 하였는데, 이들 집단 공동구역은 이들 노예들이 주인에 대한 불만이나 브라질 노예제도에 대한 이런저런 대화를 나누는 중요한 공간이 되었다.

흑인들의 공동체는 이처럼 다양한 집단으로 대별되었지만 일부의 경우는 서로에게 적대적인 집단들도 존재하였다. 그래서 행정당국은 이들 노예들이 노예제도에 대항하여 공동전선을 구성하는 것을 저지하고자 이러한 적개심을 부추기기도 하였지만, 도심지 거리의 세계와 노동은 오히려 서로 다른 종족의 노예들을 단결하게 만든 요인이 되었던 것이다.

IV

흑인 사회,
가족제도 및 종교생활

가족과 공동체

흑인 노예 가족

브라질의 흑인공동체는 노예무역의 결과로 야기된 가족의 해체와 노예생활의 불행이 지속되는 와중에 형성되었다. 가족과 친척 그리고 친구들이 서로 다른 농장으로 팔려나갔기 때문에 흑인 노예들은 가족과 공동체의 구성과 결속이 어려웠다. 그래서 흑인들은 노예생활에서 살아남기 위하여 아프리카에서 습득하고 또 브라질에서 터득한 사회적 관계를 형성하고자 노력하였다. 노동과 가족, 동거집단, 그리고 종교로부터 시작되어 형성된 유대관계는 곧 흑인 노예들의 생존과 문화적 가치의 재창출을 위해 중요한 기반이 되었다.

아프리카에서 막 유입된 노예들은 노예 주인과 감독자들이 주도한 정착 훈련을 받았었다. 주인과 감독자들은 명령을 이해하도록 무엇보다도 우선 포르투갈 언어의 기본을 가르쳤으며, 또한 노예들이 해야 할 과업과 훈육, 그리고 공경심을 강요하였다. 노예 주인의 지침서에는 무엇보다도 누가 명령을 하고 또 누가 복종해야 하는지가 명백히 나타나 있었다. 그리고 흑인 노예들은 기도하는 법을 배우도록 가톨릭 종교의 기본도 익혀야 했는데, 노예제도 사회가 당연한 덕목으로 인내와 겸손을 노예들에게 가르치기 위해서는 가톨릭교회의 지원을 받아야 했기 때문이었다.

사탕수수 농장과 커피 농장, 광산지역과 도시의 노예들은 보통 토착 흑인 노예(브라질에서 태어난 흑인 노예) 외에 다양한 종족의 흑인들로 구성되었다. '보쌀'(boçal)이라 불리는 아프리카에서 막 도착한 흑인은 알지도 못하고 또 종교와 종족도 서로 다른 다양한 흑인들과 공존해야 하는 상황에 부닥쳐야 했다. 아프리카에서 이들 간에 있었던 적개심은 브라질에 와서도 그대로 재현되기도 하였지만 노예제도하에서 점차 줄어들기 시작하였다. 아프리카 태생의 흑인과 토착 흑인 그리고 이들과 혼혈 흑인 간에는 여전히 구별 혹은 차별이 존재하였으며, 이러한 차별은 노예제도하에서 집단 간의 동화와 친밀관계의 선택 그리고 훗날 폭동을 결정하는 과정 등에서 다양한 요인으로 작용하였다.

종족적 정체성은 아프리카 흑인들의 단결을 기하는 중요한 요인이었다. 일반적으로 사용하는 언어가 동일하거나 비슷한 경우에 만들어지는 이러한 정체성은 대부분 브라질에서 이루어졌다. 그래서 앙골라, 콩고 까빈다(Cabinda), 낄로아(Kilwa), 미나(Mina), 나고(Nagô), 하우사(Hauças) 등 각각의 언어집단은 '민족'으로 구별되어졌다.

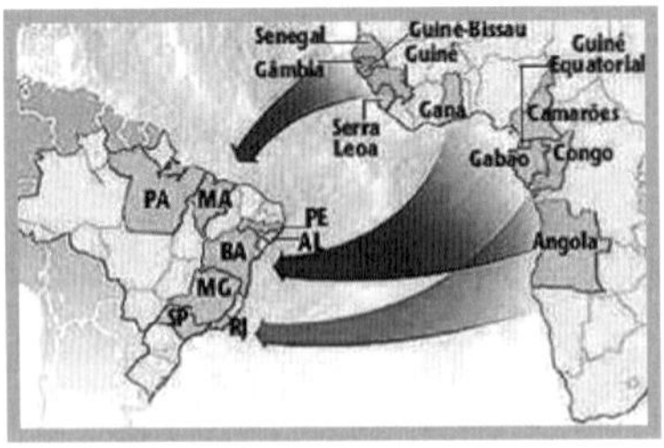

아프리카 흑인들의 출신지

같은 종족 혹은 같은 '민족'에 속하는 흑인 노예 사이에는 하나의 충성 의식이 존재하였는데, 바이아에서 '친척'이라는 용어는 흑인들 사이에서 같은 종족에 속하는 사람을 규정하는 말로 사용되었다. 흑인 노예들이 사용한 '고향사람'(patrício)라는 용어도 아프리카의 동일 지역에서 온 다른 흑인들을 지칭하는 것으로, 이들 '고향사람'은 보다 끈끈한 유대관계를 유지하면서 금전적인 어려움에 봉착하거나 또는 병이 들었을 때 다른 흑인들을 도와주는 상호 원조를 아끼지 않았다.

하지만 아프리카 흑인 노예들은 노예제도하에서 생존하기 위해서는 아프리카의 다른 지역에서 온 사람들과도 동맹관계를 형성하는 것이 필요하다고 인식하였다. 19세기 말 도심지역의 일용노동자 집단의 모임 장소였던 '깐뚜'는 바로 서로 다른 '민족'의 아프리카인들을 모이게끔 하였지만, 무엇보다도 이 시기에 토착 흑인 · 혼혈 흑인들과 함께 노동현장을 공유하는 아프리카인들을 쉽게 볼 수 있었으며 그리고 흑인 종교단체나 수도회 등에서도 같은 성인을 숭배하는 다른 종족의 흑인 노예를 찾아볼 수 있었다.

흑인 노예들의 공동체적 유대관계는 다양한 종족 집단의 노예들이 함께 거주한 '센잘라'에서 형성되었으며, 이러한 공동체 내에서 흑인 노예들은 아프리카 문화를 유지하고 또 후손들에게 이를 유산으로 물려줄 수 있었던 것이다. 그래서 '센잘라'의 세계에 들어가는 것이야말로 아프리카 흑인들의 가족제도와 종교, 공동체 의식 등을 연구하는데 필수적인 것이다.

노예 가족제도

노예로서의 생활이 가족 형성에 대해 심각한 장애요인이 되었음은 명확한 사실이다. 여성 노예보다도 남성 노예를 선호하는 노예무역의 경향, 그리고 노예거주지인 '센잘라'에서도 여성들이 훨씬 많다는 사실은 부부의 구성을 어렵게 만들었다. 그리고 친구나 친척들이 서로 다른 곳으로 팔려나가거나 노예 주인의 결정에 따라 가족이 분리되어 가족과 공동체의 결속 또한 약화되었다.

노예제도에 의해 만들어진 이러한 장애에도 불구하고 흑인 노예들은 혈연관계를 넘어 긴밀한 친족 관계를 만들기 위해 안정적인 부부 관계를 유지하려고 노력하였다. 최근의 연구조사에 따르면 대규모 커피와 사탕수수 대농장에서는 노예들의 상당수가 오랫동안 가족관계를 형성하고 또 유지하였다고 한다.

농장에서의 노예생활상

일부 농장주는 자신과 자신의 농장에 대해 최소한의 안전을 보장하기 위하여 노예들에게 안정적인 가족제도를 보장해주고자 하였다. 이들은, 가족에 대한 책임감에 얽매여 있는 노예들이야말로 도망치거나 폭동을 일으킬 성향이 적다고 보았다. 하지만 이러한 안정적인 가족제도는 노예가족의 매매, 농장주의 사망, 일부 구성원의 다른 농장으로의 양도 등의 요인에 의하여 깨어질 여지가 많았다. 또한 노예들은 친척과의 강제적인 이별에 대항한 시위로 폭동을 일으킬 수 있었고, 다른 곳으로 팔려나가는 것을 피하기 위해 또는 이미 팔려간 친척들과 재회를 위해 도망을 가거나 자신들의 자식들을 함부로 노예로 부리는 현실에 대항해 폭동을 일으킬 수도 있었다.

가족을 형성하는 것은 명백하게도 노예들의 삶의 원대한 계획이었다. 아프리카에서 노예로 팔려온 흑인들에게 브라질에서 가족의 유대관계를 다시 구축하는 것이야말로 고향 땅에 두고 온 친척들과의 이별의 고통을 이겨내는 중요한 방법이었다. 브라질 땅에서 형성된 가족이라는 테두리 내에서는 아프리카의 삶의 가치와 신념, 그리고 가정의 동거 방식을 회복하는 것이 가능하였다. 가족이라는 유대의 형성은 또한 경작을 위한 토지에 인접한 거주 공간을 유지하고, 농장주의 봉건적 지배에 저항하는 데 중요한 토대였다. 가족관계의 형성은 그래서 노예들의 생존 가능성을 확대시키고 또한 자유를 향한 계획을 준비하도록 허용해주었다. 많은 농장주들은 사실 자신의 토지가 가족제도하의 경작지로 이용되도록 허용하였다. 가족이야말로 진정으로 노예들이 삶의 조건에 대처하고 그러한 삶의 상황을 변화시키기 위한 중요한 원천이었던 것이다.

브라질 최초의 공식적인 인구 통계에 따르면, 1872년에 브라질 노예 인구의 다만 10%만이 공식적으로 기혼자였다. 대부분의 노예 가족들은 결혼의 합법화를 책임졌던 가톨릭교회의 승인 밖에서 구성되었고 게다가 가난한 자유인들도 결혼하지 않은 채 동거하고 있었다. 결혼 비용이 비쌌을 뿐 아니라, 교회에서의 결혼이 노예주가 노예인 부모와 자식을 분리하는 경우 가족이 해체되지 않으리라는 보장을 주지 못하였기 때문이었다.

농장주는 노예들의 결혼 상대자를 결정하고 결혼 시기를 정하였으며, 다른 농장주에게 매매나 이전을 결정하면서 노예들의 가정생활에 관여하였다. 농장주에 의한 노예 배우자의 선택은 부모가 자식들의 배우자를 선택하는 식민 모국 포르투갈의 가부장적 모델을 따른 것으로, 예를 들어 농장주는 노예의 친척들이 자신의 영역에서 이탈하는 것을 피하기 위해 농장 내에서의 노예 결혼을 인정하였다. 이러한 정책은 특히 결혼할 수 있는 배우자가 많지 않은 소규모 농장에서 결혼의 기회를 철저하게 제한한 것이었지만, 노예 스스로는 자신의 결혼에 대해 농장주의 개입을 적극 제한하고자 노력하였다. 농장주는 자신들의 노예와 인근의 다른 농장 노예들과의 접촉을 최대한 제한하려고 하였지만 이러한 경계의 정책은 무의미하였으며, 광활한 농장에서의 생활은 서로 다른 농장 소속의 노예들이 서로 사랑하고 가족을 이루는 기회를 제공할 수밖에 없었다.

흑인 노예들은 자신들의 배우자 선택에 있어 문화적이고 종족적인 유사성을 가장 많이 고려하였다. 19세기 바이아 주 사탕수수 농장에서는 자신과 같은 종족 집단 내의 동족결혼의 경향이 강해, 나고(Nagô)족은 나고족과, 앙골라(Angola)족은 앙골라족하고만 결혼을 하였다. 동족결혼을 통해 이미 익숙한 관습과 문화적 유대관계를 보다 잘 유지할 수 있을 것이라는 희망을 반영한 것이다. 하지만 이러한 동족결혼은 절대적인 것이 아니었으며 흑인들은 아프리카의 다른 지역에서 온 서로 다른 종족이나 또는 브라질에서 태어난 토착 흑인과 자유롭게 결혼을 하였다. 그래서 브라질 거의 전 지역에서 아프리카 흑인과 토착 흑인과의 결혼이 광범위하게 이루어졌다.

흑인 노예 자식의 세례식

노예로서의 생활이 가져오는 가족 해체의 결과 앞에서, 흑인 노예들은 배우자와 혈연관계를 넘어서는 상징적인 친족관계를 만들어, 명망 있는 친척과 노동 현장의 동료, 대부(代父)와 대모(代母), 대자(代子)와 대녀(代女) 등도 가족의 범주 안에 편입시켰다. 가톨릭교회에서 세례를 받으면 흑인 노예도 부모와 거의 동일한 책임을 지는 대부와 대모를 갖게 된다. 대부와 대모는 대자와 대녀에게 정신적이며 물질적인 원조의 의무를 가지고, 또 그들이 자유인이 되거나 재산을 소유하게 되면 대자, 대녀의 노예석방을 위한 돈을 지불해야 했다.

해방된 노예들의 증언에 따르면, 대부와 대모는 대자녀에 대한 끊임없는 관심을 가지고 있었으며 특히 노예상태에 있는 대자녀는 특별히 보살폈던 것으로 알려지고 있다. 그래서 유산으로 대자녀에게 노예석방을 위한 돈을 남겨놓는 경우도 흔한 일이었다. 대부는 또한 주인과의 일상적인 대치에 있는 노예들의 방어의 도구로 활약하기도 했으며, 도망친 노예가 다시 주인에게 돌아올 경우 대부가 이를 중재하는 역할도 하였다. 하지만 이때의 대부가 언제나 세례식의 대부일 필요는 없었다. 왜냐하면 도망쳤던 노예들이 원래의 '쎈잘라'로 돌아올 경우 이를 중재하는 자유인도 '대부'라 불리었기 때문이었다.

흑인 노예들은 종종 자유인과 석방된 노예를 자신의 자녀들의 대부모로 선택하였다. 그러나 농장주인이 자신의 노예의 대부가 되는 경우는 흔치 않았는데, 이는 혹시라도 노예를 다른 곳에 팔 경우 도덕적이거나 양심의 문제가 야기되는 것을 꺼렸기 때문이었다. 이외에도 대부모가 대자녀의 노예석방에 대한 도덕적인 의무를 갖고 있었기 때문에 농장주는 자신의 노예를 석방시킬 의향이 있을 때만 대부가 되었는데, 그래서 노예들이 세례식의 현장에서 주인으로부터 노예해방을 얻는 경우가 종종 있었다.

하지만 보통의 경우 노예인 부모는 '쎈잘라'에 있는 동료 중에서 대부모를 찾으려고 하였다. 그러나 농장주들이 자신의 농장 외부에서 노예들의 결혼이나 세례 등의 행위를 제한하려고 하였기에 노예부모들은 자식들의 대부모를 종종 인근 농장에서 찾곤 하였다. 이러한 이유로 쎈잘라의 공동체 유대관계는 보다 확대될 수 있었다.

대부모 제도 외에도 흑인들의 토속종교인 깐돔블레(candomblé)에서 만들어진 '성인가족'(聖人家族, família-de-santo) 또한 노예가족제의 한계를 확대하였는데, 이는 아프리카에 존재했던 가족을 재구성한 형태였었다. 이외에도 조상숭배와 관련되어 만들어진 가족 간의 유대는 노예생활로 허물어진 친족관계를 상징적으로 재구성할 수 있었다. 노예들과 자유인을 같은 종교나 숭배 관습으로 묶으면서, '성인가족'은 노예사회에서 계급질서와 구분에 의해 통제되지 않는 사회적 유대관계를 만들었다. 토속종교의 장(場)인 '숭배의 집'은 복종과 교육, 보호와 원조, 감사와 제재, 그리고 긴장과 투쟁에 있어서 일반적인 사회와는 다른 개념과 규범에 의해 통제되었던 것이다.

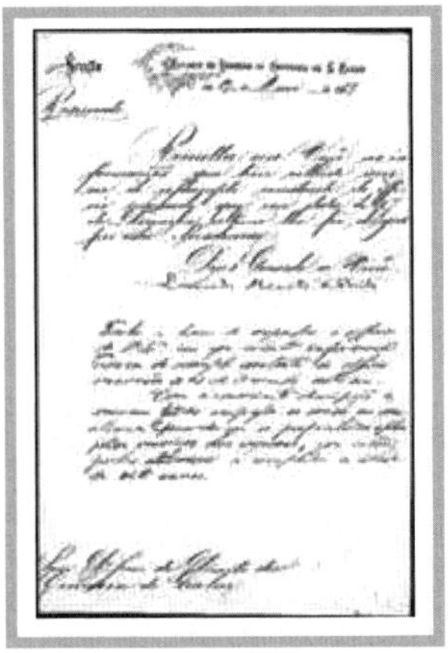
벤뜨리 리브리 법안

노예가족은 '쎈잘라'라는 공동체 위에서 하나의 축을 형성하였다. 복종을 통한 지배와 일상적인 노동을 아무리 강화하려 하여도, 가족은 노예들에게 주인과의 협상에 있어 많은 힘을, 그리고 특히 형벌의 조정행위에 대한 더 많은 의지 등을 제공해주고 있었다.

19세기 중반, 자신의 자식을 낳고 또 자신의 가족을 온전히 지키기 위한 노예들의 투쟁은 부분적으로 브라질 헌법에 반영되었었다. 1869년 9월 15일 브라질 의회는, 노예의 매매 시 15세 미만의 어린 자식들을 부모에게서 떼어놓지 못하도록 명시하는 법률을 통과시켰다. 그리고 1871년 '벤뜨리 리브리 법'(Lei do Ventre Livre)이 발효되었는데, 이 법은 법의 공표 이후 태어난 여성 노예의 자식을 해방시키는 것 외에도 8세 미만의 자식들은 해방된 엄마와 동등하게 해방시켜 소위 '노예가족의 통합'을 보장하였다.

아프리카-브라질 토속종교의 사원(寺院) 떼헤이루(terreiro)와 수도회(irmandade)

노예무역을 통해 다양한 종교적 전통을 가진 종족이 브라질로 유입되면서 아프리카의 다양한 토속종교 전통이 공존하게 되었다. 식민시대(18세기까지)에 브라질 전국에서 아프리카 기원의 종교행위를 일컫는 가장 일반적인 표현은, 움분두(umbundo) 언어로 신성(神聖)을 의미하는 킬런두(kilundu)에서 파생된 앙골라식의 표현 '깔룬두'(calundu)였던 것으로 보인다. 그리고 이후 19세기 초 바이아 주에서는 앙골라 지역에서 숭배나 기도를 의미하는 '깐돔블레'(candomblé)라는 용어가 언급되기 시작하였다. 도시든 농촌지역이든 아프리카 기원의 토속종교(religião afro-brasileiras)는 흑인 노예들과 자유인이 모이는 데 중요한 요소로 작용하였다.

깔룬두 의식

1850년 이전, 브라질 내에서도 특히 히우 지 자네이루와 싸웅 빠울루 등 남동부지역의 가장 중요한 아프리카 종교 전통은 현재의 앙골라가 위치한 아프리카 중서부지역에서 기원되었다. 이는 앙골라 지역에서 온 많은 수의 흑인 노예들이 이 지역의 종교문화에 막대한 영향을 끼쳤기 때문이다. 앙골라의 종교에서는 조상숭배가 기본이지만 '인끼세'(inquices)라 부르는 정신적 실체에 대한 숭배 또한 중요하다.

브라질 남동부지역과 마찬가지로 서아프리카 출신의 흑인 노예들이 대량 유입되었던 바이아와 마란냐웅 주에서도 아프리카 기원의 종교가 크게 영향을 끼쳤다. 바이아 주에서는 제제(Jejé)로, 그리고 마란냐웅 주에서는 미나(Mina)로 알려진 오늘날 베넹(Benin) 공화국인 다오메(Daomé) 왕국의 흑인들은 보둥(Vodum)이라는 신을 숭배하였으며, 바이아 주에서 요루바(Iorubá) 어를 사용하는 나고(Nagô)족(族) 흑인들은 오리샤(orixá)를 숭배하고 있었다. 다양한 앙골라 전통과 마찬가지로 제제와 나고족 흑인들도 다양한 면에서 서로 공통점을 갖고 있었다. 자신들의 건축물과 기도 장소, 위계질서를 갖춘 진정한 종교공동체인 '사원'(寺院) 주변에 조직화된 제제-나고족 깐돔블레는 바이아 주를 비롯한 북동부 도시 및 농촌지역에 파급되었으며, 북부와 남부 다른 지역에서도 그 자취를 찾아볼 수 있었다.

오리샤 신들

브라질에 유입된 아프리카 기원의 토속종교는 서로 다른 종족에 의해 기원되었지만 종족 간의 배타성은 없었다. 일부 종족 집단의 순수주의 편향에도 불구하고 브라질에 유입된 아프리카의 토속 종교성은 다양한 신념과 신들을 포용하여 새로운 종교적 체제를 만들어내었다. 예를 들어, 나고족 깐돔블레의 공동체 사원에서는 아프리카 외딴 지역의 신들, 즉 께뚜(Ketu) 왕국의 오소시(Oxossi), 오이오(Oió) 왕국의 샹고(Xangô), 오소그보(Oxogbô) 왕국의 오슘(Oxum)과 같이 분리되어 숭배되던 신들을 결합하였다. 그래서 이러한 아프리카의 다양한 종교성은 브라질 땅에서 재창조되었다고 할 수 있다.

아프리카 토속 신앙에는 흑인 노예로 하여금 질병을 치료하고, 탈출을 도와주거나 자유를 찾을 수 있도록 또 다른 행동을 해주는 것 외에 초자연적인 행위와 악덕을 중화시키는 주술행위를 하여 노예공동체 내외에서 존경을 받고 있는 종교지도자들이 있었다. 그래서 대부분의 노예들은 질병을 앓는 경우 병을 고치는 흑인 무당에게 찾아가곤 하였는데, 거머리를 이용하여 피를 빼내는 아프리카식

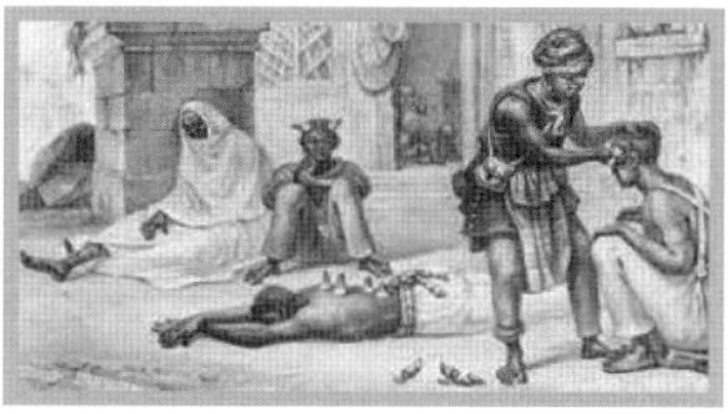

도심지에서의 주술사들의 치료 모습

의 치료방법은 식민시대 당시 도심지 거리에서 흑인 이발사들에 의해 광범위하게 행해지고 있었다. 당시 거리 광장이나 모퉁이에서는 흑인 치료무당들을 쉽게 찾아볼 수 있었는데, 이들은 이를 뽑거나 처방을 주는 것 외에 질병을 저지하는 부적을 팔기도 하였다.

아프리카 토속종교의 또 다른 특징의 하나는, 이들 종교들이 흑인 노예 외에도 백인과 자유인을 포함하여 사회의 다양한 사람들에게 적지 않은 영향을 미쳤다는 사실이다. 자유인과 백인들의 경우, 애정이나 건강, 돈, 그리고 권력 등의 문제가 있을 때 이들 토속종교를 찾아 도움을 구하곤 하였다. 19세기 후반에는 백인들과 혼혈인들도 자신들의 조직적 체계하에서 바이아풍의 깐돔블레 의식을 행하곤 하였으며, 이와 유사한 유형이 히우 지 자네이루에서도 실행되었는데, 1870년대에는 깐돔블레의 성인(聖人, pai-de-santo)인 주까 호자(Juca Rosa)의 경우 히우 지 자네이루의 백인 엘리트들에게 명성이 자자했다.

아프리카에서 브라질로 유입된 흑인 노예 중 일부는 이미 이전에 아프리카 땅에 도착한 아랍인들에 의해 들어온 이슬람을 신봉하는 이들도 있었다. 이들은 다름 아닌 오래전부터 아랍인들과 교역을 행해 왔던 아프리카 북부 지역의 흑인들로, 이들은 히우 지 자네이루에 소수, 그리고 살바도르와 헤꽁까부(Recôncavo) 지역에 다수 유입되어 거주하였다.

흑인들의 이슬람 의식

이들 지역 외에도 뻬르남부꾸, 알라고아스, 싸웅 빠울루와 히우 그란지 두 술 주에서도 자신의 집에 아랍어로 쓴 코란의 사본을 지니고 이슬람 종교를 행하는 흑인 노예들이 존재했다. 브라질에 들어온 아프리카 흑인 중 이슬람을 신봉하는 종족은 대부분 풀라니(Fulani), 하우싸(Hauçás), 보르노(Borno), 그리고 누뻬(Nupe)족이었으며, 요루바(Iorubá)족의 경우도 많은 수는 아니지만 일부가 이슬람을 신봉하였다. 이슬람 신봉자 중 호전적인 흑인 노예들은 1835년 바이아 주에서 노예폭동을 일으키기도 하였으며, 이 때문에 19세기 내내 경찰의 감시와 통제를 받았던 종교집단이 바로 이들이었다.

콩고왕국에서의 세례의식

이슬람 외에 이미 15세기 이후 아프리카에 진출한 선교사들에 의해 가톨릭으로 개종되어 브라질에 들어온 흑인 노예들도 상당수 존재하였는데, 이들 대부분은 콩고와 앙골라 지역 출신들로 이 지역은 이미 현지 왕이나 지도자들도 대부분 가톨릭으로 개종하였다. 또한 노예선을 타기 전 아프리카에서 세례를 받지 않은 흑인 노예들이 브라질 항구에 도착하면서 세례를 받은 경우도 상당 수 있었다.

브라질의 일부 농장에서는 농장주들이 신부와 수도사를 고용하여 새로 들어온 흑인 노예들에게 가톨릭을 교육하는 경우도 있었지만, 가톨릭의 강제적인 교육방법은 때로 예상치 못한 결과를 초래하기도 하였다. 일부 흑인 노예들은 신부들이 볼 때에만 기도문을 외우는 등 겉치레로 가톨릭을 믿었다.

가톨릭의 성인과 성녀에 대한 숭배와 신앙은 아프리카의 토속신앙의 개념과 아주 밀접한 관계를 갖고 있었다. 특히 19세기 히우 지 자네이루와 몇몇 도시에서 병을 치료하고, 잃어버린 물건을 찾아주고 또 결혼을 증진시키는 효험을 보인다고 흑인들에 의해 추앙되던 성 안또니우(Santo Antônio)에 대한 숭배는, 중앙아프리카에서 행복을 주며 악령을 퇴치하는 마법사의 도움을 받는다는 토속신앙과 매우 유사하였다.

아프리카나 브라질이나, 가톨릭에서 출발하여 아프리카에서 온 흑인이든 브라질 땅에서 태어난 토착흑인이든, 아프리카의 토속종교전통에서 특히 음악과 춤은 유럽의 가톨릭에 다양한 요소를 가져왔다. 음식과 술이 가득 차려진 축제와 같은 가톨릭과 성인들과 친교하는 가톨릭, 그리고 헌금을 하는 행위 등은 오리샤와 또 다른 숭배성인을 기리는 아프리카의 토속신앙과 그 맥을 같이하고 있다. 또한 흑인들은 자신의 수호성인을 기념하기 위해 수도회(修道會, irmandade)에서 성대한 축제를 여는데, 이는 주인의 강요에 의한 것이 아니라 흑인 노예들이 자발적으로 가톨릭과 가까워지려고 하였기 때문이다.

가톨릭교회 당국은 수도회를 통하여 흑인들의 가톨릭 참여를 인정해주었기에 수도회에 흑인들의 출현은 놀라운 것이 아니었다. 16세기 리스본의 싸웅 또밍구스 수도원(Mosteiro de São Domingos)에 설치된 '묵주 성모 수도회'(Irmandade de Nossa Senhora do Rosário)는 가톨릭으로 개종한 아프리카인들을 받아들였다. 흑인수도회는 흑인 노예들이 상당한 숫자에 이르렀을 때인 17세기 말 브라질에 처음 나타났는데 이들 흑인수도회의 위계질서와 조직 구성은 백인수도회와 유사하였다.

오늘날의 흑인수도회

흑인수도회에는 다양한 조건의 사람들, 즉 남자와 여자, 자유인과 노예들이 참여하였는데, 일부 수도회는 브라질에서 태어난 흑인을 제외하고 같은 종족만 참여한 반면, 일부 수도회는 아프리카 출생이든 브라질 토착 흑인이든 상관없이 다양한 종족이 참여하였다. 예를 들어, 히우 지 자네이루의 싸웅 베네디뚜 수도회(Irmandade de São Benedito dos Homens Pretos)와 살바도르의 한 수도회는 앙골라와 토착 흑인만 인정하였으며 나머지 다른 수도회는 혼혈인이라도 상관없이 인정하였다.

대부분의 수도회에서는 수호성인을 기념하여 매년 '왕'과 '여왕'을 선출하였으며, 18세기 헤시페 주의 수도회는 '왕'이 주도하는 아프리카 종족의 '주지사'를 선출하였고 바이아 주의 경우 노예들은 지도부에 참여할 수 없었다.

수도회의 수호성인 의식

수호성인을 기념하여 수도회에 의해 주관되는 성대한 축제는 교회 안팎에 수백 명의 인파가 참여하여, 9일 기도와 행렬과 함께 춤과 폭죽, 그리고 음식과 술이 제공되었다. 이러한 축제는 모든 흑인 형제들이 참여하여 도움을 필요로 하는 형제를 도와줄 기금을 모으면서 유대관계를 돈독히 하는 기회였지만, 한편 수도회의 지휘부를 둘러싼 파벌 논쟁도 가열되는 시기였다.

일부 흑인수도회의 경우 보유한 재산이 상당해 대도시 중심에 자신들의 교회를 소유하기도 하였는데, 이들 수도원은 대부분 경제 환경이 좋은 히우 지 자네이루와 살바도르, 그리고 미나스 제라이스 주 등지에 위치하고 있었다.

가톨릭에 대한 숭배 외에 수도회의 주요한 목적은 상호원조를 증진하고 특히 주인으로부터 포기되어 무능력한 노예와 같이 곤경에 처한 형제들을 도와주는 것이었는데, 수도회에 참여한 중요한 이유 중에는 자신과 가족들의 장례를 성대하게 치러주기 때문이기도 하였다. 일부 흑인수도회는 노예 형제들의 노예해방권을 사기 위한 돈을 대출해주었다. 그리고 농장주들은 종종 사회적 위신을 과시하기 위하여 이들 수도회에 기부를 하거나 자신의 노예들의 연금과 가족부양세를 지불해주기도 하였다.

수도회는 아프리카 전통의 재창출을 진작시키는 동시에 단결과 유대관계를 강화하는 장(場)이었으며, 그 안에서 가톨릭의 교리를 배우면서 같은 언어를 말하며 고향에 대한 향수를 나누고 다른 아프리카인들과 동고동락하는 기회를 갖게 되었다. 그리고 수도회의 기념 축제에서는 성직자와 평신도가 함께 어울렸으며, 축제를 통하여 아프리카의 토속신앙이 가톨릭에 침투하게 되었다. 식민정부 지도자의 입장에서 문화적 창출과 종족적 유대의 수단이었던 수도회가 흑인들 간에는 종족적 경쟁력을 유지하여 위험한 동맹을 피할 수 있는 자리로, 그리고 아프리카 흑인들과 그의 후손들에게는 흑인공동체의 형성과 단결을 위한 중요한 도구로, 또한 같은 종족 간에는 동맹의 장으로, 서로 다른 종족 간에는 차이를 이해하는 통로로 자리매김하였다.

흑인수도회가 주관하는 축제는 흑인 노예들과 자유인이 대규모로 함께 교회에 모여 춤과 유흥을 즐기기 때문에 언제나 경찰의 감시와 통제하에 있었다. 1856년에는 헤시페 시 경찰이 지역 수도회가 주도한 축제에서 아프리카 전통의 마라까뚜(maracatu) 춤을 추는 흑인들을 무질서를 조장한다는 명목에 해산시킨 적도 있었다.

마라까뚜 의식 행렬

일부 백인 지도자들은 수도회의 종교 축제와 아프리카 토속 춤 등이 불법이긴 해도 이를 통해 흑인들이 폭동을 일으키지 않을 것이라고 생각해 이를 용인해 주었다. 18세기 초 한 예수회 선교사는 흑인 노예들을 통제하기 위해 농장주들로 하여금 그들의 축제를 제한하지 말 것을 요청하기도 하였으며, 뻬르남부꾸(Pernambuco) 주지사인 빠보리지 백작(Conde de Pavolide)도 그와 비슷한 조치를 내린 바 있었다. 또한 1810년에서 1817년까지 재임한 바이아 주지사 아르꼬스 백작(Conde dos Arcos)도 노예들과 농장주들 간의 긴장을 완화하기 위해 아프리카 토속 춤을 허용한 바 있었다.

아프리카 흑인들과 그 후손들은 자신들의 토속종교와 신들을 숭배할 자유를 갖지는 못했지만, 이를 행할 허가는 갖고 있었다. 1824년 공표된 브라질 헌법은 가톨릭을 제국의 공식 종교로 규정하고 있었다. 그래서 브라질-아프리카 종교는 이러한 법적 테두리 내에서 종교가 아니라 미신으로 인식되어 불법과 범죄행위로 취급되었다.

1820년경 히우 지 자네이루를 비롯한 많은 도시에서 흑인수도회의 축제와 바뚜끼(batuque) 춤은 엄격히 금지되었으며, 대부분의 시의회(市議會)는 흑인들의 춤과 유흥을 법으로 금지하고 있었다. 이 때문에 19세기 말까지 정부 당국이 기대한 대로 흑인 대중의 수도회 집회와 행렬, 춤 등은 현저히 줄었으며, 독립 후에는 수도회 축제가 과음과 이웃에 대한 소란행위를 야기하는 행위라고 규정하여 정부에 의해 모든 축제가 전면 금지되었다. 하지만 정부가 실제로 우려했던 것은 이러한 수도회 축제로 인해 혹시 있을지도 모르는 공권력에 대한 도전이나 폭동이었다.

흑인 노예들의 바뚜기 춤

정부 당국의 이러한 억압을 피해 흑인들은 자신들의 종교행위를 도심에서 떨어진 장소에서 하거나, 경찰의 감시를 피하기 위해 교묘한 방법으로 행하여 도심에는 비밀의 장소가 상당히 존재하였다. 또한 경찰과의 마찰을 피하기 위해 수도회는 지역 명망 인사들과 연합하여 이들의 허가를 받는 방법을 쓰기도 하였다.

이렇듯 힘들고 고된 일상의 노동과 가족, 수도회, 그리고 사원이나 이슬람 집단에서 흑인과 그의 후손들은 자신들의 전통을 지키며 종족 간의 유대를 강화하기 위하여 나름대로의 종교 활동을 계속하였으며, 나아가 자유와 해방을 위한 방법을 스스로 개척해나갔던 것이다.

V

흑인의 폭동과 탈출
그리고 낄롬부

미주 신대륙에서 노예제도가 존재하던 시기는 노예들의 폭동으로 점철되었던 시대였다. 흑인 노예 노동력이 존재해 있는 어디에서건 농장주와 정부 당국은 노예들의 저항에 대해 늘 우려를 가질 수밖에 없었는데, 브라질에서도 그러한 저항은 다양한 형태로 표출되었다. 즉, 조직적인 불충실, 맡은 일에 대한 실행 지연, 태업(怠業), 그리고 개인 또는 집단적인 탈출 등이 그중 일부였는데, 탈출의 경우는 언제나 노예들의 계획 속에 들어 있었다.

흑인 노예들의 탈출은 다양한 이유에서, 그리고 다양한 목적지로 이루어졌다. 노예들은, 형벌과 과도한 노동, 휴식 없음, 가족의 해체, 자신의 밭을 가질 수 없어서, 그리고 단순히 자유를 찾고자 하는 이유 등에서 농장주로부터 도망치곤 하였다. 또한 노예들은 노동 및 의식주 조건의 개선을 위해, 악덕 감독자를 농장주에게 고발하기 위해, 가족을 같은 농장에서 거주하도록 하기 위해, 약속된 협정을 이행하기 위해, 그리고 다른 농장주에게 매매가 되기 위해 압력을 가하면서 무기한 일터에 나오지 않는 경우도 있었다.

이러한 보상적 탈출과 일정 기간 일터에 나오지 않으면서 도망친 노예들은 수일 내에 다시 원래의 농장으로 돌아가곤 하였는데, 이는 곧 탈출로 농장주에게 경제적 손해를 끼치지 않고 또한 농장주의 지배에서 결코 벗어나지 않으려는 노예들의 생각을 보여주고 있다. 한편 농장주는 도망친 노예들의 노동력을 기대할 수 없다는 생각에 내키지는 않지만 일부 노예들의 요구조건을 협상하곤 하였다.

하지만 도망친 노예가 항상 돌아오는 것은 아니었다. 노예로 고통스런 경험 속에 사는 사람들에게는 어딘가에서 자유와 해방을 느끼며 산다는 것이야말로 지극히 큰 희망이었기 때문이다. 가혹한 농장주의 통제로부터 벗어나 자유인으로 살아갈 수 있다는 사실 때문에 노예들은 남녀를 불문하고 개인 혹은 집단적으로 탈출을 꿈꾸며 또 시도하였던 것이다. 탈출은 물론 위험하고, 어렵고, 또한 다른 노예나 자유인의 협조에 의존할 수밖에 없었다. 그래서 탈출을 용이하게 해주며, 피난처와 음식을 제공해주고, 의심받지 않기 위해 노동을 할 수 있는 일자리를 제공해주는 누군가의 도움이 필요하였다. 그래서 도망친 노예들은 자유인과 함께 섞여 살 수 있는 농장에, 농촌에, 도시에, 그리고 또한 '낄롬부'(quilombo, 도망친 노예들이 오지로 들어가 살던 집단공동체)로 들어갈 수밖에 없었다.

낄롬부(Quilombo)

탈출한 흑인 노예들의 낄롬부

도망친 흑인 노예들의 집단공동체라는 의미로, 미주대륙의 다른 나라에서 빨렝끼(palenque) 또는 마룸(maroom)이라는 용어로 불리는 낄롬부는 노예제도가 존재해 있던 미주지역에서 공통으로 나타난 현상이었으며, 브라질에서는 모깜부(mocambo)라고도 불리었다. 노예 주인에게서 도망쳐 또 다른 탈출자들과 연합한다는 것을 이들 흑인 노예들은 브라질 땅에 도착한 그 순간부터 하나의 투쟁전략으로 삼고 있었다.

일반적으로 낄롬부는, 도시의 농장주에게서 멀리 떨어진 밀림 속이나 산악지역에서 숨어서 스스로 농업과 수렵, 채취경제를 영위하면서 초가집에 사는 도망친 흑인 노예 공동체로만 인식되고 있지만, 브라질에 존재한 낄롬부에는 이러한 대규모 공동체만 있는 것은 아니었다. 브라질 전역에는 농장주와 행정 당국이 알고 있는 장소에 있는 농장과 마을, 그리고 도심지 인근 지역에 소수의 반란 흑인들이 집단을 이루고 사는 곳이 무수히 존재했다. 그래서 인구 밀집 지역 인근에 위치한 이러한 낄롬부들은 행정 당국과 농장주들에게 언제나 위협과 혼란을 야기할 수 있는 대상이었다. 또한 많은 낄롬부들은 도망친 흑인 노예들로만 형성된 것이 아니라 법적으로 문제가 있는 자유흑인들과 원주민 인디오, 그리고 심지어는 백인들까지도 함께 모여 있었다.

오늘날의 빨마리스 낄롬부

그러나 전적으로 흑인들로만 이루어져 밀림 속에서 고립되어 자급자족하는 공동체는 빨마리스(Palmares)로, 이곳은 브라질 역사상 가장 오래 지속되고 또 최대 인구가 밀집해 있던 낄롬부였다. 오늘날의 알라고아스(Alagoas) 주에 속하는 뻬르남부꾸 까삐따니아에 위치한 빨마리스는 가장 유명하고 또 낄롬부 역사를 조망할 수 있는 모델로 여겨지고 있으며, 이곳과 함께 식민 권력에 투쟁하면서 브라질의 흑인 역사의 지도자로 상징되고 있는 줌비(Zumbi) 또한 그 명성을 찾아볼 수 있다.

빨마리스(Palmares)

빨마리스는, 17세기 알라고아스 주의 싸웅 프란씨스꾸(São Francisco) 강(江)에서 뻬르남부꾸 주의 싼뚜 아고스찡유(Santo Agostinho) 곶(串) 인근 지역까지 펼쳐져 있는 쎄하 다 바히가(Serra da Barriga)를 차지하고 있던 낄롬부였다. 이 지역은 야자수(palmeira)의 일종인 삔도바(pindoba) 나무를 포함하여(이 때문에 빨마리스 Palmares라는 이름이 붙여졌다) 울창한 열대 식물로 뒤덮여 있어 접근이 매우 어렵고 또 고저 기복이 심한 지형이었다. 빽빽한 식물들이 도망친 노예들을 쫓는 사냥꾼(capitãs-de-mato 또는 capitães-de assalto라고 불림)의 이동을 힘들게 한 반면, 풍부한 과일나무와 사냥, 그리고 식수 확보의 용이함 등은 낄롬부 흑인들의 생존을 가능하게 하였고, 또한 밀림에서의 위험한 생활에 대처할 수 있는 능숙함을 길러주었다.

탈출노예를 쫓는 사냥꾼

밀림을 개간하고 난 토양은 습기가 있고 비옥하여 옥수수와 만지오까, 콩, 감자 그리고 바나나 등의 재배에 아주 적당하였으며, 야생의 사탕수수는 설탕빵과 술의 제조를 위해 필요한 식물이었다. 농업활동에 능숙한 흑인들은 자신들의 생존을 보장해주는 농작물을 풍부하게 재배하고 있어, 이들에 대한 격퇴 명령을 내린 포르투갈의 본국 왕실에서도 공격 날짜를 낄롬부 흑인들의 수확기에 맞추어 정부군의 식량을 보충하도록 할 정도였다.

빨마리스 흑인들은 매복지에 숨어서 자신들을 쫓는 추적자에 비해 훨씬 잘 알고 있는 지역에서 이동하면서 공격을 하는 게릴라 전략을 사용하여 절대 패할 수 없을 것처럼 보였지만, 추적자들 또한 공격이 계속되면서 지형에 익숙해져 기습공격을 피하고 포위공격을 할 수 있게 되었다. 또한 이미 쎄르지뻬(Sergipe) 지역에서 두 곳의 낄롬부에 대한 공격을 성공하였던 페르나웅 까힐류 대위(Capitão Fernão Carrilho) 앞에서 빨마리스는 무력하였다.

빨마리스에 대한 페르나웅 까힐류의 첫 번째 공격은 1676년에 이뤄질 예정이었지만 당시 이들의 공격을 지원해줄 예산이 마련되지 못하여 그 이듬해에 뽀르뚜 깔부(Porto Calvo)에서 출발하여 아꽐뚜니(Aqualtune)라는 빨마리스의 낄롬부 한 곳을 공격하게 되었다. 이에 놀란 흑인들은 수부삐라(Subupira)라는 곳에서 전열을 정비하여 게릴라 전략을 행하였지만, 까힐류는 지원군을 기다리면서 소규모 공격을 감행하였다. 그리고 얼마 후 그는 185명의 지원군과 함께 강가 줌바(Ganga Zumba) 흑인 왕(王)과 천여 채의 집들이 모여 있던 아마루(Amaro) 낄롬부에 대한 공격을 시도하여 왕의 자식 두 명과 낄롬부 지도자, 그리고 수십 명의 흑인을 포로로 사로잡았지만, 강가 줌바 왕은 이미 도망을 친 상태였다.

페르나웅 까힐류의 승리는 그 지역 농장주들에게 희망을 안겨주었지만 다른 한편 농장주들에게는 엄청난 부담을 안겨주었다. 왜냐하면 빨마리스에 대한 군사 공격은 인내를 요구하는 동시에 군대를 조직하고 무기와 군수품 등에 소요되는 비용이 막대하였기 때문이었다. 그래서 식민정부 당국은 빨마리스에 대한 휴전을 제기하였으며, 흑인들의 왕이었던 강가 줌바도 이를 받아들여 특사를 파견하였다.

1678년 6월 빨마리스 왕이 파견한 특사와 뻬르남부꾸 주지사 간의 휴전 회담에서, 정부당국은 흑인들이 자유로이 살 수 있는 일정 지역의 토지를 제공하는 대가로 낄롬부 흑인들의 무장을 해제하고 앞으로는 도망친 노예들을 더 이상 받아들이지 말 것을 요구하였지만, 빨마리스의 또 다른 지도자였던 줌비(Zumbi)는 휴전협정을 무시하고 농장주에게서 떨어져 살기 원하는 흑인 노예들을 계속 받아들일 것을 주장하였다. 줌비의 거부에 직면한 식민정부는 빨마리스를 전멸시키기 위해 곤살루 모레이라(Gonçalo Moreira)를 파견하였지만, 이 와중에 원래 왕인 강가 줌바가 독살되고 줌비가 빨마리스의 새로운 지도자로 등극하였다. 줌비는 정부군의 공격을 피해 밀림 깊숙이 숨었으며 이에 정부는 흑인 반란자들의 무조건적 항복을 요구하여 흑인들이 꿈꾸었던 자유는 이제 실현될 수 없을 것으로 보였다.

정부는 과거 원주민 인디오와의 투쟁에서 큰 활약을 보였던 싸웅 빠울루 출신 오지개척단, 반데이란찌(bandeirante)를 파견하여 빨마리스를 제압하고자 하였다. 1692년 조르지 벨류(Jorge Velho)를 필두로 한 반데이란찌가 빨마리스에 도착하여 공격을 감행하였지만 흑인들은 이에 강력 저항을 하였다. 진압 초기 600여 명의 인디오와 45명의 백인으로 구성된 진압군은 빨마리스를 에워싸며 공격을 시도하였지만 점차 병력과 군수품이 부족하여 10개월을 기다려야 했다. 1694년 뻬르남부꾸와 알라고아스에서 3천 명의 병력과 무기를 보충하여 빨마리스에 길이 5,434m의 길이에 이르는 세 겹의 포위망을 형성하여 대규모 공격을 시도한 진압군은, 그해 2월 5일 드디어 400여 명의 흑인 사상자와 무수한 포로들을 체포하였지만, 흑인 지도자 줌비와 소수의 지도자는

줌비의 동상

이미 밀림 속으로 도망쳐 있었다.

미주 지역 최대의 브라질 낄롬부였던 빨마리스는 이렇게 진압되었으며 줌비와 그 일당은 1695년 11월 체포되어 참수형을 받고 그의 머리는 또 다른 폭동자들에 대한 경고로 헤시페 시 광장에 매달리고 말았다.

빨마리스의 종식은 헤시페와 살바도르 그리고 히우 지 자네이루 등지에서 농장주들의 축하 미사와 축제로 기념되었으며, 농장주들은 빨마리스의 교훈을 흑인 노예들에 대한 보다 강화된 통제수단으로 이용하기 시작하였다.

빨마리스 사건으로 말미암아 그 전까지 흑인 노예의 탈출의 경우 취해졌던 농장주들의 개인적이며 수동적인 대처 방식은 이후 보다 감시와 통제가 강화된 방식으로의 변화했다. 그래서 노예들의 탈출로 인해 현지의 질서가 위험에 빠질 경우 농장주들은 '노예사냥꾼'의 도움을 받는 것 외에도 식민정부와 군대의 도움을 요청하게 되었으며, 도망친 노예들이 숨어 있던 낄롬부들에 대한 정기적인 수색도 함께 이루어졌다. 이렇듯 정부 당국과 농장주들의 감시와 통제가 보다 강화되었지만 그러나 도망친 노예들이 집단 거주한 낄롬부들이 완전히 사라진 것은 아니었다.

또 다른 낄롬부들

17세기 말 미나스 제라이스(Minas Gerais) 주에서 금이 발견되면서 이 지역에 상당수의 흑인 노예들이 유입되기 시작하여, 18세기 내내 전체 주민 중 노예 인구는 30%를 차지하였다. 그리고 1750년, 이 지역의 광업이 쇠락의 길로 접어들면서 노예 노동력은 사탕수수와 그 부산물 생산과 같은 농업에 투입되었다. 접근이 어려운 산악지역에, 대규모의 노예 인구, 그리고 이들에게 사금채취 활동이 가져다준 이동의 자유는 미나스 제라이스와 마뚜 그로쑤(Mato Grosso), 그리고 고이아스(Goiás) 주 등지에 많은 낄롬부의 생성을 가능하게 하였다.

18세기 내내 농장주와 노예주들은 모든 지역에서 낄롬부 흑인들에 의해 자행되는 도둑질과 납치, 살인 등에 대해 많은 불만을 갖고 있었다. 특히 미나스 제라이스 주 오지 지역 알뚜 싸웅 프란씨스꾸(Alto São Francisco)에 거점을 둔 암브로씨우(Ambrósio) 낄롬부는 식민정부에 커다란 골칫거리였다. 오직 자신들의 왕과 왕비에 복종하는 600명 이상의 흑인 노예들이 거주하였던 암브로씨우 낄롬부를 섬멸하기 위해 1746년 안또니우 주엉 지 올리베이라(Antônio João de Oliveira)를 필두로 하는 진압대가 파견되어 7시간에 걸친 싸움 끝에 이 낄롬부는 와해되었고 흑인 주민들은 체포되었다. 하지만 빨마리스의 경우처럼, 진압대를 피해 도망친 이 지역 흑인 노예들이 집과 굴, 망루를 건설하면서 재건에 힘쓰자, 1759년 대부분이 보로로(bororó)족 인디오로 구성된 400여 명의 2차 진압대가 이들을 공격, 마침내 암브로씨우 낄롬부는 완전히 토벌되고 말았다.

보로로 족 인디오

암브로씨우 낄롬부는 도심지역에서 완전히 떨어진 은닉처는 아니었다. 당시 낄롬부 공동체는 소규모의 인원으로 구성된 곳이 흔하여, 브라질 전역에 자신의 농장주가 거주하던 지역 인근에 도망친 소수의 노예들이 거처를 정한 낄롬부가 많이 존재하였다. 그래서 당시 낄롬부는, 첫째, 5명 이상의 도망친 흑인들이 농장이나 마을, 도시 주변의 사람이 살지 않는 곳에 거처를 정한 곳, 그리고 둘째, 밀림에서 나와 도둑질과 살인을 자행하는 4명 이상의 흑인의 회합이라는 서로 다른 정의를 가지고 있었다.

현재의 오우루 쁘레뚜(Ouro Preto)인 빌라 히까(Vila Rica)는 당시에 이러한 소수 인원의 낄롬부들로 둘러싸여 농장주들에게 위협의 대상이었는데, 1710년에서 1798년 사이 미나스 제라이스 주에는 적어도 160여 개의 낄롬부가 존재해 있었다. 이 지역에 이렇게 많은 낄롬부들이 존재할 수 있었던 이유는 지형적 조건과 광업 활동의 특징 때문이었다. 아직 개발되지 않아 풍부한 광맥이 있고 경사가 급한 산악지역은 금의 채취에 능숙하여 노예 석방권을 살 돈을 마련하려는 낄롬부 흑인들의 집합을 가능하게 하였으며, 이러한 이유로 도망친 흑인들이 계속적으로 거주할 수 있었고 그래서 훗날 돈을 마련한 흑인들은 스스로나 중개인을 통하여 노예 상태에서 해방될 수 있었던 것이다.

현재의 빌라 히까

이러한 의미에서 볼 때, 도망친 흑인 노예들은 노예제도 자체를 부정하지는 않았던 것으로 보인다. 왜냐하면 낄롬부는 친척들을 방문하거나 쉬기 위해서, 그리고 유흥을 즐기고 그 다음 날 혹은 며칠 후 농장의 노예 거주지인 쎈잘라로 돌아가는 장소로도 이용되었기 때문이다. 하지만 이렇게 자유로운 이동의 장소로 이용되는 낄롬부가 노예제도의 질서를 부정하는 위험을 감소시키지는 않았다. 엄청난 부(富)가 움직이는 광업지역에서는 언제나 안전이 최우선이었기 때문에 낄롬부 자체는 늘 불안한 대상일 수밖에 없었다. 산악지대에 은신하여 조직화되어 있는 낄롬부는 광업 및 농업 활동을 하면서 한편으로 여행자를 위협하거나, 마을로 드나드는 사람들과 물품을 통제하거나, 금을 운반하는 차량을 탈취하는 등의 행위를 서슴지 않았다. 그리고 많은 지역에서 낄롬부에 흑인 노예와 자유인들이 섞여 있는 것이 가능해, 이들이 서로 동맹을 맺거나, 거래를 하거나, 다른 노예들을 낄롬부로 유인하는 일이 비일비재하였다.

이러한 낄롬부의 대표적인 예가 고이아스 주에 있던 샤빠다 두스 네그루스(Chapada dos Negros)였는데, 이곳에는 바떼에이루(Bateeiro, 사금이나 다이아몬드의 채취에 쓰이는 나무 쟁반 바떼이아(batéia)에서 유래한 명칭)라는 낄롬부 왕이 약 600명의 도망친 흑인들을 지휘하며 광물 채취와 교역을 하고 있었다. 또한 샤빠다 두스 네그루스에서 초과 생산된 식량은 마을과 도시로 드나들며 상품과 소식을 갖고 오는 보부상들과의 교역에 이용되었는데, 이들과의 교류 유대관계야말로 낄롬부의 생존을 보장해 주는 것이었다. 낄롬부들은 여러 경로를 통하여 정부군의 이동에 대한 정보를 필요로 하고 있었기 때문에 이에 따라 정부군과 전쟁을 갖거나 아님 지역을 포기하거나를 결정하였다. 그래서 낄롬부가 생존하기 위해서는 추적자에 관한 정보를 포함하여 일부 품목의 공급 및 교역을 통해 외부인과의 교류가 필수적이었다.

바떼이아

낄롬부의 흑인들이 산에서 채굴한 귀금속을 교역하기 위해서는 특히 자유인과의 유대가 절실하였다. 고이아스 주에서는 한때 이들이 채굴한 금이 노예석방권을 구입하는 것뿐 아니라, 무기와 술, 그리고 직물구입에도 통용되었다. 선술집과 보부상, 그리고 일용노동자 흑인들은 바로 이러한 물품구입과 정보 제공 등에 큰 역할을 하였던 것이다.

낄롬부에는 도망친 흑인 노예뿐 아니라 백인이나 다른 인디오들과 전쟁 중인 원주민 인디오들도 숨어들었는데, 인디오 중에는 바이아 주의 독립전쟁(1822~1823)과 파호우뻴랴 혁명(Revolução Farroupilha, 1835~1841), 그리고 파라과이 전쟁(1864~1870)에서 있었던 것처럼 징집 명령을 피해 도망친 자들도 일부 있었다. 낄롬부 흑인들과 자유인들 간의 이러한 결탁 내지 공모 때문에 흑인들에게 피난처를 제공하거나 고발을 하지 않는 사람들에게는 심한 형벌이 주어지기도 하였으며, 1764년에는 정부가 광산지역의 흑인 여성 노예들의 상거래를 금지시키기도 하였다.

파호우뻴랴 혁명

도망친 흑인 노예뿐 아니라 자유인들이 모여든 낄롬부의 존재는 그리 낯선 모습은 아니었다. 19세기 초 바이아의 바하 두 히우 지 꼰따스(Barra do Rio de Contas)에서는 노예들과 자유인이 동거하는 오이띠제이루(Oitizeiro) 낄롬부의 존재가 확인되었는데, 도망친 흑인 노예들과 자유인으로 구성된 이곳 사람들은 대규모 망고나무 숲에 은신하여 만지오까 가루를 주로 생산하는 농업 활동을 영위하였으며 그들 중 자유인들은 도망친 노예들을 유인하여 거처를 제공해주고 그들과 상거래를 하는 사람들이었다.

오이띠제이루 낄롬부에는 상당수의 거주민들이 자신의 경작지에 종사하거나 또는 소작인으로 일하는 낄롬부 흑인들을 소유하고 있었다. 흑인 노예들이 농장주로부터 도망쳐 다른 사람의 일을 해주기 위해 낄롬부에 머무는 것이 어떤 이득이 있을까라는 의구심이 들지만, 여기에는 일종의 합의가 있었을 것으로 추측되고 있다. 즉 도망친 노예들은 노동력을 제공하는 대신, 보호와 식량, 약간의 보상 또는 약간의 토지를 제공받아 만지오까를 생산하여 판매한 돈을 벌 수 있는 기회를 가질 수 있었던 것이다.

한편 낄롬부 흑인들과 원주민 인디오 간의 관계는 처해진 상황과 서로 간에 주고받는 혜택에 따라 호전적이거나 협조적인 관계였다. 예를 들어 고이아스 주에서는 까이아뽀(Caiapó)족 인디오들이 아주 종종 낄롬부에 도망친 흑인 노예를 포획하여 마을에 넘겨, 그 대가로 철기구와 직물, 식량으로 교환할 정도로 인디오들이 도망친 흑인들의 사냥에 적극 가담하기도 하였다. 그리고 샤반찌(Xavante)족의 경우, 백인들의 오지 개척단보다도 훨씬 많은 수의 낄롬부를 전멸시켰는데, 18세기 초 당시 이들 인디오들은 자유인이든 노예든 모든 흑인을 적으로 생각하고 있었다.

까이아뽀 족 추장

인디오들이 구성한 대규모 낄롬부 토벌대가 1694년 빨마리스를 공격한 사실도 이와 같은 이유에서 비롯되었는데, 까리리(Cariri)족 인디오들은 낄롬부를 파괴시키기 위해 병력과 무기로 무장한 자신들만의 토벌대를 조직할 정도였다. 인디오들과 백인 간의 이러한 동맹은 백인들에 의해 지불되는 보상과, 사냥과 광물 채굴, 그리고 여자를 놓고 낄롬부와 벌어졌던 경쟁에 의해 설명될 수 있다. 왜냐하면 낄롬부에는 여성의 수가 극히 부족하여 낄롬부 흑인들이 종종 인디오 마을의 여자를 납치하는 일이 횡행하였기 때문이다.

마뚜 그로쑤(Mato Grosso) 주의 만수(Manso) 강 유역의 낄롬부는 1865년경, 260명의 16세 이상의 성인 남성들이 있었던 반면 여성은 고작 20명에 어린아이 또한 13명밖에 없었다. 남자와 여자 간의 이러한 성비 불균형은 농장의 노예거주지인 쎈잘라에서도 흔한 일이었지만 낄롬부에서는 보다 심각한 문제였으며, 특히 광업 활동이 우세한 지역에서는 아주 극심하였다. 또한 사탕수수와 또 다른 작물재배의 중심지였던 히우 지 자네이루의 이구아쑤(Iguaçu) 낄롬부에서도 여성 노동력이 상당히 필요했음에도 남자 11명과 1명의 여자가 있었으며, 이 한 명의 여자 흑인 노예도 남자의 옷을 입고 전쟁에 참여했던 것으로 전해지고 있다. 이러한 성비 불균형은 곧 낄롬부 흑인들의 흑인 노예나 인디오 여성의 납치로 귀결될 수밖에 없었다.

인디오들이 낄롬부 흑인들을 뒤쫓는 추적자의 편에 서서 흑인들과 적으로만 있었던 것은 아니었다. 인디오들의 일부는 낄롬부 안에서 흑인과 함께 거주하였으며, 18세기 마뚜 그로쑤의 꽈리떼레(Quariterê) 낄롬부의 경우, 흑인들과 인디오 공동체 간의 연합이 현지 행정 당국의 큰 위협이자 고민거리였을 정도였다. 이들은 밀림 속에서의 생활과 야생식물의 이용과 치료, 투쟁 전략 그리고 재배 방법 등에서 서로 정보를 주고받으며 외딴 지역과 조건에서의 생존을 보장받았던 것이다.

꽈리떼레 낄롬부는 1795년경까지 약 30여 년간 존속되었는데, 이곳에는 100여 명의 흑인과 인디오들이 밀과 콩, 만지오까, 감자, 과일, 담배와 면화 등을 대규모로 재배하였다. 프란시스꾸 뻬드루 지 멜루(Francisco Pedro de Melo) 오지개척단에 의해 전멸될 당시 이곳에는 대부분 그곳에서 태어난 흑인과 인디오의 자식들이 있었는데, 이들은 자신들의 부모와는 달리 노예제도라는 쓰라린 고통을 겪어보지 않았었다.

빼르남부꾸 주의 까뚜까(Catucá) 낄롬부는 독립투쟁의 와중에 탄생하여 1827년 진압대에 의해 타격을 받았지만, 1830년대 백인과 자유 혼혈인들 간의 정치적 투쟁과 혁명의 시기에 재건되었다. 이러한 정치적 투쟁은 한편 노예들에 대한 통제를 다소 느슨하게 하여 낄롬부들의 태동과 성장을 용이하게 하였으며, 이러한 사실 앞에서 농장주들은 흑인 폭동을 제압하기 위한 시도로 보다 억압적인 조치를 강화하였는데, 이의 대표적인 예는 히우 지 자네이루의 이구아쑤(Iguaçu) 낄롬부였었다.

이구아쑤 낄롬부의 대부분의 흑인들은 식량 생산이나 땔감 수집 그리고 벽돌제조에 동원되고 있었다. 이 지역은 평원과 작은 강, 그리고 습지로 이루어져 낄롬부의 형성이 용이했는데, 18세기 말부터 시작하여 1812년까지 이곳에는 많은 흑인들이 거주하고 있었다. 그런데 이들 흑인들은 인근의 강을 항해하는 선박을 공격하거나 노략을 일삼고 있어, 일부 선박은 항해를 위해 고기와 밀가루를 통행세로 지불하고 있었는데, 이 지역이 워낙 접근이 힘든 곳이라 경찰력이 제대로 활동하지 못하였다.

브라질 남부의 히우 그란지 두 술(Rio Grande do Sul) 주 행정당국도 도망친 흑인 노예들이 육포제조 농장이 밀집해 있는 뻴로따(Pelota) 인근 지역에 낄롬부를 형성하여 폭동을 일으키는 것 때문에 골치를 앓고 있었다. 1835년 마노엘 빠데이루(Manoel Padeiro)가 지휘하는 낄롬부 흑인들은 육포공장에 수차례 강도짓을 행하였으며, 보다 심각한 것은 자유인의 딸을 포함하여 4명의 여성을 납치하는 사건이 발생하기도 하였다는 것이다. 그러나 정부당국의 집요한 추적 끝에 마노엘 빠데이루는 체포되어 사살되고 말았다.

이렇듯 도망친 흑인들의 공동체 낄롬부는 노예들의 전형적인 집단 저항의 형태였으며, 오늘날 브라질의 여러 지역에는 낄롬부의 명칭을 유지한 공동체들이 여전히 잔존해 있다. 브라질 정부는 1995년에 이르러서야 낄롬부의 후손들이 차지한 땅의 소유를 합법화하기 시작하였다.

노예들의 폭동

19세기 전반기 내내 바이아 주의 흑인 노예들은 수차례의 반란과 폭동을 자행하여 전국적으로 알려졌으며, 이들은 투쟁 없이는 복종하지 않을 것임을 주장하였다. 당시 오늘날의 아이티(Haiti)인 싸웅 도밍구스(São Domingos)에서 흑인 노예에 의한 혁명이 성공하였다는 소식은 브라질의 농장주와 노예주를 긴장과 불안에 떨게 만들었다. 카리브 해에 위치한 이 작은 식민지에서 1791년에 시작된 흑인 노예들의 혁명이 성공하면서 노예제도의 종식과 함께 1804년 최초의 흑인 공화국이 설립되었다는 사실이 브라질 흑인 노예들에게 커다란 용기를 주었음은 당연하였다.

19세기 전반 바이아 주는 브라질 최대의 설탕 생산지로 각광받고 있었다. 특히 또두스 우스 싼뚜스(Todos os Santos) 만(灣)을 둘러싸고 있는 헤꽁까부(Recôncavo) 지역은 사탕수수 재배에 적당한 비옥한 토양이 산재해 있어 최고의 생산성을 자랑하는 제당공장들이 즐비하였는데, 제당공장의

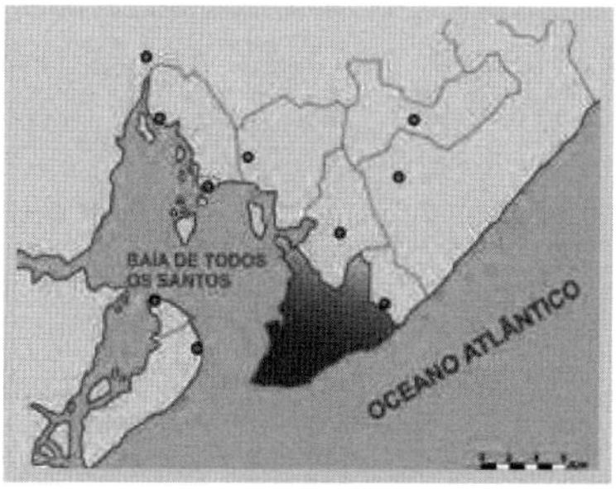

헤꽁까부 지역

모든 생산 활동은 아프리카 흑인과 토착흑인의 노동에 의해서만 전적으로 움직이고 있었다. 이렇듯 대규모 흑인 노예의 집중 현상은 바이아 헤꽁까부 지역을 노예폭동의 진원지로 만드는 데 충분하였으며, 언제라도 노예반란이 일어날 수 있는 가능성이 있어 이 지역 농장주들은 늘 불안할 수밖에 없었다.

1807년 살바도르(Salvador)는, 성체축일(聖體祝日, Corpus Christi)의 기념행사 중 5월 28일로 계획된 폭동의 무대가 되었다. 이날 밤 축제가 끝난 후 반란자들은 세관과 교회를 불태우려고 시도하였으며, 이러한 혼란 속에서 흑인 노예들은 주지사를 사로잡고, 다른 흑인들을 부추겨 백인들을 독살하고, 그리고 광장에서 가톨릭교회의 그림들을 불태웠다. 그리고는 상당수의 흑인 인구가 거주하던 이웃 뻬르남부꾸(Pernambuco) 주로 진격하여 그곳의 흑인들과 결탁하여 독립왕국의 건설을 기도하였다. 당시의 반란자들은 거의 오늘날 나이지리아 북부 지역에 살던 하우사(Hauçás)족 흑인들로, 이들은 소위 이슬람인들의 성전(聖戰, jihad)의 와중에 패배해 노예로 팔려온 이들이었다. 이들이 사용했던 부적들과 가톨릭교회와 성물(聖物)을 불태웠던 시도는 곧 하우사족 흑인들이 아프리카에서 그랬었던 것처럼 정치적인 목적과 종교적 원칙을 결부시킨 반란의 증거로 볼 수 있었다. 하지만 이것은 1807년의 폭동에만 한정된 것은 아니었고, 이후의 또 다른 반란과 폭동에서도 똑같이 종교와 종족적 유대는 여실히 드러났다.

2년 뒤 살바도르에서는 이곳과 헤꽁까부의 흑인 노예들이 연합하여 대규모 탈출을 시도하는 새로운 폭동이 발생하여 1809년 1월, 이미 도망친 노예들이 낄롬부를 형성한 곳으로 살바도르에 거주하는 노예들을 이주시키려는 계획을 감행하였다. 당시 밀고자도 없는 상황에서 80여 명의 노예들이 가담한 탈출시도는 그러나 정부군의 공격으로 실패로 돌아가 가담자 대부분은 사망하였지만 일부는 도망쳐 농장을 공격하거나 강도짓을 행한 것으로 알려지고 있다.

헤꽁까부의 흑인 노예 폭동

이후 1814년부터 1835년까지 대부분 하우사와 나고(Nagô)족 흑인 노예들에 의해 30여 차례나 계속된 바이아 주에서의 흑인폭동은 브라질이 아이티의 전례를 밟을 수도 있다는 개연성을 여실히 보여주었다. 그중 1835년 이슬람을 신봉하는 나고 족이 대규모 반란을 획책하고 있다는 소식으로 인해 백인사회는 심각한 불안에 빠져 있었다. 이들 반란 흑인 노예들은 아프리카 흑인들이 지배하는 바이아 주를 꿈꾸며 헤꽁까부 지역의 흑인들을 규합하였지만, 밀고자들에 의한 배신으로 반란계획이 사전에 누출되어 결국 70여 명의 사망자가 발생한 채 실패로 끝나고 말았다. 당시 흑인반란을 진압한 행정 당국은 차후의 반란이나 폭동을 미연에 방지하고자 항구나 거리, 특히 흑인들이 자주 모이는 축제 장소의 순찰을 계속하고 또 주지사 관저의 경비를 강화하였다.

한편 일련의 흑인반란 사건을 조사하면서 당국은 바이아 주에 이슬람을 신봉하는 나고 족이 주도하는 조직망을 파악하게 되어 500명 이상의 흑인을 체포하여 4명을 공개 처형시키고 나머지는 형벌과 구금 그리고 추방 등의 조치를 단행하였다. 이들에 대한 체포는 아이티에서의 흑인혁명과 같은 조짐을 두려워한 백인들에 의해 전국적으로 확산되어, 대부분의 흑인 노예 밀집지역, 특히 히우 지 자네이루와 미나스 제라이스 주 등에서도 보다 엄격한 노예제도의 통제가 이루어졌다.

미나스 제라이스에서는 노예폭동을 미연에 방지하고자 주정부와 농장주들이 경찰력을 강화하였지만, 1833년 5월, 전체 인구 중 흑인 인구가 62%를 차지하는 벨루 오리쫀찌(Belo Horizonte)에서 286km 떨어진 까란까스(Carrancas)에서 가공할 흑인폭동이 발생하고 말았다. 폭동의 발단은, 이 지역의 명망 있는 정치가인 가브리엘 프란씨스꾸 준께이라(Gabriel Francisco Junqueira) 소유의 깜뿌 알레그리(Campo Alegre) 농장에서 농장주의 아들인 가브리엘 프란씨스꾸 지 안드라지 준께이라(Gabriel Francisco de Andrade Junqueira)가 3명의 노예에 의해 사망하면서 시작되었다. 이후 40여 명의 흑인 노예들은 농장주 소유의 인근 농장으로 몰려가 백인들을 몰살하였는데, 당시 노예들은 까란까스의 모든 백인을 죽이고 농장을 자신들의 소유로 하고자 하였지만 이들의 반란도 결국 치열한 공방 끝에 진압되어 가담자 중 16명은 교수형에 처해지고 말았다.

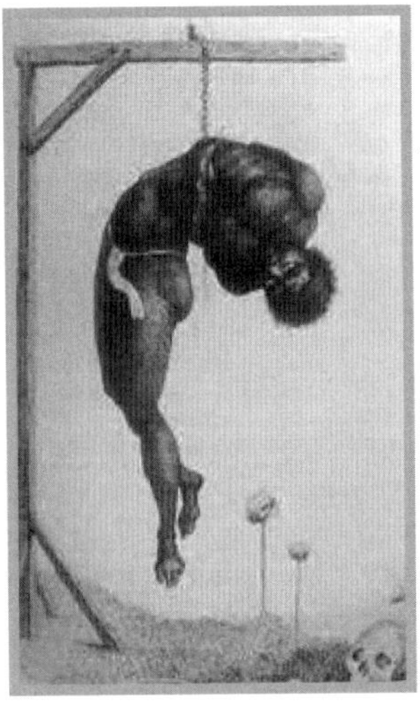

폭동주동자의 최후

브라질의 정치적 위기가 지속되었던 섭정기(1831~1840) 동안 히우 지 자네이루에서는 일명 '노예들의 왕'이라 불리는 벤뚜라 미나(Ventura Mina)라는 노예 목동이 1년여를 계획하여 폭동을 일으키는 사건이 발생했는데, 당시의 정치적 혼란으로 말미암아 노예에 대한 백인들의 통제가 느슨해진 것이 가장 큰 원인이었다.

노예들의 폭동 이후, 아프리카 흑인 노예의 움직임에 대한 강화된 관심과 대서양을 통한 노예무역의 지속에 대한 비난은 더욱 표면화되었지만, 연이은 폭동의 가장 큰 결과는 노예제도가 더 이상 사회적 합의와 양립할 수 없다는 사실이었다. 이러한 상황에서 1835년 6월 10일 정부는 농장주와 그 가족, 그리고 감독자의 생명을 위협하는 노예에 대해서는 교수형에 처한다는 보다 강경한 법률을 발표하였으며, 이 법은 1838년 히우 지 자네이루의 바쏘우라스(Vassouras)에서 마노엘 꽁고(Manoel Congo)의 폭동 사건에 적용되었다.

당시 폭동은 그해 11월 이 지역 여러 농장에서 노예들이 감독자를 살해하고 탈출하면서 시작되었는데, 거의 200명에 달하는 토착 흑인 탈출자들은 농장에서 훔친 식량과 무기, 농기구 등을 소지한 채 밀림으로 숨어들었다. 이에 정부군은 즉각 대응에 나서 수일 만에 폭동을 진압하고 주동자 마노엘 꽁고는 1835년 법에 따라 교수형에 처해졌다.

발라이아다 반란사건

정치적 불안정과 노예폭동의 관계는, 1838~1841년 마란냐웅(Maranhão)에서 발생한 소위 발라이아다(Balaiada) 반란사건 중의 노예들의 기세로 보다 명확해졌다. 즉 강도질과 살인, 그리고 무기 탈취와 같은 흑인 노예들의 극악한 행동은 당시의 정치적 위기를 틈타 폭동의 의지가 있는 흑인 노예들을 결집하여 반란이 조직화되고 있음을 여실히 보여주었다.

1839년 꼬즈미 벤뚜 다스 샤가스(Cosme Bento das Chagas)가 주도하는 2천여 명 이상의 흑인들은 농장주를 살해하고 200명의 농장소속의 노예들에게 노예 석방문서를 양도할 것을 요구하였지만, 곧 정부군에 의해 진압되어 주모자인 꼬즈미 벤뚜는 200명 이상의 탈주 흑인들과 함께 마란냐웅 주 경계를 넘어 도망쳤지만 곧 체포되어 교수형에 처해지고 말았다.

흑인들의 폭동은 1846년 뻬르남부꾸 주 헤시페(Recife) 시에서 흑인 비밀결사조직에 의해서도 일어났는데, 일명 '선지자'로 알려진 주동자 아고스찡유 주제 뻬레이라(Agostinho José Pereira)는 300여 명의 추종자에게 성경은 노예제도의 종식을 예고하고 있으며 가톨릭 성인들은 다만 조각상에 불과하다고 주장하였다. 그의 신념은 곧 가톨릭교회에 대한 모욕이요 가톨릭 교리를 정면 부정하는 것이었던 데다가, 그들의 교리에 등장하는 '모레누'(moreno, 아프리카 흑인의 후손을 의미하는 표현)라는 용어가 아이티 흑인혁명에도 등장했던 만큼 이들의 반란은 정부 당국에는 심각한 우려의 대상이 되었다.

흑인 노예무역이 쇠퇴기에 접어들고 1850년에 공식 폐지된 이후 흑인들의 폭동과 반란은 눈에 띄게 줄어들었지만, 1867년 마란냐웅 주에서 노예제 폐지를 주장하는 낄롬부 흑인들의 폭동 사건과 마찬가지로, 싸웅 빠울루 주(州) 싼뚜스(Santos)의 빌라 마띠아스(Vila Matias) 낄롬부 주민들도 1880년대 이미 노예제 폐지를 주장하고 있었다.

낄롬부 흑인들의 폭동과 반란 사건이 브라질의 노예 투쟁으로만 기록된 것은 아니었다. 흑인 노예들은 일상생활과 노동현장에서도 소극적이긴 하지만 다양한 방법으로 투쟁을 이어왔다. 즉, 노동 현장에서 파업을 한다든지, 노동시간을 줄이기 위해 아픈 척한다든지, 농장주 가족을 독살한다든지, 주인의 명령에 조직적으로 불복종한다든지, 그리고 심지어는 다른 농장으로 팔려가길 원하여 농장주와 협상을 한다든지 하는 등의 투쟁을 통하여 노예제도하에서 자신들의 불만을 끊임없이 표출해왔던 것이다.

Ⅵ

노예제도의 종식과 노예해방

서구 대부분의 국가들에게 19세기는 '노예해방의 시대'로 대표된다고 볼 수 있으며, 이 시대에 노예제도와 러시아의 농노제도와 같은 강제노동의 형태들은 유럽과 미주 대부분의 지역에서 파산선고를 받았고 또 폐지되었다. 18세기 말 유럽에서는 노예무역과 노예노동의 종식을 요구하는 노예해방 운동이 봇물처럼 터져 나오기 시작하여, 식민지 지배지역에서의 노예제도와 관련한 강대국들의 입장이 변화하기 시작하였다. 예를 들어, 노예해방론자들의 압력하에 1808년 카리브 지역 영국식민지에 대한 노예무역이 금지되었고 또 1834년 이 지역에서의 노예제도가 전면 폐지되었다.

영국 노예해방 기념주화

이러한 사건들은 의심의 여지없이 브라질에도 영향을 미쳤으며 또한 노예제도를 옹호하는 유럽 국가들의 협약이 깨졌음을 의미하였다. 이미 아이티의 흑인혁명이 성공하면서 브라질에서도 아이티와 유사한 상황이 벌어지지 않을까 우려하는 목소리가 높아졌으며, 19세기 내내 아이티의 환영은 노예제도를 주장하는 사람들을 괴롭힌 반면, 노예제도를 공격하는 사람들에게는 고무적인 현상이 되어버렸다. 19세기 전반 많은 비평가들은 노예무역과 노예제도가 사라지지 않으면 아이티 사태가 브라질에서 재현될 수 있다고 경고하였으며, 흑인 노예들에게는 아이티의 사태가 노예제도 종식을 꿈꾸는 것을 가능하게 만들었다.

하지만 19세기 후반, 특히 1850년 노예무역의 금지 이후, 노예제도 폐지에 대한 논쟁은 브라질에서 가속화되기 시작하였다. 대부분의 브라질 지도자들은 노예무역의 폐지가 곧 노예제도의 종식이라는 논리적 귀결이 될 것이라고 생각하였다. 그들은 또한 노예인구의 높은 사망률 때문에 노예무역을 통하여 노예를 보충하지 못하고서는 수년 내에 노예제도가 사라질 것으로 믿고 있었다. 그래서 이때부터 정치지도자와 농업조직들은 노예 노동력을 유럽이나 아시아의 이민자로 대치하는 정책을 입안하여 실행하려고 하였으며, 이와 함께 노예를 자유노동자로 변화하려는 시도를 행하기 시작하였다.

커피 농장의 흑인 노예

19세기 중엽 이후 브라질의 노예제도는 심각한 변화를 겪기 시작하였다. 노예들의 농촌지역 이동으로 인하여 도심지역의 노예 노동력이 폭발적으로 줄어들기 시작하였는데, 특히 히우 지자네이루와 싸웅 빠울루를 비롯한 남동부지역 커피 농장의 막대한 노예 수요로 인하여 북부와 북동부지역에서는 노예인구가 크게 줄어들어, 일부 지역에서는 노예제도의 유지에 대한 의미를 점차 잃어버리고 있었다.

노예무역의 금지와 함께 노예들의 가격은 더욱 높아졌으며, 노예를 사고자 하는 사람들은 점차 줄어들게 되어 노예를 소유하는 것은 부자들의 특권으로 인식되기 시작하였다. 노예 가격의 상승과 함께 가난한 사람들은 노예를 가질 형편이 되지 않아 노예를 팔고자 내놓았으며, 이들에게는 노예제도 자체가 의미도 없고 노예제도를 옹호하는 것도 의미가 없게 되었다.

하지만 19세기 후반 브라질에서는 노예제도 폐지가 조만간 이루어질 것이라는 사실에 대해 어떠한 보장도 없었다. 왜냐하면 싸웅 빠울루와 미나스 제라이스, 그리고 히우 지 자네이루 주의 남동부 커피 지역에서는 노예제도가 커피의 수출 증가와 함께 여전히 힘을 얻고 있었기 때문이었다. 커피 농장주들은 노예제도가 최대한 유지되는 것에 관심을 쏟고 있었으며, 커피 생산 지역의 정치인들은 노예제도의 즉각적인 폐지에 대한 여하한 법적 조치를 억제하기 위해 모든 노력을 쏟고 있었다. 그들은 대규모 커피 농업이 노예노동력 손실의 충격을 감당할 수 없기 때문에 노예제도 폐지는 곧 경제위기를 가져올 것이라고 주장하였다. 1867년, 미래의 노예해방론자 주어낑 나부꾸(Joaquim Nabuco)의 아버지 나부꾸 지 아라우주(Nabuco de Araújo)는 "노예제도 폐지는 브라질을 끝없는 나락의 심연으로 떨어트릴 것이다"라고 주장하기도 하였다.

주어낑 나부꾸

노예제도 폐지에 반대하는 노예 주인들과 이들의 의회 내 대표자들은 노예들이 아직 자유인의 삶에 준비되지 않았으며, 이들이 자유인이 될 경우 빈민과 범법자, 무위도식자가 될 것이고 이와 함께 농촌 지역의 노예가 도시로 유입되면서 도심지역에서 범죄가 증가하는 대재앙이 초래될 것이라고 주장하였다. 사실 농장주들이 노예에 대한 통제를 놓지 않으려는 이유는, 노예제도 폐지가 가급적 장기적으로 이루어져 폐지 이후에도 노예들이 자신들의 농장을 떠나지 않는다는 규정과 폐지에 따른 보상이 이루어지기를 원하고 있었기 때문이다.

노예들은 이미 노예제도 폐지가 가급적 빠른 시간 내에 이루어졌으면 하는 희망을 갖고 있었다. 최근의 연구에 따르면, 노예들은 탈출이나 낄롬부의 형성, 그리고 일상적인 폭동이나 태업 등을 통하여 노예제도 폐지를 가속화하기 위한 일련의 조치를 이미 실행하였던 것으로 보고 있다. 이러한 노예들의 소요사태는 정치적인 파장을 일으켰고, 폐지 과정에 결정적인 영향을 미쳤으며, 이와 함께 정치인들의 노예해방과 관련한 법률 논의에 대한 진행에도 영향을 끼쳐, 정부 당국과 상하원 의원들, 그리고 대규모 노예 소유 농장주들은 자신들의 주변과 거리, 그리고 쎈잘라에서 벌어지는 사태에 대해 신경을 곤두세우고 있었다.

노예제도 폐지에 앞선 약 20여 년은 브라질 전역에서 노예들의 탈출과 탈출노예들의 공동체인 낄롬부 수의 증가로 점철되었다. 이 시기에 흑인 노예들은 남녀를 불문하고 노예제도의 폐지와 자신들의 자유를 위해 수동적으로가 아니라 능동적으로 투쟁에 가담하였으며, 노예제도의 비도덕성과 인권 침해에 대한 반발을 노골적으로 표현하였다.

노예 해방법과 자유

1860년대 말, 브라질의 제국주의 정부는 노예 노동력의 점진적인 대체를 증진시키기 위한 일련의 조치를 취하였다. 1865년 미국에서의 노예제도 폐지 이후 브라질과 쿠바는 미주 지역에서 여전히 노예 노동력을 이용하는 유일한 국가였다. 전 세계에서 노예제도에 대한 비난이 계속되었던 시기에 브라질에서의 노예제도 지속은 브라질 정부에게 불편한 현실이었으며, 1860년대 말, 소규모이긴 하지만 노예해방론자들이 노예제도 폐지를 주장하는 연설과 함께 대도시 중심지에서 시위를 벌이기 시작하였다. 게다가 이때 브라질 전역에서, 특히 대규모 노예 인구가 집중되어 있던 남동부 지역에서 노예들의 범죄와 탈출, 그리고 폭동 등이 지속적으로 발생하였다.

동 뻬드루 2세

이에 대해 브라질 제국의 주권국으로서의 이미지를 대외에 천명하기 위하여 동 뻬드루 2세(D. Pedro II) 황제는 브라질에서 노예제도 근절에 대해 공식적으로 우호적인 입장을 표명하여, 1867년 노예노동의 근절을 위한 제안을 입안하라고 지시하였으며, 이에 대해 내각은 여성 노예 자식들의 노예해방과 자유를 위한 기금의 창설을 골자로 하는 노예해방 계획을 입안하였다. 이와 함께 노예소유주인 농장주를 위로하고 해방된 노예들이 부랑자로 전락하는 것을 막기 위해 전 농장주의 토지에서 의무적으로 일을 하도록 하는 법안을 제안하였다. 하지만 노예소유가 곧 국가의 경제를 대변하고 있었기에 이를 바꾸려는 개혁에 대해 반발하는 세력이 존재하여 노예해방과 관련한 논쟁은 진전이 되질 않았다.

즉각적으로 노예해방을 시행하지는 않겠다고 말했음에도 불구하고 동 뻬드루 2세는 노예소유주들로부터 신랄한 비판을 받았는데, 다양한 언론매체를 통하여 농장주들은 노예제도와 관련하여 황제가 의

도적으로 개입하고 있다고 비난하며 일부에서는 황제의 사임을 주장하였다. 이에 대해 정부는 조심스럽게 일련의 조치를 단행하였는데, 먼저 1865년 6월 정부는 강제노동에 처해진 노예들에게 더 이상 채찍 형벌을 할 수 없음을 결정하였고, 그 이듬해에는 공공건설에서 노예들의 노동을 폐지함을 선포하였다.

1860년대 말 상하원 의원들은 노예해방을 보다 지속적으로 논의하기에 이르렀는데, 1869년 5월에서 6월에는 그러한 목적의 수많은 계획안들이 하원에 제기되어 대부분은 논의조차 이루어지지 않았지만 노예제도 종식에 대한 논의가 시급하다는 것에는 의견의 일치가 이루어졌다. 그래서 1869년, 노예의 공개경매와 노예를 사고팔 경우 남편과 부인의 분리를 금지하는 법안이 통과되었으며, 이와 함께 15세 이하의 노예들은 그들의 모친과 떨어질 수 없다고 규정되었다.

해방된 노예 여성과 자식

그로부터 2년 후 브라질 의회는 노예제도에 대한 보다 충격적인 법안, 즉 '벤뜨리 리브리 법'(Lei do Ventre Livre)으로 알려진 1871년 9월 28일자 법률 2040호를 통과시켰는데, 이 법안에는 노예 여성에게서 태어난 자식을 노예 신분으로부터 해방시키고, 노예주들은 이들이 8세가 될 때까지 의무적으로 돌봐야한다고 명시되어 있었다. 이와 함께 농장주들은 이에 대한 보상으로 정부로부터 60만 헤이스(réis)를 받거나 아니면 21세까지의 노예 노동력을 이용하는 양자택일의 선택을 하도록 하였다.

'벤뜨리 리브리 법'의 발표 이후 태어난 노예 자식에게 자유를 부여하는 것 외에, 이 법은 노예 소유에 대한 세금과 복권, 그리고 헌법과 공공 예산의 납부를 이행하지 않는 사람에게 부과하는 벌금 등에서 나오는 돈으로 노예를 해방시키는 기금을 충당하였으며, 또한 노예 소유주의 세금 납부를 개선하기 위하여 노예의 의무등록을 명시하여, 등록되지 않은 노예는 정부 당국에 의해 자유인으로 고려되게 하였다. 하지만 '벤뜨리 리브리 법'에 대한 노예소유주와 농장주들의 비난은 제국주의 정부가 노예제도를 폐지하려는 노정을 결정짓게 만들었는데, 이로서 노예제도는 소유자들의 권리를 인정하면서 점진적인 형태로 폐지될 것임을 예고하였다.

'벤뜨리 리브리 법'은 또한 흑인 노예들이 오랫동안 투쟁을 통하여 얻은 관례에 따른 권리를 인정하였는데, 이를테면 재산 축적이나 노예가 자유를 얻기 위해 자신의 경제활동을 영위할 수 있도록 하였다. 그리고 노예로 하여금 주인이 자유를 허락하지 않는 경우 법에 호소할 수 있도록 하여, 후견인을 통하여 지방 판사에게 소송을 제기할 수 있게 하였다. 이로서 노예해방의 권한이 노예소유주에게만 있도록 한 독점권이 깨지게 되었으며, 1871년 이후 브라질 전 지역에서는 수백 명의 노예들이 자유를 얻기 위해 법에 호소하는 상황이 발생하였다.

이 법의 시행과 함께 해방된 노예 자식에 대한 권리를 인정해주고 노예해방 기금의 남용을 막기 위한 정부의 허약함을 고려할 때, 이 법안은 많은 노예들에게 법에 호소하는 소송을 통하여 자유를 획득하는 가능성을 열어주었다. 말하자면 법안 입안자들이 미처 생각하지 못했던 일이 발생했는데, 그것은 노예들이 법에 명시된 것 외에 또 다른 권리를 인정받거나, 농장주의 부당한 대우와 형벌을 고발하거나, 또는 노예무역이 금지된 1831년 이후 도착한 흑인들의 불법 노예화를 고발하는 소송으로 이용했다는 것이다.

1870년대 이후, 노예들은 사법당국 일각에서 노예의 매매를 금지하는 등 자신들의 요구에 대해 호의적인 의지를 표명하고 있다는 것을 인식하게 되었으며, 또한 사회의 다양한 부문에서 명백하게 노예제도를 반대하고 있음을 알게 되었다. 이는 곧 브라질에서 본격적인 노예해방론의 시작을 예고하는 것이었다.

노예해방론자들

1860년대 말, 브라질 사회의 다양한 계층에서 노예제도의 포기를 주장하는 목소리가 공공연하게 터져 나오기 시작하였다. 이러한 반노예주의자들의 입장은, 그러나 이미 19세기 초부터 노예무역과 노예제도의 참혹함을 고발하는 사람들이 늘어나고 있었기 때문에 새로운 것은 아니었다. 하지만 1860년대에 들어와서는 반 노예주의자들이 점진적인 해결책을 포기하는 대신 당장 노예제 폐지를 주장하고 나섰다는 점이 과거와 다른 점이다. 그래서 이들을 과거와는 다른 의미에서 노예해방론자라고 부르게 되었다.

까스뜨루 알비스

일부 노예해방론자들은 1860년대 중엽 이후부터 노예제 폐지 활동을 하기 시작하였다. 1865년 바이아 혼혈인인 18세의 헤시페 법과대학 학생 안또니우 지 까스뜨루 알비스(Anônio de Castro Alves)는 북미의 노예해방을 찬양하는 시를 발표하였으며, 뒤이어 대서양을 횡단한 흑인 노예들의 고통을 고발하는 시를 발표하면서 소위 '흑인들의 시인'이라는 칭호를 얻게 되었다. 그는 1868년 싸웅 빠울루 법과대학에 등록하여 그곳에서 노예해방운동에 전투적으로 활약하였던 후이 바르보자(Rui Barbosa)와 주어낑 나부꾸(Joaquim Nabuco) 등과 교류하였다.

당시 법대 및 의대의 젊은 학생들에게는 노예해방운동이 노예제도를 포함한 식민유산의 척결을 위한 저항의 한 형태였는데, 이러한 저항운동에는 학생들을 포함하여, 교수, 언론인, 판사, 의사, 예술가, 문학자, 군인, 의회, 상인 등도 동참하였다. 하지만 이러한 운동은 사회의 중간계층에만 한정되었던 것이 아니라 종교와 인종을 넘어서 다양한 계층에서 일어났었다.

이처럼 노예해방운동은 그 시작부터 백인 엘리트계층에 한정되어 일어나지 않았다. 1862년 노예해방을 주장하며 시민행진을 주도하였던 바이아 주 해방운동의 선구자 프란씨스꾸 알바리스 두스 싼뚜스(Francisco Álvares dos Santos) 교수가 흑인이었듯이 흑인 및 흑백 혼혈 지성인들도 해방운동 조직을 이끌며 주도적으로 참여하였다. 그래서 어떤 이들은 문학을 통해서, 거리나 의회에서 연설을 통해서, 언론에 발표한 기고문을 통해서 그리고 노예들에게 직간접적인 지원을 통해서 노예제도의 부당함을 고발하고 노예해방의 정당성을 설파하였던 것이다.

루이즈 가마

노예해방을 위해 헌신한 대표적 인물로 시인인 흑백 혼혈인 루이즈 가마(Luiz Gama)를 들 수 있다. 1830년 바이아에서 포르투갈인 부친과 흑인 자유인 모친 사이에 태어난 그는 노예 신분이 아니었음에도 부친이 재정상의 이유로 그를 노예로 팔아넘겨 17세가 될 때까지 싸웅 빠울루에서 노예로 살았으며, 자유인이 된 이후 학업을 통해 서기와 시인, 기자, 그리고 변호사로 활약하였다. 1870년대에는 법원에서 노예무역이 금지된 1831년 이후 도착한 흑인들의 자유를 주장하는 명연설을 통해 유명해졌으며, 1881년에는 노예해방을 재원을 마련하고자 직접 루이즈 가마 해방기금(Caixa Emancipadora Luiz Gama)를 설립하기도 하였다.

주제 두 빠뜨로씨니우(José do Patrocínio)는 히우 지 자네이루에서 언론과 해방론자 모임을 통해 노예폐지를 주장한 인물로 알려지고 있다. 히우 지 자네이루의 깜뿌스(Campos)에서 농장주와 흑인 과일장사의 사이에서 태어난 그는 28세 때 노예해방을 위한 격정적이고 극적인 연설을 통해 알려졌으며, 뻬르남부꾸의 해방론자인 주어낑 나부꾸와 함께 브라질 노예제도 반대 사회(Sociedade Brasileira contra a Escravidão)를 결성하였다.

안드레 헤보우싸스

바이아 주 출생이지만 어렸을 때 히우 지 자네이루로 가 공대를 졸업하고 식물학과 수학을 강의한 안드레 헤보우싸스(André Rebouças) 또한 중요한 노예해방론자 중의 한 사람으로, 루이즈 가마나 주제 두 빠뜨로씨니우만큼의 연설 재능은 없었지만 흑인들의 미래와 관련한 문제를 논의하고 설파한 식견 있는 학자로 알려지고 있다.

모든 노예해방론자들의 사상과 행동이 일치하는 것은 물론 아니었지만, 이들의 해방운동은 서로 다른 정치적 견해를 가진 개인과 조직, 즉 자유주의자와 보수주의자, 군주제옹호론자와 공화주의자를 불문하고 망라하였다. 이들은 주로 해방운동의 형태와 목적에 따라 나눠지는데, 대부분의 해방론자들은 노예제 폐지가 대중계층을 동원하지 않고 의회를 통하여 이루어져야 한다고 주장한 반면, 일부는 모든 국민, 특히 노예들을 포함하여 폐지운동이 이루어져야 한다고 보고 있었는데, 특히 이들은 1880년대에 그 세력을 확장하여 보다 강경한 입장을 취하면서 노예탈출을 증진시키거나 도망친 노예를 쫓는 경찰력에 대항하기도 하였다.

많은 노예해방론자들은 노예제도의 종식이 곧 브라질의 번영과 발전에 족쇄가 되지 않을 것이라고 믿고 있었으며, 이들 중 일부는 '번영과 진보'는 흑인 노동력이 유럽이민자들에 의해 대치되는 경우에만 유효하며, 노예제도와 노예들은 국가 발전에 장애가 될 뿐이라고 생각하였다. 이들은 노예제 폐지가 흑인 노예들의 삶을 개선하기 위한 것이 아니라, 유럽이민자들을 끌어들이는 동기가 될 수 있도록 이루어져야 한다고 보았던 것이다.

하지만 이들의 생각과는 반대로, 노예제 폐지는 해방된 흑인 노예들과 그 후손들에게 이득을 가져오는 브라질 현대화 과정의 시작이라고 생각하는 사람들은 노예제 폐지를 완성하는 것이야말로 사회개혁이 이루어지는 것이라고 보았다. 그래서 노예제도에 대항한 투쟁과 그 사회적 결과는 노예제 폐지 이후에도 한동안 지속될 수밖에 없었다. 이러한 사고를 가진 노예해방론자들은, 흑인 및 혼혈인들에 대한 경제적 기회의 확대 외에도 농업개혁과 모든 계층에 대한 공교육(公敎育)을 주장하기도 하였다. 안드레 헤보우싸스의 경우, 자유를 획득한 노예들의 토지 소유를 허용하는 헌법 개정을 주장하였는데, 이는 전(前) 노예들의 사회적 편입을 증진하려는 농업개혁의 일종인 '농촌 민주주의'라고 불리게 되었다. 그는 또한 노예제도에 대항한 투쟁이 전 노예들과 그들의 후손들의 시민권 투쟁과 분리될 수 없다고 주장하였다.

혼혈 시인인 루이즈 가마의 경우, 노예제도의 종식을, 인종차별과 편견에 반대하며, 공교육과 흑인 시민권의 증진을 위한 투쟁으로 연결하고자 노력하였으며, 자신의 시 '보다하다'(Bodarrada)에서는 자신들의 흑인성(negritude)을 인정하지 않는 사람들에 대해 탄식하기도 하였다.

노예해방론자들은 보통 해방운동을 이끌고 있는 조직의 정관에 명시된 목적과 이념에 따라 행동하였는데, 초기 해방운동 조직들은 대부분 1860년대 말과 1870년대 초에 생겨났다. 하지만 바이아 의과대학 학생들이 조직한 '7월 2일 노예폐지단체'(Sociedade Abolicionista 2 de Julho)는 1852년에 창설되었다. 1869년에는 1870년대 바이아 주에서 가장 영향력 있는 조직의 하나가 된 '9월 2일 해방단체'(Sociedade Libertadora Sete de Setembro)가 살바도르에서 창설되었고, 히우 그란지 두 술 주에서는 1871년 8월, 여성과 어린이 노예의 해방을 위한 '빠쑤 푼두 해방조직'(Sociedade Libertadora de Passo Fundo)이, 그리고 뽀르뚜 알레그리에서는 '희망과 박애 조직'(Sociedade Esperança e Caridade) 등의 투쟁조직이 만들어졌다.

1880년대에도 브라질 전역에서 다양한 노예폐지를 위한 조직과 단체가 만들어졌는데, 1880년 히우 지 자네이루에서는 '노예제도 반대 브라질 사회'(Sociedade Brasileira Contra a Escravidão)가, 뒤이어 '니떼로이 자유인 클럽'(Clube dos Litertos de Niterói)과 '의과대학 해방전선'(Libertadora da Escola de Medicina) 등이 창설되었으며 그리고 미나스 제라이스 주에서는 그해 9월 '문학가 및 공화주의 연맹'(União Literária e Republicana)의 구성원들이 노예해방을 위한 기금을 마련하고자 대규모의 거리시위를 벌이기도 하였다. 또한 마란냐웅 주 싸웅 루이스(São Luís) 시에서는 '마란냐웅 노예폐지 조직'(Sociedade Abolicionista Maranhense)이, 그리고 바이아 주에서 가장 역동적인 활동을 벌였던 '바이아 해방전선'(Libertadora Bahiana)이 에두아르두 까리제(Eduardo Carigé) 등에 의해 창설되었다.

한편 여성들에 의해 만들어진 노예해방을 위한 조직도 상당수 존재하였는데, 1888년 살바도르에서는 해방된 노예 자식들의 교육을 증진하기 위한 기금을 조달하기 위하여 '까스뜨루 알비스 클럽'(Clube Castro Alves)이 만들어졌다. 여성의 사회 참여가 전보다는 눈에 띄게 늘어났지만 여전히 남성이 우세한 조직에서 소수의 위치를 점하고 있었을 뿐이며, 이들은 주로 농장주에게서 도망친 노예들을 숨겨주는 비밀 작전을 수행하였다.

이들 노예해방을 위한 단체나 조직은, 음악회와 시 낭송회, 그리고 노예제도를 비난하는 강연회를 개최하며 축제와 같은 모임을 주도한 가운데 일부 노예들의 해방권을 위한 기금을 마련하기도 하였다. 초기에 이러한 모임에는 소수의 사람들만 참석하였지만, 1880년대 들어서는 대도시의 거리나 광장에 수천 명의 인원이 참석하는 대규모의 집회로 바뀌었으며, 이들의 시위는 당시 많은 사람들의 관심과 동감을 얻었던 것으로 알려지고 있다. 이러한 대규모 시위 모임은 1822년 독립 이후 최대의 거리 시위였으며, 이때 주제 두 빠뜨로시니우, 주어낑 나부꾸, 그리고 후이 바르보자와 같은 노예해방론자들이 명연설을 통해 대중의 호감을 얻어냈다.

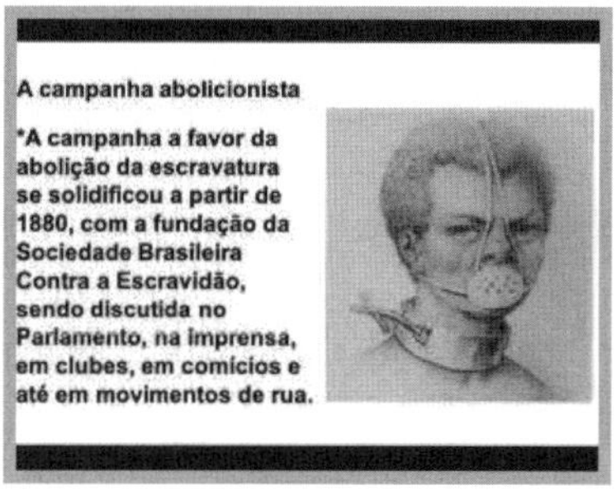

노예폐지 캠페인

1870년대까지 노예해방론자들은 주로 신문 기고를 통하여, 그리고 의회와 광장, 거리 등에서의 연설, 노예들에 대한 법적 자문과 지원, 노예문제와 관련해 주인과 중재, 그리고 범죄를 저지른 노예를 변호하는 변호사로의 활약을 통하여 반 노예제도 투쟁을 행하였다.

하지만 노예제도 반대 투쟁이 가열될수록 노예해방론자들은 대중의 여론 앞에서 자신들을 위협하고 불신하는 비난과 개인적 공격의 표적이 되어버렸다. 예를 들어 1880년 시인이자 흑백 혼혈인인 루이즈 가마는 자신의 출신 성분에 대한 싸웅 빠울루 신문의 인종적 비난에 대해 '검은 피부색이 죄악이요 악행이라고 주장하는 것은 우리를 악의 구렁텅이로 내몰았던 강도와도 같은 부자들의 범죄를 모르기 때문'이라고 반박하기도 하였다.

그러나 1880년대 내내 흑인 및 백인 노예해방론자들은 그러한 수사적 비난과 공격에 그치지 않고 신체적 테러의 희생양이 되거나 암살을 당하기도 하였으며, 이와 함께 이들이 속한 수많은 언론사가 테러 공격을 당하여 시설이 파괴되었다. 하지만 이러한 와중에도 노예제도는 더 이상 지속할 수 없는 상황이 되었으며 노예해방론자들은 다양한 사회 부문의 보다 많은 지지를 얻게 되었는데, 한 예로 포르딸레자의 인쇄업자들은 이들을 비난하는 유인물을 더 이상 인쇄하지 않기로 결정하기도 하였다.

대중적 노예제 폐지운동

1870년대 말 사회 일각에서는 '벤뜨리 리브리 법'의 결과에 대한 일종의 환상이 깨지기 시작하고 있었다. 즉, 이 법안에 따르면 브라질에서의 노예제도는 일찍 종식되지 않을 것이라는 결론에 이르러, 그때부터 일부 노예해방론자들은 노예들의 탈출을 부추기거나 도망친 노예들에게 은신처를 제공하기도 하고, 노예들의 매매를 저지하고 또 도심지에서의 노예노동을 무효화하기 위한 다양한 상황을 만드는 등 보다 조직적이고 대담한 행동을 시작하고 나섰다. 특히 그들은 탈출 노예들을 위한 지원망을 구축하여 이들을 다른 주로 보내거나 경찰이 찾을 수 없는 곳에 은신시키기도 하였다.

1870, 80년대 도심지 거리를 메웠던 사회적 소요 사태는 바로 노예제도의 종식을 가속화하려는 대중적인 양상의 노예폐지운동의 부상과 밀접한 관련이 있었다. 당시 브라질의 도시에서는 노예들에 대한 육체적 형벌과 푸대접과 관련해 대중적인 분노가 크게 점증하고 있었으며, 대중들은 경찰력을 동원하여 이러한 점을 시정하기 위해 압력을 행사하기도 하였다.

그리고 흑인과 혼혈인이 대부분인 도시의 가난한 자유인들은, 다른 주(州)로의 노예 매매를 반대하고 도망친 노예를 추격하는 경찰력에 대처하는 시위를 계속하고 있었다. 1877년 5월 1일 살바도르에서는, 뻬리꼬아라(Pericoara) 농장주에게서 도망친 한 흑인 임산부 여인의 승선을 저지하며 그녀를 보호하는 시위를 벌여 결국 경찰이 그녀를 풀어주고 병원으로 이송하는 사건이 발생하기도 하였다.

1880년에 들어와 일반 대중들은 반 노예주의와 노예제 폐지의 입장을 솔직하게 드러내기 시작하였다. 그해 1월 쎄아라(Ceará) 주 포르딸레자 시 항구에서는 한 상선(商船)이 다른 지역으로 매매되는 노예들을 승선시키고자 정박하였는데, 이 지역 선원들과 노예해방론자들이 연합하여 작업을 거부하는 상황이 발생하였다. 이 사건은 결국 쎄아라 주에서부터 시작된 노예무역의 종식이 브라질 전 지역으로 확산되는 단초를 제공하게 되었다. 당시 과거에 노예였던 주제 두 나시멘뚜

(José do Nascimento)와 주엉 나폴레아웅(João Napoleão)이 이끄는 부두노동자들은 "쎄아라의 항구에서는 더 이상 노예를 승선시킬 수 없다"라고 주장하며 경찰과 대치하는 시위를 벌여 결국 경찰은 이들의 요구를 받아들였으며, 이로서 포르딸레자의 항구에서는 노예무역이 실질적으로 종지부를 찍게 되었던 것이다.

노예해방을 위한 투쟁

이 사건 이후 쎄아라 주에서는 노예해방론이 점차 대규모의 대중운동으로 비화되어 이 지역에 주둔해 있던 군대마저도 노예해방론자를 자처하는 상황이 발생하였으며, 1882년 10월에는 쎄아라의 노예해방론자들이 거리와 마을과 도시에서 노골적으로 해방운동을 주도하며 농장주들로부터 보상 없는 노예해방을 위한 물리적인 투쟁과 압력을 행사하였다. 이러한 일련의 사태 이후 1884년, 쎄아라 주에서는 노예제도가 실질적으로 존재하지 않게 되었고, 이때부터 쎄아라 주는 인근의 뻬르남부꾸, 히우 그란지 두 노르찌, 그리고 빠라이바 주에서 도망친 흑인 노예들의 피난처로의 역할을 하게 되었다.

쎄아라 주의 노예해방운동은 브라질의 다른 지역에서의 노예해방운동의 표본이 되었다. 1884년 뽀르뚜 알레그리에서는 해방론자들이 쎄아라 주와 똑같은 전략을 사용하여 집집마다 돌아다니며 노예를 방면하였으며, 같은 해 아마조나스에서도 똑같은 방법을 이용하여 이 지역 내에서 노예제도가 실질적으로 종식되었다.

한편 쎄아라 주 선원들과 부두노동자들의 행동은 다른 지역 항구도시의 노동자들에게도 큰 자극이 되어, 1883년 4월 바이아 주 싼뚜 아마루 시에서도 유사한 상황이 벌어져, 지역 신문 '에코 싼따마렌시'(Echo Santamarense)는 "일단의 선원들과 두 명의 해방론자들이 이 지역 농장주에 의해 다른 지역으로 팔려나가는 5명의 노예의 승선을 저지하였다"라는 보도를 발표하였으며, 바이아 주 빠라과쑤(Paraguaçu) 강 지역에서도 한 흑인이 농장주들의 노예 매매를 거부하고 이들 노예들을 탈출시키는 상황이 발생할 정도로 노예해방의 움직임은 거세게 파급되고 있었다.

1880년대는 또한 브라질 전 지역에서 노예해방론자들과 노예 소유주들 간의 대치 및 소요사태가 발생하였는데, 1883년 4월에는 살바도르의 해방론자들이 헤꽁까부 농장주이며 지역 명망가인 꼬떼지삐 남작(Barão de Cotegipe)의 노예 매매에 대해 극렬하게 저항하며 비난한 사건이 벌어져, 농장주들의 노예 소유가 더 이상 자유롭지 못하고 난관에 부닥치고 있음을 여실히 보여주었다.

꼬떼지삐 남작

일부 노예해방론자들은 또한 농촌지역의 노예들로 하여금 농장에서 탈출하도록 부추기고 또 이들에게 도심지역에서 노동의 기회를 제공하는 등의 활동을 하였는데, 바이아 주에서뿐만 아니라 싸웅 빠울루 주에서도 소위 '까이파지스'(Caifazes)라고 자칭하는 해방론자 그룹이 변호사나 판사 등의 지식인뿐 아니라 기술자, 소상공인, 그리고 전(前) 노예를 포함해 1880년대 내내 노예폐지 운동을 주도하였다. 이들 '까이파지스'들은 흑인 수도원에 모여 탈출 노예를 받아 은신처를 제공한 싼뚜스와 싸웅 빠울루 시의 조력자들과 긴밀한 협력관계를 맺고 있었다. 특히 안또니우 빠씨엔시아(Antônio Paciência)라고 알려진 '까이파지스' 멤버는 싸웅 빠울루 지역의 흑인 노예들이 가장 많이 집중해 있었던 서부 지역의 커피 농장에서 활약한 것으로 유명했는데, 이들은 많은 노예들이 싼뚜스와 싸웅 빠울루 시로 비밀리에 기차로 운송되고 있었기 때문에 철도노동자들과 연결되어 있었다.

1886년 항구도시 싼뚜스는 내륙의 커피 농장에서 도망친 노예들이 가장 선호하는 은신처로 변하였지만, 그해 11월 싸웅 빠울루 주지사가 탈출노예를 체포하기 위해 군인을 파견하면서 상황이 긴박하였다. 하지만 경찰의 활동은 주민들의 반발에 부딪쳐 체포된 노예들은 풀려났으며, 이러한 사태의 반복으로 결국 1887년 정부로부터 군대는 노예 체포라는 힘든 업무에서 면제되는 특전을 받게 되었다.

초기의 노예해방론자들은 소수의 명망 있는 사람들이었지만, 점차 노예제 폐지는 대중들의 지지와 노력에 의해 이루어지게 되었다. 이들은 탈출노예를 체포하려는 경찰에 맞서며, 노예제 폐지와 관련한 기사를 나눠주고 또 선술집에서 토론을 하며 거리에서 노예폐지운동을 주도하였는데, 이들의 활동무대는 전국적이었다고 해도 과언이 아니었다.

이처럼 1880년대는 브라질 정부에게 노예제 폐지가 특히 자유인과 흑인들이 가장 염원하는 희망과 현실로 변하고 있다는 것을 피부로 느끼게 해준 시기였으며, 이 중에서 흑인들은 조직적으로 노예제 폐지운동에 앞장서 폭동과 대규모 탈출에 적극 참여하였던 주요 구성원들이었다.

노예 반란과 노예제도의 종식

지금까지 보았듯이, 노예제도에 대항한 투쟁은 노예들만 참여한 것이 아니라, 법정과 거리에서 노예해방을 위해 투쟁한 노예해방론자들의 지지 속에서 이루어졌지만, 여기서는 노예들이 자신들의 지난한 투쟁을 어떻게 조직하고 또 시도하였는지를 살펴보고자 한다.

1870, 80년대를 통틀어 노예들은 다양한 방법으로 노예소유주와 농장주들의 권위를 약화시키고자 노력하였다. 노예들은 농장에서 탈출한 뒤, 사법과 경찰 당국에게 자신들의 주인이 노예인 자신들의 삶에 대해 더 이상 지배권이 없다고 주장하였으며, 신체형벌과 지나친 노동시간을 고발하였는데, 이들의 과격한 투쟁은 때로는 농장주와 감독관의 사망 사건을 불러일으키기도 하였다. 노예들의 이러한 범죄행위는 당시 언론에 그대로 보도되어 일반 대중 사이에서 공포심을 증대시켰고 노예와 흑인 자유인에 대한 경찰의 억압은 더욱 강화되었다.

노예제도의 마지막 20년간은 노예해방을 주장하는 단체와 노예들의 지원 덕택에 도시로 향하는 노예의 탈출이 크게 늘어났다. 왜냐하면 도심지역에는 이곳에 이미 집중되어 있던 노예들 사이에서 은신을 하는 것이 보다 쉬웠기 때문이었다. 당시 노예들은 농장에서의 탈출만이 노예제도의 끈을 끊는 결정적인 기회라고 인식하고 있었기 때문에 도시로 밀려들고 있었고, 그래서 도시에서의 높은 흑인 및 혼혈인의 숫자는 탈출 노예를 추적하는 경찰의 행동을 더욱 어렵게 만들었다.

도시 외에도 탈출 노예들은 오지의 낄롬부로 향하였는데, 1885년에는 싸웅 빠울루 인근 깜삐나스 변두리에 70명이 넘는 탈출 노예들이 모인 낄롬부

A TRIBUNA

O QUILOMBO DO JABAQUARA

자바꽈라 낄롬부에 관한 기사문

가 만들어지기도 하였다. 1880년대에 나타난 많은 낄롬부들은 노예해방론자들의 지원과 협력 하에 만들어졌는데, 싼뚜스 인근 자바꽈라(Jabaquara) 낄롬부에는 무려 1만여 명 이상의 노예들이 집단 거주했던 것으로 알려지고 있다.

1885년 이후 노예들의 탈출은 브라질 곳곳에서 계속되었으며 농장주가 저지할 수 없을 정도로 10명, 20명 이상의 노예들이 집단 탈출한 경우도 있었는데, 이러한 집단 탈출은 브라질 역사상 최대의 민간 불복종 사건으로 기록되고 있다. 노예제도 종식 이전 경찰은 이러한 집단 탈출에 대한 통제력을 잃어버렸으며, 많은 경찰들은 추적을 포기하거나 거리에서의 폭동을 두려워 했으며 일부 경찰은 노예해방론자의 편에 서기도 하였다.

노예제도를 약화시킨 원인은 노예들의 이러한 집단 탈출에 기인한 것만은 아니었다. 1880년대 초반 노예폭동의 소문은 여러 지역에서 끊이지 않았으며 일부 지역에서는 실제로 노예들의 봉기가 발생하기도 하였는데, 1882년 10월 깜삐나스의 깐따갈루(Cantagalo) 농장에서는 120여명의 노예들이 거리로 나서 "자유 만세"라는 구호 등을 외치며 행진하는 시위가 벌어졌다. 사건을 조사한 경찰은 이 사건이 다른 지역 농장 소유의 노예들도 가세한 대규모의 집단 폭동임을 알게 되었으며, 주모자들은 '비밀조직'의 일원으로 자신들은 '노예들의 자유'를 위해 여러 농장에서 자주 모임을 갖는다고 털어놓았다.

같은 해에 싸웅 빠울루 주 서부 지역 여러 곳에서도 노예들의 폭동이 연이어, 그리고 인접한 농장에서 발생하였는데, 이러한 일련의 폭동은 공공의 평화를 위협하고 그 파급 효과가 크기 때문에 다른 도시 지역 경찰력을 공포에 질리게 하였다. 왜냐하면 노예들의 폭동은, 토지 취득과 노동시간의 축소 등의 관습적인 요구 사항 이외에 깜삐나스 깐따갈루 농장에서처럼 노예제도 자체의 종식을 요구하는 개방적인 시위로 변질되었기 때문이었다.

1887년 이후 노예들의 집단 탈출과 노예해방론자들의 요구조건 앞에서 농장주들은 대규모의 노예석방을 통하여 자체적으로 노예해방의 계획을 실행에 옮기기 시작하였다. 왜냐하면 노예들에 의한 범죄 증가와 폭동 그리고 집단 탈출로 말미암아 더 이상 노예제도를 지속할 수 없는 상황에 직면하였으며, 노예석방의 허가와 함께 농장주들은 과거 노예들에 대한 지배를 어느 정도 유지하길 원하고 있었기 때문이었다.

1888년 3월부터 이스삐리뚜 싼뚜(Espírito Santo) 주 까쇼에이루(Cachoeiro) 시에서는 농장주들이 노예들의 조건적 석방 기간을 축소하였는데, 이러한 조치는 노예들이 자신의 농장에 계속 머무르기를 원하였기 때문이었다. 그리고 노예해방이 이루어지기 수일 전 이 지역의 한 농장주는 아무 조건 없이 100여 명 이상의 노예를 해방시키겠노라 선언하기도 하였으며, 다른 농장주들도 1888년의 수확기 이후 노예를 해방시키겠다고 약속하였다. 이러한 상황은 브라질의 다른 지역에서도 연이어 이루어졌지만, 노예제도 마지막까지 노예를 석방시키지 않은 농장주도 물론 있었다. 이들은 정부가 노예제도 폐지를 선언함과 동시에 소유 노예들에 대한 보상이 이루어질 것임을 기대하고 있었기 때문이다.

한편 노예제도 폐지가 조만간 이루어질 것이라는 기대에 1888년 초부터 흑인 노예들은 농장에서 탈출하는 대신 사탕수수 밭이나 커피 재배지에서의 노동을 거부하였는데, 이는 농장주들이 자신들의 계획에 따라 노예폐지 과정을 이끌려는 시도를 무력화시키려는 의도에서 비롯되었다.

Diario Popular

A LEI AUREA

황금법 공표 기사

이러한 긴장의 와중에서 제국주의 정부는 드디어 브라질에서 노예제도를 공식 폐지하는 1888년 5월 13일 법, 이른바 '황금법'(Lei Áurea, 레이 아우레아)을 공표하였다. 3세기 이상 지속되어온 노예제도의 종식을 고(告)한 단 두 개 조항의 이 법은, 농장주의 보상과 관련해 어떤 언급도 없었다. 어쨌든 노예제도의 폐지는 대규모의 대중 시위가 극에 달한 가운데 이루어졌으며, 노예들은 노예제도 폐지와 함께 자유와 해방의 느낌을 만끽하였다. 노예제의 폐지는 한편으로 토지 취득에 대한 자유와 노동의 자유를 의미하는 것이었으며, 이와 함께 농장주의 허락 없이도 자유롭게 통행하는 것, 경찰에 의한 감시를 받지 않는 것, 자신들의 방식으로 아프리카 신들을 숭배하는 것, 그리고 시민권을 가진 자유인으로 살아가는 것을 의미하는 것이었다.

'황금법'과 시민권 투쟁

노예제도가 공식 폐지되었다는 소식은 브라질 전 지역을 축제 분위기로 들뜨게 만들었다. 히우 지 자네이루에서는 '레이 아우레아' 법의 공표를 축하하며 수많은 군중이 황제의 궁전에 모여 거리행진을 하였으며, 살바도르에서는 이날 이후 해방론자들과 학생, 일반 대중 그리고 전 노예들이 거리로 뛰쳐나와 악대에 맞춰 행진을 하였으며, 불꽃놀이와 삼바 춤을 즐기는 등 노예해방의 기쁨을 만끽하였는데, 이와 같은 인산인해의 행사는 브라질의 거의 모든 지역에서 이루어졌었다.

5월 13일 '황금법'의 선포를 기념하는 해방의 축제는 대규모의 대중적인 시위로 변하였으며, 이것은 브라질에서의 반노예제 운동의 사회적 확장을 반영하는 것이었다. 당시의 거리 시위는 참여했던 사람들의 엄청난 숫자로 보아 가히 그 규모를 짐작할 수 있었는데, 소설가 마샤두 지 아씨스(Machado de Assis)는, "황금법의 공표와 함께 뒤이은 기념과 시위는 지금껏 내가 보지 못한 최대의 대중적 열광이었다"고 기록하기도 하였다.

황금법에 서명한 이자벨 공주

'황금법'의 선포가 이루어진 5월 13일 브라질 노예의 90% 이상이 자유를 얻은 것으로 보인다. 노예제도의 폐지는 대단히 중요한 역사적 사건이었으며 브라질 흑인들과 일반 대중의 역사에 있어 획기적인 분수령을 기록하였고, 나아가 사회, 정치적으로 놀라운 업적을 이룩한 사건이었다. 하지만 노예제도 종식 이후 과거 노예였던 사람들이 어떻게 자신들의 삶을 유효하게 이끌어갈 것인가가 보다 중요한 문제로 남았다.

'황금법'의 발표와 뒤이은 축제가 끝난 후 노예의 신분에서 벗어난 사람들은 과거의 상황과 격리하며 노예제도의 구습에서 멀어지려고 노력하였다. 북동부지역의 많은 농장에서 이들은 일일 식량 배급과 보상 없는 노동을 거부하고 나섰다. 노예제도 종식에 이어진 나날은 극도로 긴장된 시간일 수밖에 없었는데, 이는 자유와 해방이라는 상황이 가져온 가능성과 한계에 대해 당사자들의 식견이 부족했고 또 예상조차 할 수 없었기 때문이었다.

히우 지 자네이루 주 깐따갈루의 꼰세이싸웅 농장(Fazenda da Conceição)에서는 농장주가 '황금법'이 선포된 5월 13일 며칠 전에 모든 노예를 석방하였었다. 그리고 노예해방을 기념하는 축제에서는 농장주의 이런 은혜에 감사하고자 노예들이 성대한 화관식(花冠式)도 베풀어주었으며, 농장주는 석방된 노예들이 농장에 계속 머무는 데 대한 요구조건을 들어주었지만 노예들은 모두 농장을 떠나고 말았다.

석방된 노예들의 상당수는 자신들이 태어난 농장과 지역에 머물렀으며, 이들 중 60% 이상은 중·남부 지역의 커피와 사탕수수 농장에 거주하였었다. 그러나 농장에 그대로 머무르겠다는 결정은 과거와 같은 노동 조건에 종속된다는 것에 동의하는 것을 의미하지 않았다. 과거 노예였던 이들은 자신들이 생활했던 농장에 머물기 위한 조건을 협상하였지만 전 농장주들이 이러한 요구를 선뜻 받아들일 수만은 없었다.

전 농장주들이 협상에 대해 쉽게 마음을 열 수 없었던 이유는, 해방된 노예들이 토지 소유에 대해 과거와는 다른 대우를 요구하고 나섰기 때문이었다. 바이아 주 헤꽁까부 사탕수수 농장에서는 전 노예들이 노동시간과 사탕수수 재배에 전념하는 날짜 수를 축소해줄 것을 요구하였으며, 이와 함께 자신들이 일구던 밭에서 자신들의 재배를 자유롭게 할 수 있도록 보장해주기를 요구하였다. 5월 13일 이후 수일 내에 이들은 미개간된 토지를 점령하여 만지오까를 재배하고 가축을 사육하고 있었던 것이다. 이러한 상황은 전 노예들이 자신들의 의지대로 생활하고 자신들의 생존을 보장받는 것이 가능해졌다고 인식했기 때문이다.

전 노예들과 여타의 흑인 민중에게 노예제도 폐지는 토지 취득과 교육, 그리고 백인들이 누리고 있던 시민권의 혜택을 그대로 받는 것을 의미하였다. 하지만 그들의 이러한 기대와는 달리 5월 13일 이후에도 정부는 브라질 흑인들의 미래에 대해 무심했다. 이에 히우 지 자네이루의 일단의 해방노예들은 정부에 서한을 보내 자신들의 자식에 대한 교육을 요구하기도 하였다. 이들은 자유인 사회로의 흑인 민중의 편입은 곧 '공공 교육'을 통해서 이루어질 수 있다 믿었으며, 흑인들에 대한 교육의 부재로 야기되는 위험으로부터 탈피하고 자유와 평등, 그리고 박애를 존중하는 공화주의 체제를 준수해줄 것을 기대하고 있었기 때문이었다. 하지만 흑인들의 이러한 요구는 공화정이 정착된 이후에도 여전히 수용되지 못하였다는 점이 아쉬운 대목으로 남는다.

VII

20세기 흑인의 사회투쟁

GAZETA DE NOTICIAS

BRAZIL LIVRE

1888 TREZE DE MAIO 1888

EXTINCÇÃO DA ESCRAVIDÃO

LEI N. 3353 DE 13 DE MAIO DE 1888

1888년 노예제도 폐지 선포

노예제도 폐지는 노예소유주와 농장주들에게 막대한 재정적 손해를 가져오지는 않았지만, 5월 13일 당일과 그 이후 혼란으로 얼룩진 시위 및 소요사태는 '황금법'이 곧 노예제도가 만들어냈던 '인종적' 긴장을 종식하였음을 예고하였다. 1888년 노예제도의 폐지와 1889년 왕정체제의 몰락은 브라질의 미래에 대한 불확실성과 사회적 불안정을 야기하였다. 노예제도 종식과 함께 브라질 사회는 더 이상 노예 주인과 노예 간의 대립구조가 아니었으며, 이러한 사회변화는 백인들인 전(前) 농장주의 권위를 위협하게 되었다. 결국, 농장주들이 잃어버린 것은 노예노동력뿐만이 아니었으며, 그들의 통제력과 명령의 입장은 위험에 빠졌다. 당시 한 기자(記者)가 언급한 것처럼, '노예'란 단어가 이제 브라질 사전에서 사라져버리면서, '주인'이라는 단어 또한 사라졌다는 것을 인정하지 않을 수 없었다.

전 농장주들의 권위를 유지시킬 목적으로 몇 가지 조치들이 단행되었는데, 그중 노예해방 이후 수개월 동안 언론에 가장 많이 논의되고 정치적 쟁점이 되었던 것은 경찰력 증강의 필요성이었다. 경찰 간부와 기자, 그리고 하원의원 등은 특히 노예제도 폐지가 곧 '인종적 증오'를 불러일으킬 수 있다고 생각하였으며, 흑인들이 노예제도 종식을 사회적 불평등에 대하여 항변하고 또 보복을 진작할 수 있는 기회로 해석하는 것을 두려워하고 있었다. 이와 함께 흑인들이 황제와 농장주, 감독자가 없는 사회에 적응하지 못할 것이라고 주장하였다.

이는 곧, 오랜 세월 노예제도를 지탱해왔었던 인종적 편견, 권위적 체제 그리고 의존의 관계를 유지하고픈 기득권의 이익을 그대로 대변하는 것이었다. 노예해방 이후 권력과 돈을 가진 사람들은 더 이상 사회·인종적 위치에서 우위를 점할 수 없게 된 것이었다.

브라질에 있어서 인종의 논리

19세기 초까지 포르투갈과 그 식민지에서 '인종'이라는 용어는 '순수한 피의 표준 규약'이라 불리는 종교와 혈통에 연관되어 있었으며, 이에 기반하고 있는 사회질서의 개념에 따라 포르투갈 국민과 아프리카, 아메리카 식민지인 간의 관계를 구체화하였다. 그래서 식민시대 당시 포르투갈의 논리에 따라, 가톨릭 신앙을 믿지 않거나 이제 막 신자가 된 사람을 '불순한 피'를 가진 '오염된 인종'의 후손이라고 생각했다.

'순수한 피의 표준 규약'은 집시와 인디오, 흑인, 그리고 혼혈인과 같은 사회 계층의 공무원 및 성직자, 그리고 수도회 등의 진출을 제한하여, 가톨릭 신자로만 구성되는 유럽 귀족의 특권을 인정하였다. 그래서 사회적 불평등을 정당화하는 것은 곧 종교와 출생의 신분이었던 것이다. 그러나 19세기에 들어서서 종교와 혈통에 근거한 차별은 점차 지평을 잃어가고 인종차별의 기준은 보다 현대적이며 과학적인 의미를 지니게 되었다.

인종의 논리는 인간 집단의 기원과 특징을 설명하기 위하여 19세기에 유럽과 미국에서 만들어진 것으로, 브라질에는 1870년에서 1930년 사이에 도입되었다. 이 논리는 개인의 신체적 특징을 지적 능력에 연관시켜 당시에 수긍할 만한 생물학적 주장을 근거로 하고 있었으며, 곧 전 세계에 파급되었다. 그리하여 인간성이라는 것은 문명의 단계에서 등급이 정해져 유럽 국가들이 가장 앞선 사회의 모델이라 정의되고 아프리카인과 인디오들은 가장 열등하며 야만적이라고 취급되었던 것이다.

당시 브라질 사회에서 크게 용인되었던 '인종 과학'의 주장에는 네 가지의 기본적인 논리가 있었는데, 첫째, 인간 사이에는 서로 다른 인종이 있으며, 둘째, '백인'이 '흑인'보다 우월하거나 백인이 흑인보다 생물학적으로 문명에 더 경도되어 있으며, 셋째, 인종과 신체적 특징, 가치와 행위가 서로 연관되어 있으며, 넷째, 인종은 계속적으로 진보하고 있어, 사회는 어떤 조건하에서 덜 발전된 단계로부터 보다 앞선 단계로 나갈 수 있다는 것이다.

이러한 인종의 사고가 노예제도의 마지막 시대와 제1공화국 시대(1889~1930)의 브라질에서 큰 반향을 일으킨 것은 우연이 아니었다. 당시 노예해방론자들은 인종의 개념에 근거한 새로운 지배의 형태 구축을 배제하지 않았다. 이는 노예제도 폐지 이후의 사회에 노예제도 시대 동안 만들어진 인종적 계급질서를 적용하려는 시도가 더욱더 확고해졌기 때문이었다. 공화국 시대의 도래와 노예제도 폐지는 곧 평등한 기회의 사회를 생각하는 것을 의미하지는 않았으며, 오히려 그 반대로, 백인과 흑인들은 인종적으로 서로 다를뿐만 아니라 평등하지 않다는 개념을 보장하는 데 있었다.

물라뚜의 전형

혼혈화의 결과는 인종의 논리에서 가장 논쟁적인 조항의 하나였다. 어떤 사람들은, '인종적 결합'이 생물학 · 사회적으로 뒤떨어지고 정신적으로 무능력한 인종, 즉 물라뚜(mulato)를 만들어냈다고 보았다. 물라뚜라는 용어는 숫당나귀와 암말의 교접에서 태어난 불임의 동물인 '물라'(mula)라는 말에 어원을 두고 있다. 19세기 브라질에서 가장 중요한 과학연구기관이었던 바이아 의과대학에서는 법의학 연구를 위하여 인종의 논리를 채택한 전문가 집단을 양성하고 있었다. 이들은 정신병이나 간질병, 알코올중독과 같은 질병을 인종의 혼합, 즉 혼혈화의 결과로 생각하였으며, 이러한 의미에서 혼혈화는 건강의 측면에서 피해야 할 요인으로 보았던 것이다.

하지만 또 다른 사람들은, 혼혈화는 브라질의 문명화를 보장해줄 것이며, 중장기적으로 혼혈화가 진행되면 될수록 브라질은 백인화가 이루어질 것이기 때문에 혼혈화야말로 백인화를 향한 길이라고 생각하였다. 흑인과 인디오라는 열등 인종이 브라질 국민들에게 남겨놓은 표식을 가장 진보한 인종인 '백인'이 개선할 것이라고 믿었던 것이다. 그래서 유럽노동자의 이민에 대한 투자와 흑인 및 아시아인의 이민에 대한 제한이 이루어졌다. 백인 이민자들에게는 당시의 논리에 따라 아프리카 흑인의

독일이민자의 브라질 입국

노예제도 시대의 해악들을 치유하면서, 관습을 문명화하고 피부색을 백색화하는 임무가 주어져, 1890년 공화정부는 아시아인과 흑인을 제외한 외국인들의 브라질 이민을 환영하는 선전을 해외에서 개최하였으며 반면에 브라질 항구에서 흑인과 흑인의 입국을 저지하는 임무를 경찰에게 내리기도 하였다.

제1공화국 시대 동안 흑인 이민자의 거부는 명백하게 인종적 이유에서 정당화되었는데, 이러한 상황에서 1921년에는 두 명의 연방하원의원이 '예방차원'에서 '흑색 피부색의 인종의 이민'를 금지하는 법률안 209호를 하원에 제출하였다. 그런데 그해 마뚜 그로쑤 주 정부는 주 내 토지를 소유할 의사가 있는 사람에게 토지를 양도할 것이라는 발표를 하였으며, 이에 대해 언론에서 미국의 흑인들이 이 제안에 관심을 표명했다라고 보도하자 이에 반대하는 여론이 들끓게 되었다. 이러한 여론의 반대에 부닥쳐 주지사는 토지양도계획안을 철회하였으며, 위의 두 하원의원이 법률안을 제출하였던 것이다. 비록 그 법률안은 통과되지 못하였지만, 흑인과 아시아인에 대한 이민 거부는 브라질 사회에서 잠재적인 문제로 남게 되었다.

바찌스따 라쎄르다

브라질인의 피와 피부색, 관습이 '백인화'되어 가는 데에는 최대 100년이면 충분할 것이라고 생각하는 사람도 있었다. 1911년 영국 런던에서 열린 국제인종회의에서 브라질 대표단인 바찌스따 라쎄르다(Batista Lacerda)는 21세기 초가 되면 브라질에는 흑인이 없을 것이며 또 혼혈인의 숫자도 무의미할 것이라고 장담하였다. 1914년 한 언론은, 당시 미국의 시어도어 루즈벨트 대통령이 과거 마뚜 그로쑤 주 내륙지방에 대한 과학조사에 참여하여 브라질 민중을 조사해, '조만간 브라질에서는 혼혈화로 인하여 흑인은 사라질 것'이라고 언급한 것을 보도하였다.

백인화에 대한 이상은 1930년대까지 브라질 정부의 명백한 계획의 일환이었으며, 이와 함께 브라질에서는, '인종의 사고'가 사람들의 신체적이며 문화적 특징을 불평등에 대한 정당화로 만들면서 사회 등급화의 근본 기준으로 설정하게 되었다. 그리하여 피부색과 코의 형태, 모발은 행동과 의복, 식습관의 형태와 마찬가지로 당시에 인종적 기원의 표시로서, 그리고 결과적으로 문화와 문명적 수준으로 인식되었으며, 인종적 차이의 가정은 보수주의 정치인들의 의도를 구체화하였다.

이러한 사회, 정치적 의도에 대한 흑인과 가난한 자들의 반동은 이미 제1공화국 초기에 나타나, 흑인들의 단체행동과 시위가 전국을 휩쓸게 되었다. 흑인 민중은 도시와 농촌에서 폭동을 일으켜 노예제 폐지로 약속된 사회적 이익과 새로운 공화체제가 약속한 변화를 요구하고 나섰다. 그래서 1896년 11월에서 1897년 10월 사이에 발생한 '까누두스의 난'(Guerra de Canudos)은 그러한 흑인 폭동의 정점이 되었다.

까누두스의 난(亂)

까누두스는 바이아 주 오지의 바자-바히스(Vaza-Barris) 강 인근에 언덕으로 둘러싸인 까아찡가(caatinga) 숲 지역의 마을이었다. 일명 '꽁셀레이루'(Conselheiro)라고 알려진 안또니우 비센찌 멘지스 마시엘(Antônio Vicente Mendes Maciel)은 1893년 수백 명의 추종자를 데리고 이 마을에 들어와(후에 이 곳은 벨루 몬찌Belo Monte로 불리게 됨) 스스로를 예언자로 지칭하면서 교육과 문명의 혜택을 받지 못한 오지 사람들을 대상으로 전도활동을 펴기 시작하였다.

꽁셀레이루와 추종자들

또한 그는 군주제 부활과 더불어 “19세기 말에는 동 세바스찌아웅 왕(D. Sebastião)이 돌아와 굶주림과 가난에 허덕이는 사람들에게 정의를 실행시켜줄 것이다”라고 연설하면서 1578년 아프리카 북부 알까세르 끼비르(Alcacer Quibir) 전투에서 사망한 포르투갈의 동 세바스찌아웅 왕의 귀환을 외치며 당시 포르투갈에서 유행하였던 ‘세바스찌아웅 주의’(Sebastianismo)를 브라질에 유입하였다.

브라질의 마지막 낄롬부로 불리게 된 까누두스의 주민들 대부분은 일자리와 더 나은 삶의 조건을 찾아 유랑의 길에 나섰던 과거 흑인 노예들과 까임베(Kaimbé)족, 끼리리(Kiriri)족 인디오 일부로 구성되어 있었다.

까누두스의 전쟁 참가자들

꽁셀레이루의 전도활동은 당시 소외받던 빈민계층에게 급속도로 파고들어 상당한 세력을 형성하기 시작했다. 이 지역이 광신적인 종교집단촌으로 변하게 되자 주변 도심지역의 중산층과 특히 상인과 농장주들은 위험을 느끼게 되었으며, 이에 정부와 가톨릭교회는 일단의 조치를 취하기 시작하였다. 그래서 1895년 일단의 가톨릭 수도자들이 나서 순례자들을 매수하려 시도하였지만 실패로 끝나고 말았다. 그리하여 1896년 11월

113명의 바이아 주 정부군이 진압에 나서게 되고, 이어 세 차례에 걸쳐 연방정부가 군대를 파견하여 치열한 전투 끝에 마침내 1897년 10월 5일 마지막 정벌군에 의해 까누두스가 함락되고 말았다.

소설 '오지'

전쟁이 계속되는 동안 브라질의 주요 언론들은 사건 취재를 위해 특파원들을 이 지역에 파견하였는데, 특히 작가였던 에우끌리데스 다 꿍냐(Euclides da Cunha)는 병들고 가난한 소외 계층의 시대상과 그들의 삶의 애환을 자신의 소설 '오지'(Os Sertões)에 그대로 옮겨놓았다.

5,200여 개의 집이 파괴되고 25,000명이 사망한 전투에서 살아남은 몇 명 안되는 사람들도 참수형을 당했으며, 꽁셀레이루의 시신은 무덤에서 다시 꺼내어져 머리가 잘리고 살바도르로 옮겨져 의사에 의해 부검을 당하는 수모를 겪었다. 까누두스의 함락을 기념하며 당시의 대통령인 쁘루덴찌 지 모라이스(Prudente de Moraes)는 "까누두스에 더 이상 돌 위의 돌은 없을 것이다"라고 선언하였는데, 1969년 이 지역은 댐이 들어서며 수몰되고 말았다.

바이아 주 오지에서의 사건은 쁘루덴찌 지 모라이스 대통령 정부에 심각한 위기를 불러일으킬 만큼 당시 연방 수도였던 히우 지 자네이루에서도 큰 반향을 일으켰으며 이곳은 곧 소요와 혼란의 무대로 변하였다. 당시 50만 명 이상의 인구가 사는 도시로 브라질 수도이며 최대의 도시였던 히우 지 자네이루는 정치적 결정과 문화적 개혁의 중심지로 거대한 변화를 겪으며 탈바꿈하고 있었다. 1902년에서 1906년

호드리게스 알비스(Rodrigues Alves) 대통령 정부하에서 연방수도로의 면모를 일신하기 위한 도시 개혁이 대대적으로 이루어졌는데, 이때 항구와 상하수도 시설이 현대화되었고 도로가 새로이 건설되었다. 이러한 도시 개혁은 한편으로는 1904년 의무 예방접종에 반대하는 대규모 시위로 촉발된 국민의 불만을 잠재우기 위한 조치이기도 하였다.

의무 예방접종 반대 시위

19세기 중반 이후 브라질에는 황열병과 천연두가 기승을 부리기 시작하였다. 전염병의 원인과 치료에 대해 의학계에서 많은 노력을 하였지만 점점 더 국내 보건상의 큰 문제로 대두되었다. 하지만 보건정책은 당시 정부 정책의 기본 결정을 이끌었던 인종 논리를 벗어나지 못하였다. 일례로, 1850년에서 1904년 히우 지 자네이루의 백인들, 특히 유럽 이민자들을 덮쳤던 황열병의 경우, 정부는 유럽이민자의 유입을 억제하는 정책을 폈지만, 흑인들에게서 많은 사망자를 발생시켰던 결핵의 경우에는 여하한 조치를 취하지도 않았다.

전염병으로 인한 사망자 속출은 곧 브라질이 비위생적인 국가라는 오명을 얻게 하였다. 더운 날씨와 열악한 위생 상태는, 당시 한 정치가가 설파하였듯이 "유럽인의 대규모 유입으로 브라질인의 피를 정화할 수 있을 것"이라는 기대를 더욱 더 위태롭게 만들었으며, 또한 '백인화'라는 국가적 계획은 전염병 앞에서 굴복할 수밖에 없었다. 그래서 정부는 전염병의 확산을 막고 동시에 백인 문명국가를 보장하기 위해 일단의 조치를 취할 수밖에 없었는데, 이와 관련하여 의학계에서는 모기 박멸과 환자 격리를 포함한 치료방법을 강구하기 시작하였다.

의사들은 흑인과 가난한 사람들의 집단 거주지에서, 특히 도시 중

빈민촌 파벨라

심의 빈민촌에서 전염병이 창궐하는 것으로 믿고 있었다. 그래서 이들 빈민 지역에 대해 정기적으로 경찰의 입회하에 모기 박멸을 위해 방역과 소독이 이루어졌으며, 이와 함께 환자의 격리 및 오염지역의 철거와 같은 조치가 이루어졌다. 그러나 지역 주민들은 정부의 이러한 조치로 인하여 자신들의 주거지가 없어질지 모른다는 위협 외에도 일상생활에 대해 늘 감시를 받고 있다는 사실 때문에 불만이 속출하였다. 어쩌면 정부의 이러한 조치는 당시 대부분의 도심지역에서의 공공정책이 인종적 편견에서 비롯되고 있다는 인식을 받게 하는 데 충분하였다.

한편 언론에서도 '무질서와 불결함의 소굴'로 명명된 이들 지역에 대해 특단의 예방조치가 취해져야 한다고 거들고 나섰으며, 또한 이들 지역의 주민들을 사회적이고 지형적으로 도심에서 격리해야 한다고 주장하였다. 1893년 1월 히우 지 자네이루에 있는 까베싸 지 뽀르꾸(Cabeça de Porco, 돼지 머리라는 뜻)로 알려진 빈민촌이 시 당국에 의해 철거되자 언론과 의료, 정치계에서는 흑인과 가난한 사람들의 운명에 대해서는 무관심한 채 당국의 업적을 칭송하기도 하였다. 하지만 자신들이 거처를 정하고 살았던 도심의 주거지에서 쫓겨난 노예에서 해방된 흑인들이 다수인 이들 '위험 계층'은 당국의 도시개혁에 밀려 언덕과 산기슭에 새로운 빈민촌인 '파벨라'(favela)를 만들어 살아갈 수밖에 없었다.

이러한 상황에서 당국은 빈번한 전염병의 종식을 위하여 공중보건 정책의 방법과 방향을 이들 '위험 계층'에 주목하여 우선적으로 실행하고자 하였으며, 이와 관련해 6세 이상의 모든 사람을 대상으로 천연두 예방 접종을 의무화하는 법안이 통과되자 빈민촌의 주민들이 거리로 나와 대규모의 시위를 벌이게 되었다. 수천 명의 인원이 동원된 이러한 시위에 대항해 당국은 경찰과 군인을 동원해 1904년 11월 강력 대처에 들어갔으며, 일단의 학생시위대는 당국의 예방접종 반대를 주장하고 나섰다. 시위자들은 전차와 바리케이드에 불을 질렀으며 약탈행위가 곳곳에서 일어나 한 주일 동안 히우 지 자네이루 시는 무법 상황에 놓이게 되었다.

예방접종 반대 시위

11월 16일 시 당국은 미나스 제라이스와 싸웅 빠울루 주에서 동원된 군대로 질서를 회복하려 시도하였지만, 시내 곳곳에서 시위대와 충돌하였으며, 특히 주민 대부분이 북동부지역에서 이주해온 싸우지(Saúde) 구(區) 지역에서 혼란과 소요는 대단히 심각하였다. 하지만 주동자를 비롯한 천여 명의 체포와 23명의 사망자가 발생하고, 상당수의 사람들이 아끄리(Acre) 주를 비롯한 북부지역으로 추방됨으로써 폭동이 진압되었다.

브라질에서 있었던 공공 의료정책에 반대한 최대의 시위인 이 사건은 20세기 초 당시 연방수도였던 히우 지 자네이루에서 인종 갈등과 관련한 문제가 얼마나 심각했었는지를 미루어 짐작하게 해준다. 유럽 이민자들을 위한 투자와 문명화된 국가로의 탈바꿈을 위한 공공행정의 시도, 그리고 노예제도 시대 이후 이 도시가 자유인 흑인들이 가장 선호하는 곳이 되었다는 사실의 이면에는 불안정과 억압, 그리고 빈곤의 문제가 존재했던 것이다.

오몰루

노예해방과 더불어 히우 지 자네이루에는 흑인들의 숫자가 폭발적으로 늘어났는데, 특히 1890년에는 북동부지역에서 일자리를 찾고자 이곳으로 온 흑인의 비율이 26%에 이를 정도였다. 흑인 인구의 증가로 이곳에는 다양한 아프리카-브라질 전통의 풍습이 혼재되어 있었으며, 특히 전염병과 인종적 편견, 흑인의 사회적 현실 등에 대해 나름대로의 이해와 치유책을 갖고 있었다. 흑인들은 천연두와 같은 전염병이 초자연적인 이유에서 비롯되고 있으며 그래서 그 치료도 종교적인 과정으로 이루어져야 한다고 믿고 있었다. 즉, 오몰루(Omolu)라는 천연두의 요루바족 신이 이 전염병을 퍼트리고 또 치유한다고 믿고 있기에 치료를 하는 주술사가 토속 의식을 치러야 한다고 생각하였다. 그래서 흑인들은 과학적인 의사의 치료와 위생 정책이 소용도 없고 또 불법적인 것이라고 믿고 있었다.

게다가 흑인들은 예방 접종이 발작이나 열병, 또는 이와 유사한 역효과를 일으킨다고 두려워하였으며, 이와 함께 남자들이 없는 상황에서 여자들과 어린애들만 있는 집안에서 예방접종을 하는 것은 가정생활의 침해와 또 다른 도덕적 문제를 야기 시킬 수 있다고 생각하였던 것이다.

쉬바따(chibata, 채찍질) 폭동

1910년 11월 23일 새벽, 히우 지 자네이루의 과나바라 만(Baía de Guanabara)에는 세 척의 전투함이 붉은 삼각 깃발을 내건 채 공격 태세를 갖추고 있었다. 이러한 표시는 배의 승무원들이 신체적인 형벌의 종식과 봉급 인상, 그리고 브라질 해군의 군인들을 부당하게 징벌한 장교들의 파면을 요구하는 것이었는데, 당시 흑인 군인들에게는 채찍질이 허용되었고 또 썩은 고기가 제공되었던 것으로 알려지고 있다.

쉬바따 폭동

'자유 만세'라는 구호를 내건 흑인 승무원의 주동자는 주엉 깡지두 펠리스베르뚜(João Cândido Felisberto)로, 그는 히우 지 자네이루 시를 향해 대포를 쏘도록 명령하였으며, 12시간 내에 요구 조건이 받아들여지지 않으면 시 전체에 포격을 감행할 것이라고 주장하였다. 그로부터 3일 동안 시민들은 불안에 떨게 되었고, 대부분이 백인들인 장교들은 배 안에 포로로 잡혀 있었다. 흑인 군인들은 계획에 따라 처음에는 11월 15일 공화국 선포일 기념에 맞춰 폭동을 감행하려 했지만 강풍으로 연기되었고, 이후 24일과 25일 사이에 폭동을 일으키려 했지만 한 흑인 승무원에 대한 250대의 채찍 형벌이 있자, 22일 밤 10시 나팔소리에 맞춰 이른바 '쉬바따 폭동'을 개시하였던 것이다.

19세기 중반 이후 대부분의 해군 군인들은 군대에서 차별을 받지 않으려 했던 자유인이나 사소한 범죄행위로 경찰에 의해 강제로 징용된 흑인, 또는 가난한 백인들이었다. 그래서 이들 군인들은 위험한 인물로 생각돼 언제나 통제와 감시의 대상이었으며, 배 안에서 엄격한 규율을 지켜야 하고 또 끊임없는 신체적 형벌을 받아야 했다.

1886년 노예에 대한 신체적 형벌의 금지와 노예제도의 종식과 함께 이들 군인들은 당시의 에르메스 다 폰세까(Hermes da Fonseca) 대통령에게 보낸 서한에서 '조국이 당연히 해야 할 보호의 임무를 지키고 해군에서의 노예생활을 금지해줄 것'을 요구하기도 하였다. 공화정이 선포된 이후 브라질 해군 함대에서 신체적 형벌은 공식 금지되었지만, 일반 사병에 대한 장교들의 신체형벌은 줄어들지 않았었다.

하지만 1890년 4월에 제정된 법안은 신체적 형벌을 또다시 허용하여, 채찍질뿐 아니라, 봉급 감소, 계급 강등, 투옥, 그리고 모든 수치스러운 벌 등이 용인되었다. 이 법안은 일반 사병, 특히 흑인 병사들 사이에서 불만과 동요를 불러일으켜, 첫 번째의 대규모 폭동이 1893년 히우 그란지 두 술 주의 뽀르뚜 알레그리에서, 그리고 뒤이어 히우 지 자네이루에서 발생했던 것이다. 이때 흑인 군인들은 장교에 의한 과도한 형벌의 금지, 나아가 신체적 형벌을 인정한 법안의 폐기를 주장하였다.

'쉬바따 폭동'은 해군 사병들의 이러한 불만이 극에 달한 가운데 발생한 것으로, 이들은 '공화국 헌법이 보장하는 국민의 신성한 권리'를 위한 투쟁에 나섰다고 말하며, 브라질 해군의 형법과 규율을 개정하고 근무조건의 개선을 요구하였다. '쉬바따 폭동' 이후 브라질 의회가 폭동의 주모자를 비롯한 가담자들에 대한 사면을 의결하였지만 이들은 체포되어 처형되었는데, 이러한 결과로 보아 공화국 선포 이후 예고되었던 자유와 평등의 원칙이 흑인들에게는 여전히 멀리 있다는 것이 확인되었다.

VIII

흑인의 문화와 종교

1920년경 브라질에서 구축되기 시작하였던 인종 민주주의 사상은 이후 수십 년간 많은 지지와 동조를 얻었으며 정치인과 지식인들은 아프리카인과 유럽인, 그리고 원주민 인디오에게서 유래된 전통으로부터 형성된 혼혈국가로서의 단일성을 브라질 문화에서 찾고자 하였다. 그래서 서로 다른 인종의 동거가 조화롭게 이루어졌다. 이를 통하여 1930년대와 40년대 내내 인종 민주주의와 혼혈화의 사고는 민족정체성의 건설에 합쳐져 구현되었으며, 이때 삼바(samba)와 까뽀에이라(capoeira), 그리고 깐돔블레(candomblé)가 브라질 민족성의 상징이자 독특한 문화적 총체성의 표현으로 자리를 잡게 되었다.

이러한 민족정체성의 생각은 브라질이 인종 혼혈에서 유래된 동질적이며 단일한 문화를 지니고 있다는 점을 가정하고 있다. 즉 브라질은 오늘날의 브라질 국민과 브라질의 문화를 형성한, 과거로부터 이어져 온 관습과 종교, 인종과 언어를 균일하게 유지해온 것이다. 이는 특히 제뚤리우 바르가스(Getúlio Vargas) 정권의 민족주의 의식 고양과 흑인들에 의한 민족 자주성의 추구가 곧 브라질 민족의 근원으로 나타난 것과 맥을 같이하고 있다. 하지만 이러한 변화는 돌연히

제뚤리우 바르가스

이루어진 것이 아니라 오랜 시간에 걸쳐 갈등과 협상을 통해 서서히 구현되어온 것이다.

카니발(Carnaval)

1870년대 이후 해마다 2월이 되면 브라질에서는 16세기 중엽 포르투갈에서 온 백인들에 의해 유입된 '엔뜨루두'(Entrudo)에 대한 비난과 함께 카니발 클럽이 조직화되면서 카니발 축제행사가 열리게 되었다. '엔뜨루두'는 식민시대 이후 길거리에서 지나가는 낯선 사람에게 밀가루나 물, 진흙을 던지며 음식과 술을 즐기는 유흥적인 의식이었는데, 당시 정치인과 지식인들은 이러한 오락이 유치하고 원시적이며 도를 넘어선 해로운 것이라고 규정하였다. 흑인들과 가난한 자들이 밀가루를 집어던지고 레몬이나 오렌지 형태로 만든 발사체에 물을 채워 던지는 행위는 장난의 도를 넘어 흑인들이 백인 남녀와 평등한 입장에 있다고 생각하게 되는 위험을 안고 있기 때문에 언론 등에 의해 강하게 비판을 받았던 것이다.

엔뜨루두 의식

그래서 특히 1880년대 이후 '엔뜨루두'는 사회 곳곳의 비판에 직면하여, 정부 차원에서 이를 행하는 사람들에게 벌금과 체포와 같은 행정적 · 법적 조치를 취해 이를 제도적으로 억제하고자 하였다. 이와 함께 백인 지식인들은 '엔뜨루두'를 프랑스 파리나 이탈리아 베니스에서와 같은 형태의 카니발로 대체하고자 고심하였다. 즉 백인들은 전형적인 '엔뜨루두' 실행에 대한 경찰력의 동원과 카니발 축제의 출현은 곧 문명화 시대의 개막이라고 여겼던 것이며, 다른 한편 브라질 사회에 만연한 인종차별을 위장하는 하나의 방법이라고 생각했던 것이다.

초기의 카니발 행렬

히우 지 자네이루에서 특별한 의상과 장식물 등의 볼거리가 동반된 카니발 클럽의 행진이 나타난 것은 20세기 초였다. 당시 화려한 의상과 장식들이 파리에서 직접 들어와 부유층에 의해 이용되었으며, 이로서 엘리트 계층이 브라질에 정착하려고 했던 문명의 물건들, 장식품과 의상, 카퍼레이드 장식이 유럽에서 쉽게 수입되어 '엔뜨루두'가 행해지던 시절의 유치하고 천박한 행위는 사라지게 되었다.

카니발 클럽이 주도한 화려한 장관의 행렬은 언론에 의해서도 크게 환영받았으며, 행렬에 직접 참가한 사람들뿐 아니라 집에서 행렬을 보았던 사람들 모두 그 화려함에 매료되었다. 하지만 엘리트 지식인과 언론은 사실 눈에 보이는 그러한 화려함보다는 백인이나 흑인 모두 즐길 수 있는 문명의 형태를 배우기를 기대했다.

브라질의 카니발이 유럽에서 유행하던 카니발을 그대로 모사해 따른 것은 아니었다. 사실 유럽의 영향은 브라질 카니발이 대중에게 준

흑인 전통의 표현을 억제하기에는 거리가 있었으며, 경찰의 감시와 억압이 보다 심했던 히우 지 자네이루에서도 19세기 말에 등장했던 가장행렬 그룹(rancho)과 카니발 그룹은 대중적인 색채를 띠었다. 가장행렬 그룹은 포르투갈 전통에서 유래하여 특히 크리스마스와 같은 가톨릭 기념행사에서 선보였던 것으로, 그들은 아기 예수의 탄생을 기념하여 베들레헴으로 갔던 동방박사를 표현하며 집집마다 돌아다니며 노래를 하고 인사를 하였다.

히우 지 자네이루에서 카니발 행렬 그룹이 처음 나타난 것은 20세기 초로, 북동부지방의 흑인들이 대거 히우 지 자네이루로 이주하면서 만들어진 소위 '작은 아프리카'(Pequena África)라 불리는 항구 인근지역에서 시작되었다. 이곳은 그 유명한 주엉 알라바(João Alabá) 깐돔블레 사원 인근이며 판잣집이 밀집한 지역으로, 당시 카니발 그룹이었던 '홈뻬 이 하스가'(Rompe e Rasga)와 '이스뜨렐라 다 아우로라'(Estrela da Aurora), '나싸웅 앙골라'(Nação Angola), 그리고 '헤이 지 오우루'(Rei de Ouro) 등의 본부이기도 하였다. 그중 1894년 일라리우 조비누(Hilário Jovino)에 의해 만들어진 '헤이 지 오우루'는 히우 지 자네이루에서 제일 처음 만들어진 그룹이었다. 1870년 히우 지 자네이루에 온 일라리우 조비누는 경비대의 장교로, 주엉 알라바 깐돔블레 사원에서 주요 직책을 맡고 있었으며 많은 카니발 그룹을 창설한 인물이었다.

찌아 씨아따

많은 그룹 중에서 특히 주목을 끄는 것은 찌아 씨아따(Tia Ciata)에 의해 조직되어 당시 흑인의 문화적 환경을 가장 잘 표현했던 '호자 브랑까'(Rosa Branca)였다. 본명이 일라리아 바찌스따 지 알메이다(Hilária Batista de Almeida)인 찌아 씨아따는 22세 때인 1876년 바이아에서 히우 지 자네이루로 이주해와 '작은 아프리카' 지역의 리더가 되어 흑인과 흑인문화를 연결해주는 중개자로 이름을 높였다. 넓은 치마에, 등에는 천을 두르고, 머리에는 터번을 둘러쓰고, 깐돔블레 토속신앙의 장식물을 한 바이아 풍의 의상을 입었던 찌아 씨아따는 거리에서 빵을 만들어 팔고 있었는데, 히우 지 자네이루의 '작은 아프리카' 지역에서 만들어진 이 의상은 이곳에서뿐 아니라 다른 흑인공동체 지역에서도 유행을 할 정도로 성공을 거두었으며 또 다른 카니발 그룹도 행진에서 이 의상을 뽐낼 정도였다.

찌아 씨아따의 가장 큰 공적 중의 하나는 권력과 돈이 있는 사람들과 좋은 관계를 갖고 있었다는 점이다. 사교적인 재능과 약초에 대한 해박한 지식 덕분에 그녀의 남편 또한 경찰서장의 사무실에서 근무를 하게 되었고, 그녀는 당시 의사들이 더 이상 치료가 불가능하다고 했던 벤세슬라우 브라스(Venceslau Brás) 대통령의 다리 상처도 치료해주어 대통령의 신망도 두터웠다. 찌아 씨아따에 대한 브라질 사회 내 영향력 있는 인사들의 보호와 지원 덕분에 깐돔블레에 대한 경찰의 억압으로부터 자유로워질 수 있었고, 깐돔블레 의식에 소요되는 경비 마련이 보다 용이해졌으며 이와 함께 공무원을 비롯한 공직에 흑인들이 다수 참여할 수 있는 기틀을 마련하게 되었다. 그리고 이들이 주도하

브라스 대통령

는 흑인공동체의 카니발 그룹이 히우 지 자네이루 카니발에 적극 참여하는 계기도 또한 마련되었다.

유럽에서 들여온 카니발에 대한 민중의 열광은 곧 브라질의 다른 지역으로 확산되었는데, 히우 그란지 두 술 주에서는 1870년대와 1880년대에 '에즈메랄다'(Esmeralda)와 '베네지아누스'(Venezianos)라는 카니발 클럽이 만들어졌으며, 이것은 포르투갈풍의 '엔뜨루두'의 종식과 이 지역에서도 히우 지 자네이루와 유사한 관습의 변화가 이루어지게 되었다는 성과를 낳게 되었다. 하지만 이들 카니발 그룹은 '엔뜨루두'의 완전 종식을 거두지는 못하였으며, 20세기 초까지 카니발과 '엔뜨루두'의 물 뿌리기 행위는 여전히 이 지역 사람들에게 유행되어 왔다.

1880년과 1900년 사이 북동부 헤시페 시의 주요 극장 살롱에서도 행진과 폴카 풍의 음악을 행하는 뻬르남부꾸의 카니발 그룹이 등장했지만, 당시 카니발은 뻬르남부꾸 주에서 유행하던 '까빈다 벨랴'(Cabinda Velha)라는 '마라까뚜'(maracatu) 그룹[1]을 완전히 일소하지는 못하였다. '까빈다 벨랴'를 비롯해 '뽀르뚜 히꾸'(Porto Rico)와 '엘레판찌'(Elefante), 그리고 '레앙 꼬로아두'(Leão Coroado)와 같은 헤시페의 전통적인 '마라까뚜' 그룹들은 아프리카 흑인들에 의해 들어와 브라질에서 재창조된 것으로, 여전히 아프리카의 전통으로 남아 있다. 19세기 중엽 이후 이들 '마라까뚜'들은 행정당국 및 가톨릭 종교의 반대에도 불구하고 여전히 도시와 농촌지역에서 축제로 남아 있으며, '레앙 꼬로

1 뻬르남부꾸 주를 비롯한 브라질 북동부지방의 리듬으로 이 지역의 카니발 행사를 할 때 사용된다. 마라까뚜라는 의식의 이름에서 유래한 이 행렬은 한 그룹 당 20여 명으로 구성되어 왕과 왕비, 댄서와 뮤지션들이 수를 놓은 깃발과 타악기를 비롯한 작은 오케스트라와 함께 시내를 행진한다.

아두'의 경우 1863년 창설 이래 오늘날까지도 계속되고 있다. 이들 '마라까뚜' 그룹의 출현은 18세기 이후 많은 도시들에서 문화행사로 자리 잡은 '콩고 왕의 대관식'과도 깊은 관련이 있다.

살바도르에서는 19세기 말 '빤데구스 다 아프리카'(Pândegos da África)와 '엠바이샤다 아프리카나'(Embaixada Africana)와 같은 흑인 카니발 클럽이 만들어지면서 주목을 받게 되었는데, 이들의 행렬은 장식용 차량을 동원한 대규모 카니발 그룹의 모델을 그대로 따랐지만 그들과는 차별성이 있었다.

빤데구스 클럽

'빤데구스 다 아프리카'의 경우 거리에서 깐돔블레 의식을 재현한 것으로 알려지고 있는데, 이들은 아프리카를 주제로 하여 왕과 장관, 그리고 주술사의 의상을 입은 광대를 태운 장식용 차량을 동원하여 행진을 벌였고, 상당수의 흑인들은 작은 북 연주에 맞춰 요루바 언어의 노래를 부르며 거리를 행진하였다. 오늘날까지도 아프리카 지역에서 행해지는 이러한 행렬 축제는 아프리카를 인류 발전의 가장 낙후한 지역으로 꼽고 있는 인종차별주의자들의 논리에도 불구하고 북동부 바이아 주와 아프리카를 연결하는 문화적 중개자로서의 중요한 역할을 하고 있다.

바이아 주에서 '바뚜까다'(batucada)와 '꼬르다웅'들은 백인 지식인들에 의해 조직된 대규모 카니발 클럽의 행렬 사이에서 선보이면서 흑인 대중을 소란에 빠뜨렸다. '바뚜께이루'들은 15~20명의 소규모 그룹을 구성하여 북과 탬버린을 연주하는 뮤지션들을 뒤따른다. 그리고 '블로꾸'(bloco)와 '꼬르다웅'들은 '줄'(corda)[2]로 둘러싸여 100여 명 정도의 인원이 깐돔블레 사원에서 배운 춤을 추며 노래를 불렀는데, 이들의 밴드는 취주악기와 타악기로 구성되어 '아프리카 이상'(Ideal Africano)과 같은 메시지를 보여주는 깃발을 들고 있었다.

또한 히우 지 자네이루의 '노동자 저항 노조'(Sindicato da Resistência dos Trabalhdores)와 관련된 부두노동자들은 '흑인 사회'(Companhia de Pretos)를 조직하여 카니발을 즐겼는데, 경찰의 눈에 이들의 행동은 까뽀에이라 등을 동원한 무질서 그 자체였으며 때로는 범죄의 온상으로 비춰지기도 하였다. 이들 카니발 그룹이 노동 및 정치적 투쟁을 넘어선 행동을 한 곳은 비단 히우 지 자네이루뿐만은 아니었다. 히우 그란지 두 술에서도 1885년 창설된 '노동자 레크리에이션'(Recreio Operário) 같은 그룹은 1930년대까지 거리로 뛰쳐나와 카니발을 즐기며 나름대로 당시 사회의 문제를 고발하기도 하였다. 그들은 흑인과 노동자를 위한 정치행동과 시위를 주도하곤 하였는데, 이들의 이러한 행동은 곧 카니발을 계층의 이익과 인종적 정체성을 위한 친교의 자리로 이용했을 뿐 아니라 흑인 노동자로서 겪는 고통을 새롭게 인식하는 계기를 만들었다는 데 의미가 있다.

'한슈'(rancho)와 '꼬르다웅'(cordão), 그리고 '블로꾸'(bloco)는 깐돔블레 사원에 그 뿌리를 두고 있었다. 브라질의 다양한 지역에서 아프리카-브라질 종교는 아프리카 전통의 보존과 아프리카 문화의 창조의 자리로서 역할을 해왔으며, 그래서 많은 사람들은 유럽 카니발의 모델이 소위 '브라질 흑인의 문명화'를 위해 그리고 흑인들이 축제를 '아프리카화'하는 것에 크게 기여하였다고 말하고 있다. 하지만 1907년

2 여기서 '꼬르다웅'(cordão)이라는 용어가 유래하였다.

히우 지 자네이루에서 가장 유명한 카니발 '한슈'였던 '아메누 헤제다'(Ameno Resedá)가 창설되어 북과 같은 타악기 없이 현악기와 취주악기로 거리를 행진하면서 깐돔블레의 영향에서 벗어나 카니발 그룹들이 '아프리카의 재현'에서 멀어지는 양상을 보였다. '아메누 헤제다'는 흑인들이 주로 거주한 '작은 아프리카' 지역에서 멀리 떨어진 '까떼찌'(Catete) 지역에 근거를 두고 공무원과 상인 등이 주축이 되었으며, 이 그룹의 카니발 참여는 아프리카를 기억하는 것들이 사라진 카니발을 기대한 사람들에게는 큰 위안이 되었다. 그래서 1911년에 당시의 대통령 에르메스 다 폰세까(Hermes da Fonseca)에게 초대를 받아 대통령궁 정원에서 공연을 펼치기도 하였다.

'한슈'(rancho)

이때부터 카니발 '한슈' 그룹들은 히우 지 자네이루 카니발의 새로운 국면을 열었으며 또한 흑인과 정부 당국 간의 문화 정치적 협상이 충분히 가능해졌음을 보여주었다. 하지만 카니발 그룹들의 이러한 전략은 이들과 같은 소규모 카니발 그룹과 까뽀에이라, 부두노동자 그리고 깐돔블레 사원들 간의 교류를 좋은 시선으로 보고 있지 않는 경찰의 감시에서 완전히 벗어난 것은 아니었다. 다시 말하면 브라질 전역에서 카니발 때 '한슈'와 '꼬르다웅' 그룹의 거리 행진이 완전히 허가된 것은 아니었으며, 또한 카니발 동안 소요와 무질서를 조장하고 경찰과 대치하는 모습을 보도하는 일부 언론의 비난 기사는 여전하였다.

거리에서 '블로꾸'의 카니발 행진은 경찰의 통제와 허가를 받아야 했다. 1908년 히우 지 자네이루의 '까씽유스 지 오우루'(Cachinhos de Ouro) 그룹의 경우 인종문제에 대해 너무도 악의적인 풍자를 하였다는 이유로 경찰 당국에 의해 행진이 금지되기도 하였다. 이때 원주민 인디오의 가장행렬 의상에 칼이나 도끼 등의 무기를 숨길 수 있다는 판단에 행진이 금지되었다.

하지만 경찰이 포고문이나 훈령을 통하여 제재를 가하면 가할수록 일부 카니발 그룹은 다른 그룹의 허가증을 교묘히 이용하여 소규모로 행진하곤 하여 경찰의 제재가 흑인문화의 표현을 완전히 일소하지는 못하였다. 예를 들어, 큰북(bombo)은 1920년대 브라질 많은 도시에서 사용이 금지된 악기였지만, 타악기들이 축제에서 모두 금지된 것은 아니었다. 그래서 흑인 민중은 정부 당국의 인종차별주의에서 만들어진 결정에 반하거나 또 이를 악용하기도 했다.

한편, 정부의 제재에 대한 대안적 의미로 흑인 민중에 의해 행해진 것이 바로 삼바였다. 1910~20년대 싸웅 빠울루 시 바하 푼다(Barra Funda) 지역에서는 삼바 뮤지션이 모여들어 그들 나름대로의 삼바 카니발을 실행하였다. 원래 바하 푼다 지역은 흑인뿐 아니라 유럽계 이민자들과 백인, 그리고 다른 주에서 온 흑인 이민자들이 함께 모여 살던 곳으로, 이들 대부분은 커피 산업과 관련된 주민들이었다. 특히 흑인 노동자들은 커피 보관과 운송을 담당하고 있었는데, 바로 이들이 1914년 이 지역 최초의 카니발 '꼬르다웅', '바하 푼다 그룹'(Grupo Barra Funda)—후에 '까미자 베르지 이 브랑까 삼바 스쿨'(Escola de Samba Camisa Verde e Branca)이 되었다—을 만들었다. 1930

바하 푼다 그룹

년대 이후 '바하 푼다 그룹'은 그 이전까지 경찰의 감시를 피해 지하실이나 천막 속에서 추던 삼바 춤을 민족문화라는 의미의 행사로 끌어올렸다.

바하 푼다에는 싸웅 제랄두(São Geraldo)와 빠까엠부(Pacaembu)와 같은 흑인 축구클럽이 존재해 1920년대에 히우 지 자네이루 클럽과 대항할 정도로 실력을 평가받고 있었다. 1930년대까지 흑인 축구선수들은 싸웅 빠울루의 1부 리그 팀에 들어갈 수 없었다. 하지만 축구야말로 흑인공동체를 결속시키는 중요한 요인이었으며, 이들 축구팀에서 시작하여 1930년 카니발 불로꾸 '바이 바이'(Vai vai)가 조직되기에 이르렀다.

싱요

삼바가 브라질의 상징으로 자리 잡게 된 것은 싱요(Sinhô)와 동가(Donga), 주엉 다 바이아나(João da Baiana), 그리고 에이또르 두스 쁘라제리스(Heitor dos Prazeres)와 같은 히우 지 자니에루의 유명한 삼비스따(sambistas)[3]의 공으로 볼 수 있다. 이들은 당대의 정치사건과 인물을 여전히 풍자하고 있으면서도 언론에 의해 가장 많이 언급되며 또한 존경받았던 인물들로, 특히 본명이 에르네스뚜 두스 싼뚜스(Ernesto dos Santos)인 동가는 1916년 '전화로'(Pelo telefone)라는 첫 번째 삼바 음악을 발표하여 1917년 카니발에서 대성공을 거두었다. 삼바 음악의 성공은 히우 지 자네이루 흑인들에게 처

3 브라질에서 삼바와 관련된 모든 사람들을 일컫는 용어로, 이는 삼바 음악 작곡가나 가수 혹은 무용수들에 대한 존경과 찬사의 표현이라고 볼 수 있다.

동가

음으로 당시 문화산업의 길이 개방되기 시작하였다는 것을 의미하며, 1930년대부터 삼바스쿨(Escola de Samba)의 주제곡인 '삼바-인헤두'(samba-enredo)는 흑인 연극단체의 공고화와 삼바스쿨의 행진 및 그 삼바스쿨 행렬 참가자들의 의상을 결정짓는 중요한 변수로 작용하게 되었다.

당시 흑인 배우들이 도시의 주요 무대에 서는 것은 흔하지 않았다. 그래서 당시 문화 전파의 주요 공간이었던 연극무대에서는 백인들이 배우로 등장하고 이들이 흑인으로 분장하는 것이 보통이었다. 하지만 1926년 순수하게 흑인으로 구성된 흑인희극단체가 만들어졌고 이들은 첫 출품작으로 '뚜두 쁘레뚜'(Tudo Preto, '모든 것이 검은색'이라는 의미)라는 의미심장한 작품을 선보였다. 이 연극단체는, 흑인문화의 고양과 현대사회에서 흑인의 통합이라는 두 가지 목적을 지향하였었다.

1928년 히우 지 자네이루에서는 이스따씨우(Estácio) 지역과 판자촌인 파벨라 언덕, 시내 중심지와 망게이라(Mangueira) 지역에서 '삼비스따' 조직인 '삼바스쿨'이 태동하였다. 초기에 이들 삼바스쿨은 축제와

삼바스쿨 공연

지원의 목적을 가진 조직이었으며 점차 민족적 주제를 기념하는 유희산업에서 그 자리를 넓혀가기 시작하였다. 주제곡과 등장인물, 깃발과 대열(ala)의 극적인 구조에 삼바의 리듬과 무용, 그리

고 민족정서 등이 가미되어 이국적 아름다움을 보다 극화시켰다. 이들 삼비스따 조직들은 명실공히 히우 카니발의 공식적인 삼바스쿨로 자리 잡았으며, 1932년부터는 각각의 삼바스쿨이 주제와 주제곡을 자유로 선택하여 시 정부의 장려금과 상금을 얻는 본격적인 경연대회에 참가하게 되었다. 이때부터 히우의 카니발은 브라질만의 고유성을 나타내는 국민적 축제로 변모하였으며, 또한 흑인 민중이 시민의 범주 내에 편입되는 계기가 되었다.

질베르뚜 페레이리

브라질의 정체성이 무엇인가를 규정하려던 당시 지식인들의 관심은 아프리카 기원의 문화를 민족적 특징으로 합법화하는 데 크게 기여하였다. 히우 지 자네이루에서 삼바스쿨을 통한 카니발이 공식화된 지 2년 후 뻬르남부꾸 주 헤시페 시에서는 첫 번째 '아프리카-브라질 회의'(Congresso Afro-Brasileiro)가 개최되었다. 사회학자인 질베르뚜 프레이리(Gilberto Freyre)가 주창하여 개최된 이 회의에는 국내외의 학자들이 모여 브라질의 흑인 문제를 논의하였다. 이들은 흑인과 관련한 문제들을 과학적으로 분석하고 이와 함께 그러한 문제를 해결하기 위한 공공정책을 제안하고자 하였다. 노예제도와 낄롬부, 언어학 및 종교, 그리고 흑인 민중의 심리학 등 다방면에 걸친 이들의 논의는, 흑인의 문제는 브라질 사회에서 여전히 논의가 필요하며, 또 흑인의 민속, 즉 토속종교와 까뽀에이라 등에 대한 연구는 흑인의 전통과 문화 연구에 필수적이라 미래에도 지속되어야 한다는 데 의견을 같이하였다.

아프리카-브라질 토속신앙

20세기가 개막되었을 때 아프리카-브라질 토속종교는 이미 브라질 사회에 견고하게 안착해 있었다. 즉 바이아 주의 깐돔블레(Candomblé)와 히우 지 자네이루 주의 움반다(Umbanda), 헤시페 주의 샹고(Xangô), 뽀르뚜 알레그리의 바뚜끼(Batuque), 그리고 마란냐웅 주의 까자 다스 미나스(Casa das Minas)[4] 등이 바로 그것이다. 이들 토속신앙들은 서로 일정한 공통점을 지니면서 지역과 출신 종족에 따라 다양한 이름과 형태를 가지게 된 것으로, 특히 마란냐웅 주의 대표적 토속신앙인 까자 다스 미나스의 경우 적어도 1847년 이후 존재해 온 브라질의 가장 오래된 토속신앙이다.

제제(Jeje)족의 신인 '보둥'(vodum)[5]을 신봉하는 까자 다스 미나스의 주술기도문과 대부분의 성인은 비밀이라 초심자가 아닌 일반인들에게는 제한되어 있으며 일부 성인들의 이름은 공공연히 발음해서도 안 된다. 바이아 지방의 깐돔블레와 히우 지 자네이루의 움반다와 마찬가지로, 가자 다스 미나스의 '보둥'에 대한 숭배는 노예해방 이후 나타나 경찰의 억제에도 불구하고 20세기 초 급격한 신장세를 겪었다. 1890년과 1950년 사이 '보둥' 신의 여성 숭배자들은 주로 마란냐웅 주도(州都)인 싸웅 루이스(São Luís) 직물공장의 노동자들이었는데, 1950년대 이후 이들 공장들이 문을 닫으면서 대부분이 남동부, 특히 히우

4 이는 땀보르-지-미나(Tambor-de Mina)라고도 불린다.

5 '보둥'이라는 말은 '우리에게서 멀리 떨어져 있으며, 우리가 통제할 수 없는 것'이라는 의미로, 성스럽고 신비스런 현실의 무한한 숫자를 의미한다. 그래서 '보둥'은 우리 인간을 초월하는 힘이요, 마성(魔性)이요, 현상으로 생각된다.

지 자네이루로 이주하여 이곳에서 바이아 깐돔블레의 오리샤(orixa) 숭배와 같은 또 다른 아프리카-브라질 종교와 접촉하게 되었다. 이러한 종교적 교류는 곧 히우 지 자네이루가 전통 토속신앙의 중심지가 되는데 큰 기여를 하게 된다.

까자 다스 미나스는 여성 신도들뿐 아니라 정치가와 지식인들의 지지를 받게 되는데, 이러한 종교 전통의 지속을 위해서는 경찰로부터의 보호와 연구자들의 관심은 필수적이었다. 앞에서 보았듯이, 찌아 씨아따에 대한 브라질 사회 내 영향력 있는 인사들의 보호와 지원 덕택에 깐돔블레의 합법화가 가능해지고 경찰의 억압으로부터 자유로워질 수 있었던 것처럼, 아프리카-브라질 토속신앙은 경찰의 보호와 함께 민족문화의 전통의 한 축이 될 수 있는 근거를 마련하였다. 그래서 바이아 깐돔블레의 성부(聖父, pai-de-santo)[6]인 세베리아누 마누엘 지 아브레우(Severiano Manuel de Abreu, 일명 주비아바 Jubiabá로 불림)는 자신이 유력 정치인들과 친구이며 그래서 자신의 사원에 의사와 학사, 공무원 등 주요 지식인과 인사들도 온다고 자랑하곤 하였다.

주비아바

바이아 깐돔블레 사원에 지식인들이 참석한 것은 19세기 말부터였으며, 당시 법의학자이며 심리학자인 니나 호드리게스(Nina Rodrigues, 1862~1906)와 미술가인 흑인 마노엘 께리누(Manoel Querino, 1851~1923) 등은 아프리카-브라질 토속신앙에 대한 연구를 개막한 인물로 알려

6 깐돔블레의 남, 여 주임 사제는 각각 성부(pai-de-santo)와 성모(mãe-de-santo)로 불린다.

마잉 아닝냐

지고 있다. 이들은 제제-나고(Jeje-Nagô)족의 사원과 콩고(Congo)와 앙골라(Angola)족 사원에 대한 연구와 함께 깐돔블레의 아프리카 전통 춤과 의식 등의 보존에도 노력을 하였다. 하지만 깐돔블레 숭배자와 지식인들 간의 교류는 1930년대에 들어와 보다 각별하게 되었다. 특히 1937년 제뚤리우 바르가스 대통령에 의한 '신국가'(Estado Novo)에 반대하며 정치적 유배에 올랐던 작가 에디송 까르네이루(Edison Carneiro)는 살바도르의 마잉 아닝냐(Mãe Aninha)가 이끄는 사원, 아쉐 오뽀 아퐁자(Axé Opô Afonjá)에서 망명생활을 하기도 하였다. 아쉐 오뽀 아퐁자 사원과 성모(mãe-de-santo)인 이아로리샤(ialorixá), 아닝냐는 깐돔블레 사원들이 정치, 사회적 인정을 받는 데 매우 중요한 역할을 하였다. 본명이 에우제니아 두수 싼뚜스(Eugênia dos Santos)인 아닝냐는 당시 가장 유명하고 또 존경받는 성모인 이아로리샤로, 흑인공동체뿐만 아니라 제도권과 학술분야에서도 그 영향력이 상당하였다. 그래서 그녀의 사원에서 머물렀던 작가 에디송 까르네이루는 1933년 이후 바이아 깐돔블레의 신앙과 신화, 위계 질서 및 음악 등을 연구하며 아닝냐와 친밀한 관계를 유지하였다. 또한 에디송 까르네이루는 1937년에 개최된 제2차 아프리카-브라질 회의를 준비하였으며, 1936년에는 아닝냐와 공동으로 '흑인 종교'(Religiões Negras)라는 책을 출간하기도 하였다.

제2차 아프리카-브라질 회의의 중요한 결과 중의 하나는 마르찌니아누 두 본핑(Martiniano do Bonfim)이 이끄는 '바이아 아프리카-브라질 종파 연맹'(União das Seitas Afro-Brasileiras da Bahia)의 창설이었다. 이 단체는 아프리카-브라질 종교와 관련한 투쟁의 역사에 있어 큰 획을 그었는데, 특히 당시 주라씨 마갈량이스(Juracy Magalhães) 주지사에게 '종교의 자유 원칙을 촉구하며 깐돔블레에 대한 경찰의 억압을 면제해줄 것'을 요청하는 서한을 요청하였다. 하지만 이러한 요구에도 불구하고 아프리카-브라질 종교에 대한 자유를 보장하는 행정명령은 1976년 당시 주지사 호베르뚜 산뚜스(Roberto Santos)가 서명함으로써 이루어지게 되었다.

깐돔블레(Candomblé)와 움반다(Umbanda)

아프리카-브라질 토속신앙 중 가장 대표적인 것으로는, 오리샤스 숭배가 강한 요루바족 출신들이 많이 거주하는 북동부지역 바이아를 중심으로 하는 깐돔블레와, 조상숭배 경향이 뚜렷한 반투족 출신들이 주로 거주하는 남동부지역을 중심으로 전국의 해안지역에 확산된 움반다를 들 수 있다.

깐돔블레는 요루바족 출신의 노예 후손들 사이에서 유래한 종교의식이지만 동시에 아프리카의 다양한 종족의 의식의 열매이기도 하다. 그것은 이 의식이 여타의 종교운동에 비해 아프리카의 종교전통, 특히 요루바족의 오리샤스 숭배와 반투족의 춤의 영향을 많이 받는 등 아프리카 고대전통과 의식, 그리고 그 질서에 충실하면서, 가톨릭교회의 가르침과 원주

깐돔블레 의식

민 인디오의 애니미즘, 그리고 19세기 프랑스의 까르데시즘(spiritism)의[7] 영향을 움반다에 비해 상대적으로 적게 받으며 변천되고 발전하였기 때문이다.

오늘날 바이아 주만 하더라도 약 5천여 개의 사원(떼헤이루, terreiro)이 존재하고 있으며, 깐돔블레 신봉자들 가운데 상당수는 가톨릭교회와 공식적으로 단절함과 동시에 혼합주의와도 투쟁하면서 깐돔블레를 하나의 오리샤 종교로 만들자고 주장하기도 한다. 그들과 그 추종자들은 과거에는 자신들을 보호하고 위장하기 위하여 가톨릭교회와 혼합주의가 필요하였으나 현재는 오리샤 전승에 바탕을 둔 하나의 종교로 다시 태어나야할 시기라고 역설하고 있다.

움반다의 사원 떼헤이루 모습

움반다는 1920년대에 반투족 출신의 노예 후손들이 집중적으로 거주하는 히우 지 자네이루 주 니떼로이(Niterói)에서 젤리우 지 모라이스(Zélio de Moraes)를 비롯한 중산층 백인의 주도하에 탄생하였다. 그들은 카르데시즘에 심취해 있으면서도 그 실천의 엘리트주의에 만족하지 못한 상태에서

7 정령숭배사상이라고도 불리는 이것은 유물론(Materialism)과 반대되는 유심론(Spiritualism)과는 엄격히 구별되는 용어로서 프랑스의 알랭 까르덱(Allan Kardec)에 의해 처음 소개되었다. 까르데시즘은 본질적으로 신령(神靈)들(특히 죽은 영靈)의 불멸성(현존과 환생) 및 그 영들(불가시적 세계)과 살아있는 인간(가시적 세계)과의 통교 능력에 관한 믿음을 기본교리로 하고 있다. 이에 따르면 영들은 순수영(純粹靈)과 악령(惡靈) 등의 다양한 카테고리에 속해 있고 능력, 지성, 윤리성 등에 있어 동등하지는 않은데, 영들과의 통교는 죽은 영과 살아 있는 자 사이의 매개자인 영매(靈媒)의 중재 속에서 텔레파시나 신들림, 그리고 영매의 힘의 흡수 등의 양식을 통해 가능하다.

주변의 떼헤이루를 방문하여 순수영(純粹靈)인 오리샤보다 죽은 영(靈) 공경을 강조하는 반투족 의식을 바탕으로 한 마꿈바(macumba)가 갖고 있는 여러 가치들(치유 및 현세적 문제 해결 등), 자극적이고 드라마틱한 춤과 의식들을 알게 되었고, 마침내 카르데시즘에 충실하면서 마꿈바 의식을 받아들였던 것이다.

움반다는 카르데시즘을 바탕으로 등장하였으나 무엇보다도 브라질 흑인의 여러 종교전통 및 양식들과 직접적으로 연결되어 거기에서 영양분을 제공받고 있다. 움반다는 다만 마꿈바 의식에 나타나는 동물 제사와 어두움과 땅의 영인 에슈(Exú)의 출현의식을 받아들이지 않는 등 의식을 단순화시켰다. 그러면서도 담배연기를 신성시하며 자연의 힘을 인정하는 원주민 인디오의 애니미즘을 받아들였고, 무엇보다도 가톨릭교회의 가르침과 대중종교심, 성사적 표징, 그리고 조직 등을 받아들였다.

떼헤이루의 의식

한마디로 움반다는 카르데시즘을 바탕으로 위의 모든 요소들을 서로 뒤섞어 변형시키고 발전시킨 의식이라고 볼 수 있다. 움반다는 다른 토속종교들보다 늦게 등장하였지만 오늘날에는 대도시에까지 빠른 속도로, 그리고 떼헤이루마다 서로 상이한 교리와 의식을 지닌 채 확산되고 있는 신흥종교운동이다. 히우 지 자네이루 주에만 대략 3만 여 개의 떼헤이루가 설립되어 주민의 75% 정도가 한 달에 한 번씩 이 의식에 참여하는 것으로 알려지고 있다.

한편 라틴아메리카에서 제설혼합주의(sincretismo) 현상은 특히 대중신심(piedade popular) 또는 대중종교심(religiosidade popular)과의 연결 속에서 다양한 얼굴과 소리를 지닌 가운데 나타나고 있고, 이러한 다양성은 혼합주의에 대한 총체적인 이해와 전반적인 판단을 어렵게 만들고 있다.

그렇지만 브라질 흑인의 종교운동, 특히 움반다의 경우는 아이티의 보두(Vodú)와 함께 강제적 개종으로부터 야기되는 일종의 적응으로서의 혼합주의의 전형으로 알려져 있다. 그것은 불충분한 교리교육 속에서 강제적으로 세례를 받고 개종한 브라질 흑인들이 여전히 가톨릭교회보다도 훨씬 구체적이고 역동적인 자신들의 종교전통을 통해 신령과 기쁜 소식의 현존을 체험하였기 때문이다. 나아가 그들은 아프리카 흑인으로서의 정체성을 유지하면서 자신들을 보호하고 위장하기 위하여, 자신들의 전통교리와 상징요소들을 바탕으로 가톨릭신앙을 비롯하여 원주민 인디오의 애니미즘 및 유럽의 카르데시즘 등 여러 종교 사상들의 본질적 핵심과 종교 문화적 요소들, 그리고 대중종교심을 유사성의 유형 안에서 이중체계로 병행하여 받아들인 후 자신들의 종교의식 안에 통합시켜버린 종교운동을 일으켰기 때문이다.

그 몇 가지 예로서 가톨릭교회와 관련된 부분을 중심으로 움반다를 깐돔블레와 비교해보면 다음과 같다.

무엇보다도 움반다에서 초월존재들은 삼위일체와 강생의 신비에 대한 그리스도교 신앙과 거의 동일시되어 신봉되고 있고, 이에만자(Iemanjá)와 오리샤(Orixá)에 대한 공경 역시 성모 마리아와 성인들에 대한 공경과 병행되고 있다.

오바딸라(Obatalá, 하느님 아버지)로 인식되는 올로룸(Olorum)은 하늘의 유일한 주인이고 창조주이며 영원무궁한 초원존재로서 성상(聖像) 등 어떤 형태로도 표현될 수 없는데, 올로룸은 그리스도교의 성부와 동일시되고 있다. 그리고 오샬라(Oxalá)는 하느님의 아들로서 항상 하느님이며 동정녀 이에만자의 몸에서 태어나 인류구속을 위해 죽고 부활하고 승천하였는데, 명확하게 성자 예수 그리스도와 동일시된다. 이파(Ifá)는 오바딸라와 오샬라로부터 주어진 명령을 인간에게 일깨워주고 알려주는 존재로서 별과 흰 비둘기 형상으로 표현되고 있는데, 이는 곧 성령(聖靈)과 동일시되고 있다.

이에만자

이에만자는 백성들의 모든 삶에 관여하는 바다와 물의 여신이요 조난자들의 보호자로서 성모 마리아, 특히 브라질의 출현 성모(Nossa Senhora de Aparecida)와 동일시되며, 깐돔블레에서는 잉태의 성모(Nossa Senhora da Conceição)와 동일시되고 있다. 그리고 오리샤는 요루바족과 반투족의 지고한 신들이지만, 죽은 영인 까보끌루(caboclo)[8]와 쁘레뚜 벨류(Preto Velho)[9]를 공경의 주된 대상으로 삼고 있는 움반다에서는 가톨릭의 주보 성인들과 동일시되어 공경의 부차적 대상이 되고 있다. 움반다는 오리샤들의 독특한 권능을 인정하면서 그들에게 적절한 공경을

오물루

8 벌거벗은 모습에 다양한 깃털이나 왕관을 쓴 원주민 인디오로 표현되는데 원주민의 혼령을 가리킨다.

9 흰옷을 입고 담배를 피우는 늙은 흑인 노예들의 모습으로 표현.

하고 있는데, 이때 이안사(Iansa)는 바람과 폭풍우의 여신으로서 가톨릭교의 성녀 바르바르와, 오군(Ogun)은 전쟁의 신으로서 성 죠지와, 오물루(Omulu)는 치유의 신으로서 성 나자로와, 옥소시(Oxossi)는 사냥꾼의 신으로서 성 세바스띠아노와, 그리고 샹고(Xangô)는 뇌우(雷雨)의 신으로서 성 에로니모와 동일시된다. 요루바족 전통에 따르면 에슈(Exú)는 상당히 큰 힘을 가진 어두움과 땅의 신령이요 악마인데, 사탄과 동일시된다.

쁘레뚜 뻴류 상

한편 움반다와 깐돔블레는 성수(聖水)와 성상(聖像), 희생 제단, 안수, 축복, 중재자로서의 사제 등과 같은 가톨릭교회의 요소들 뿐 아니라 다른 종교문화들의 여러 요소들까지도 의식의 효과를 배양하기 위하여 실용적으로 사용하고 있다. 특히 제단은 혼합주의의 관용정신과 융합주의가 넘치는데, 거기에는 십자가상 좌우에 까보끌루와 쁘레뚜 뻴류(preto velho)를 나타내는 상들이 놓여 있고 그 주위에 성모상을 비롯하여 노예시절의 구난 주보 성인들, 그리고 원주민 인디오들의 부족 신령들 및 다른 신령들을 상징하는 온갖 상들로 가득 차 있다.

이와 같이 깐돔블레와 움반다는 자신들의 종교전통과 의식의 방침에 따라 원주민 인디오의 신령들을 비롯한 여러 신령들을 받아들인 후 그 모두를 병행하거나 변형시켜왔다.

까뽀에이라(Capoeira)

브라질의 아프리카적 정체성을 보여주는 또 다른 요소인 까뽀에이라는 초기에 사회정치적 배경하에서 자신을 보호하는 호신술로 시작되었으나 사회적 측면에서 개인의 신체단련과 놀이문화적인 특성을 갖고 있다.

까뽀에이라

역사적으로 흑인 노예라는 대규모의 외부노동력에 의해 의존할 수밖에 없었던 식민지 브라질의 사탕수수 농업 최적지 북동부 지역은, 흑인 노예에 대한 착취와 수탈이라는 슬픈 역사를 갖고 있으며 이와 함께 까뽀에이라의 고향이자 중심지였다. 까뽀에이라는 식민기간 동안 브라질에 수입된 흑인 종족 중 특히 콩고와 앙골라 등지로부터 수입된 반투족들이 언젠가 있을지 모르는 노예해방 운동을 위해 신체를 단련한 것에서 그 기원이 시작되고 있다. '까뽀에이라'라는 명칭은 흑인 노예들이 일과 처우를 피해 도망친 숲의 이름을 딴 것이라고 한다. 농장주들은 도망친 노예들을 다시 잡아들이기 위해 노예사냥꾼들을 숲으로 보냈는데, 흑인들은 이들을 발로, 손으로 그리고 머리로 공격하여 상처를 입히거나 죽이기도 하였다. 따라서 겨우 살아남은 노예사냥꾼들이 다시 농장으로 돌아왔을 때, 화가 난 농장주들이 "도대체 도망간 흑인 노예들은 어디 있느냐"라고 물으면, "우리는 그들에게 까뽀에이라에서 당했습니다"라고 대답한 것이 그 기원이 되었다고 한다. 이렇듯 숲에서 행해진 까뽀에이라는 매우 위협적이며 때로는 치명적인 무예였지만, 농장에서는 주인의 눈에 띄지 않게 게임과 오락으로 변화시켜 음으로

양으로 발전되었다.[10]

적에게 타격을 가하고 호신용으로 신체의 민첩성을 단련하며 면도칼을 사용하는 까뽀에이라는 19세기 초 흑인 노예들과 해방된 흑인들에 의해 실행되었다. 히우 지 자네이루 시의 경우 거리에서의 출현은 도심지 노예제도의 일상이 되다시피 하였으며, 경찰이 보기에 이들은 언제나 폭력으로 대처할 준비가 되어 있는 거리의 무질서자들이요 룸펜과도 같았다. 거리와 광장인 자신들의 공간에서 행하는 까뽀에이라는 부두노동자와 선원, 그리고 일반노동자들의 일상적인 행위였지만, 당시 왕정체제의 경찰당국이 보기에는 사회질서를 위협하고 도심의 일상을 무질서로 만들고 있다고 보았다. 왜냐하면 면도칼을 사용하는 기민함과 신체를 이용하는 민첩성을 단련하는 까뽀에이라를 잠재적으로 위험한 사람들이 하는 행위로 보았기 때문이었다.

19세기 내내 경찰력의 주요한 목표는 까뽀에이라에 대한 억제였지만 언제나 그 목적을 달성하지는 못하였다. 왜냐하면 정치적 상황과 경찰 당국의 역할, 그리고 이들과 까뽀에이라들 간의 연합에 따라 억제와 관용이 동시에 이루어졌기 때문이었다. 1866년에서 1870년 사이 빠라과이 전쟁(Guerra do Paraguai) 기간 동안 흑인 까뽀에이라들은 브라질 군대에 강제 편입되었는데, 군대 강제 동원은 곧 그들에 대한 처벌의 형태였다. 하지만 전선(戰線)에 투입된 이들 흑인들은 자유민들 사이에서 까뽀에이라 수련자들을 키웠으며 이와 함께 까뽀에이라를 통하여 흑인들의 위신과 명성을 높이는 계기를 만들었다. 그래서 당시에는 군인들뿐 아니라 경찰들도 흑인들의 까뽀에이라를 수련하는 것이 보통이었다.

10 곽재성 · 최금좌(2000), 「카포에이라: 자유와 평등을 향한 흑인운동의 상징」, 『라틴아메리카연구』 13권 1호, 한국라틴아메리카학회, pp.116-117.

사회의 무질서를 조장하는 사람으로 비춰지거나 혹은 사회의 질서 증진을 위한 사람으로 보이기도 하여 당시 까뽀에이라들에 대한 인식은 다소 모호하였다. 일부 까뽀에이라들은 경찰에 의해 정보원으로 혹은 정치가들에 의해 경호원으로 고용되기도 하였지만, 반면에 주요 도시의 신문에서는 이들의 행위에 대한 불평의 기사가 날로 늘어나기도 하였다. 19세기 말 빠라(Pará) 주 벨렝(Belém) 시에서 쉬꾸 발라(Chico Bala)와 마옹-지-세다(Mão-de-Seda)와 같은 당시 유명했던 까뽀에이라 인물들은 현지 경찰을 위해 일하면서도 항상 적법한 행위를 하지는 않았으며, 특히 이곳의 공공시장과 광장은 까뽀에이라들의 집합지이면서 도박장이나 술집 등 폭력의 온상으로 지목받았기 때문이다.

제1공화국 시절 빠라 주는 아마존 고무의 수출로 부와 영화를 누리던 지역이었으며, 벨렝 항에서는 엄청난 양의 고무가 유럽과 미국으로 수출되었고 반면에 유럽산 직물과 보석, 서적과 농기계 등이 하역되었다. 이렇듯 사람과 풍요의 부가 대규모로 움직이던 항구지역에서 밤낮없이 까뽀에이라들의 춤이 행해졌던 것은 우연한 일이 아니었다. 왜냐하면 이 지역에서 까뽀에이라들은 타 지역 사람들과의 교류와 경찰의 관용을 어느 정도 기대했기 때문이다. 실제로 이들 중 많은 까뽀에이라들은 주요 유력 정치인들의 경호원들이었고 이들 정치인의 후원을 받고 있었기 때문에 혹시 까뽀에이라들이 범죄행위를 저질러도 처벌받지 않았으며, 이는 곧 까뽀에이라들에 대한 억압이 상황에 따라서, 그리고 편의에 따라서 이루어졌다는 것을 보여주는 것이었다.

빠라 주의 경제적 호황은 1890년과 1910년 사이 북동부지방의 노동자를 포함하여 유럽의 이민자들, 특히 포르투갈 이민자를 아마존 지역으로 끌어들였으며, 이들 간의 교류는 바이아 주와 쎄아라 주, 그리고 뻬르남부꾸 주에서와 마찬가지로 이 지역에서 포르투갈에 대항

까뽀에이라 공연 모습

한 투쟁의 도구로 빠라 주 까뽀에이라를 편입하는 데 그 역할을 하기도 하였다. 히우 지 자네이루 주의 경우, 흑인들과 다양한 지역에서 유입된 육체노동자 간의 교류는 까뽀에이라의 사회적 모형을 보다 확대시키는 데 일조하여, 단지 흑인 까뽀에이라들만 비틀거리는 동작과 통이 넓은 바지, 그리고 용감함의 표시로 금귀걸이를 하는 것이 아니라 일반노동자들도 그러한 모습으로 치장을 하여 구별이 쉽지 않았다. 한편, 부랑자 집단으로 불린 까뽀에이라들 간의 경쟁은 흑인 민중의 일상을 구별짓는 차이를 보여주었는데, 의상과 리본, 모자, 그리고 휘파람의 형태 등이 그들을 구별하는 표시가 되곤 하였다.

1880년대에는 공화정 체제가 가속화되면서 군주제를 옹호하는 까뽀에이라들의 정치적 투쟁은 국내 정치사에 큰 반향을 일으켰으며, 얼마 전까지 군주제를 위협했던 위기는 노예해방과 함께 심화되었었다. 공화국 선포 전야에 이러한 상황은 히우 지 자네이루에서 보다 심각하게 변모되었으며, 특히 군주제를 주장하는 정치인들과 연합한 까뽀에이라들이 공화주의자들의 대중 집회에서 소동을 일으키고 또 왕실 가족에 반대하는 언론사를 불태우겠노라고 협박하고 나서기도 하였다.

하지만 공화정이 선포되자 공화국 정부는 흑인 까뽀에이라들에 대한 보복으로 1890년 형법의 위반을 근거로 이들을 투옥하기 시작하였으며, 무위도식과 도적질 등의 또 다른 범죄로 이들을 강제수용소와 강제노동에 처하였다. 당시 데오도르 다 폰세까(Deodor da Fonseca) 대통령은, 까뽀에이라 행위가 시민의 안녕과 국가의 안전을 위해 브라질 내에서 영원히 사라져야 한다고 지시를 내렸다. 이러한 조치는 1889년 공화정 선포에 앞서 군주제를 옹호하였던 까뽀에이라들의 정치참여에 대한 억압책이었음이 분명하였으며, 이외에도 정부는 까뽀에이라들이 범죄의 온상이요 또한 공공장소에서의 외설적인 행위와 살인의 주체자로 명시하였다.

데오도르 다 폰세까 대통령

공화국 정부의 이러한 억압에도 불구하고 까뽀에이라들은 정치적 투쟁을 계속하였는데, 특히 벨렝 시에서는 군주제와 왕실의 보호를 주장하는 일부 까뽀에이라들과 흑인들이 소위 '흑인 경호대'(Guarda Negra)를 조직하여 현지 정치인들의 경호원으로 일하며 현지 질서 유지와 카니발 그룹을 조직하는 등의 활동을 계속하였다. 특히 경쟁의 심리가 팽배했던 삼바 카니발 축제 때 까뽀에이라들은 카니발 행진의 맨 앞에 서서 대열을 이끌었으며, 다른 행진 팀들과 조우할 경우에는 폭력을 서슴지 않아 유혈 낭자한 혈투까지 벌이기도 하여, 카니발의 폭력화에도 까뽀에이라들이 일조했다는 비난이 쏟아지기까지 하였지만, 당시 상당히 미비했던 브라질의 법체계도 활개치는 까뽀에이라들의 폭력을 막지 못했던 이유가 되었다. 하지만 카니발 때의 소동과 폭력에 대해 경찰이 현행 법령에 의거하여 대처하지 못했던 이유 중에는 유력 정치인들의 보이지 않는 후원과 보호가 있었기 때문이었다. 그래서 20세기 초 30여 년간 이러한 정치적 후원하에 까뽀에이라들은 공공연하게 활동을 하였지만, 1930년대에 들어서야 까뽀에이라에 대한 지배층의 적대감이 희석되고 또 대중적이며 예술적인 제도화의 길을 걷게 되었다.

1928년 바이아 주 살바도르에 최초의 까뽀에이라 도장을 설립하여 브라질 까뽀에이라의 선각자로 불리는 빔바 사범(Mestre Bimba)은 '앙골라식 까뽀에이라'(Capoeira Angola)[11]에다가 그간 길거리에서 행해졌던 '바뚜끼'(Batuque)[12]를 섞어, 더 공격적이며 빠른 동작을 구사하는 '브라질식 까뽀에이라'(Capoeira Regional)를 창설하였다. 빔바 사범의 노력으로 이러한 브라질식 까뽀에이라는 무질서와 싸움이라는 오명을 씻어내고 스포츠로서의 입지를 닦아 새로운 전기를 맞이하게 되었으며, 그의 도장에는 백인 등 상류층을 위시하여 심신수양에 전념하고자 하는 문하생들이 줄을 이었다.

메스뜨리 빔바

1936년에 당시 주라씨 마갈량이스(Juracy Magalhães) 주지사의 초청을 받았던 빔바 사범은 이 초청이 자신을 체포하려는 시도로 알고 겁을 먹었지만 주지사 관저에서 까뽀에이라 공연을 성공적으로 펼쳐 대대적인 호평을 받았으며, 이때 까뽀에이라는 더 이상 흑인들의 반란행위가 아니라 스포츠로 인식될 수 있는 계기가 되었다. 이와 함께 까뽀에이라는 흑인들의 또 다른 문화적 표현과 마찬가지로 브라질 문화의 정체성을 가장 잘 대변하는 도구가 되었다. 그리고 1937년 빔바

11 이것은 백인농장주가 흑인들이 노는 모습을 보고 "흑인들이 앙골라 놀음을 하고 있군"이라고 말한 데서 그 기원이 되었다고 본다.

12 발만을 사용하여 상대방을 땅바닥에 때려눕히는 폭력적인 게임

사범은 바르가스 대통령에게 초청받아 까뽀에이라를 선보였으며, 성공적인 공연 이후 그는 브라질 정부가 공식 승인한 최초의 도장, '브라질 까뽀에이라와 신체문화 센터'(Centro de Cultura Física e Capoeira Regional)를 설립하였다. 이후 마노엘 두스 헤이스 마샤두(Manoel dos Reis Machado)가 처음으로 까뽀에이라 교본을 만들어 까뽀에이라를 놀이문화에서 무술로 발전시켜 52개 동작으로 표준화시켰다.

한편 1941년에는 빠스찡냐 사범(Mestre Pastinha)이 '앙골라식 까뽀에이라' 도장을 열어 이의 선각자로 남게 되었는데, 그는 까뽀에이라의 기본 동작과 교육 방법론을 정립하였으며 도복(道服)도 처음으로 만들었다. 브라질의 대문호 조르지 아마두(Jorge Amado)의 작품에서도 언제나 카리스마적인 인물로 묘사되는 빠스찡냐는 화려한 화술을 구사하여 까뽀에이라의 철학자로 불리며 일생을 까뽀에이라 발전에 헌신하였다.

빠스찡냐 사범

까뽀에이라와 깐돔블레의 사회적 인정과 무범죄적 표현이 곧 브라질에서 흑인에 대한 사회적 차별의 종식과 더 이상 경찰의 추적을 피할 수 있는 계기가 되었던 것은 아니었다. 편견과 사회적 차별은 과거에도 그리고 오늘날에도 여전히 존속되고 있다. 하지만 흑인들의 이러한 문화적 전통은 곧 흑인들의 투쟁사에서 아주 중요한 승리로 각인되고 있으며 이와 함께 브라질에서 인종과 관련해 정치적이며 문화적인 역동성을 가장 잘 드러내주는 표현임은 틀림이 없다.

IX

인종의 불평등과 반차별 운동

현대 브라질에 있어서 흑인공동체와 단체는 인종 불평등에 대항한 투쟁의 핵심적인 요소이다. 이들 중 일부는 대부분의 아프리카계 브라질인들이 노예제도의 해방을 위해 투쟁하였던 19세기 말에 조직되어 그 역사가 오래된 것도 있으며, 또 일부는 20세기 들어와 흑인들의 차별과 열악한 생존조건을 위해 만들어진 것도 있다. 여기서는 이들 흑인조직들의 투쟁 전략과 정치적 주장, 그들의 이데올로기 등에 대해 살펴보고 이와 함께 브라질 사회에서 흑인들의 긍정적 편입을 위한 투쟁에 대해서 살펴보고자 한다.

노예제도 폐지 이후의 흑인 단체들

19세기에 만들어진 흑인조직체의 연속성과 20세기 초 시대적 요구에 부응해 태동한 또 다른 흑인 조직들은 흑인의 정치적 참여를 보여주는 명백하고 또 활동적인 표현이었다. 이들 조직을 통해 흑인 행동대원들은 인종차별에 대한 투쟁 전략을 발전시켜왔으며 또한 아프리카 후손 흑인들의

오늘날의 '빈곤자 보호사회'

사회적 편입과 통합을 위한 다양한 제안을 구체화하였다. 1832년 상호원조를 목적으로 만들어진 바이아 주의 '빈곤자 보호사회'(Sociedade Protetora dos Desvalidos)가 오늘날까지도 종교 수도회로 운영되고 있듯이, 이들 '유색인' 단체들은 과거 수도회의 계승자로 19세기에서 20세기에 이르는 동안 격변의 사회에서 그 명맥을 유지하고 있다. '빈곤자 보호사회'의 후원자의 수는 노예폐지 이후 크게 늘어났는데, 이는 노예해방 이후 곤란한 금전적인 상황과 가족의 사망으로 인한 절망에 대해 긴밀한 유대관계를 조성하기 위하여 불확실한 사회상황에 대비한 것으로 설명할 수 있다.

1880년과 1890년대에도 노예제도 폐지 이후 같은 목적을 가진 흑인 후원단체들이 히우 그란지 두 술 주에서 태동하였다. 이들은 노예해방 이후 새로운 시대가 부여해준 문제에 대처하기 위하여 흑인공동체를 조직하려는 목적을 가진 단체들로, 특히 노동의 세계에서 이들의 조직과 협력이 보다 공고해졌었다. 히우 그란지 두 술 주에서는 특히 흑인과 노동자 간에 이루어진 이러한 조직체들의 협력이 두드러졌는데, 노예해방 이후에도 노동관계에 있어서 여전히 존재하는 노예적 상황을 깨뜨리기 위하여 흑인의 노동 정체성에 대한 규정을 제안하기도 하였다. 흑인 노예 출신으로 히우 그란지 두 술 주 공화당(Partido Republicano)의 창당 발기인이었던 안또니우 바오바드(Antônio Baobad)에 의해 1987년 창설된 국제노동자연맹(União Operária Internacional)도 그러한 단체의 하나였으며, 그의 동생인 호돌푸 샤비에르(Rodolfo Xavier) 또한 이 지역 노동운동의 지도자로, 그는 20세기 초 지역 노동운동과 흑인운동을 주도한 인물이었다.

20세기 초에는 인종차별이라는 특정한 상황의 대처를 위한 일부 흑인 단체들이 만들어졌다. 1909년 히우 그란지 두 술 주에서는 흑인인

몬떼이루 로뻬스(Monteiro Lopes)가 연방하원의원에 당선되었지만 납득할만한 법적 이유도 없이 취임을 방해하는 시도가 발생하여 흑인 단체들이 이에 대해 항의시위를 벌이는 사건이 발생하였으며, 이와 함께 '몬떼이루 로뻬스 센터'(Centro Monteiro Lopes)가 창설되어 그의 하원의원 취임을 관철시켰으며 이후 이 단체는 해산되었다.

한편, 흑인들의 여가와 여흥의 필요에 부응하기 위한 단체들도 생겨났는데, 이는 흑인들이 백인 인종주의자들에 의해 종종 클럽에 입장이 금지되고 있었기 때문이었다. 그래서 싸웅 빠울루에서 1904년 처음으로 흑인 전용 댄스클럽이 문을 열기도 하였다.

백인들의 팀에 들어가지 못한 흑인과 혼혈인 축구선수를 위한 축구클럽도 20세기 초에 처음으로 생겨났다. 1907년 히우 지 자네이루에 본부를 둔 '스포츠 선수연맹'(Liga Metropolitana dos Sports Atléticos)은 '유색인'의 스포츠 팀 가입을 금지하였기 때문에, 1910년 싸웅 빠울루에서 흑인들만의 클럽 '싸웅 제랄두 선수연합'(Associação Atlética São Geraldo)이, 1916에는 '붉은 카네이션 클럽'(Clube Cravos Vermelhos)이 만들어졌다.

1920년대에 들어와서야 히우 지 자네이루에서도 흑인 선수들을 받아들이는 축구팀이 생겨났는데, 루이스 안또니우(Luís Antônio)와 같은 뛰어난 축구선수는 1919년 남미컵 대회 브라질 대표로 선발되기도 하였다. 인종차별에도 불구하고 흑인 선수들은 바닥에서 시작하여 브라질의 축구 수준을 한 단계 끌어올리는 데 큰 공을 세워, 브라질이 축구에서 여러 번 세계챔피언을 달성하는 데 지대한 역할을 하였던 것이다.

1910년 싸웅 빠울루 시에서는 이 지역 흑인을 위협하고 있는 주변화의 극복을 위한 후원단체 '유색인 연맹'(Federação dos Homens de Cor)과 같은 장기적인 목표를 가진 흑인단체들이 나타나기 시작하였다.

FNB의 80주년 기념포스터

뒤이어 1929년에는 싸웅 빠울루 시에서 흑인공동체를 통합할 목적으로 흑인들의 문제와 상호원조를 위한 논의의 장을 제공하기 위한 '빨마리스 시민 센터'(Centro Cívico Palmares)가 만들어졌는데, 이 조직은 흑인을 위한 병원과 은행을 설립하려고 시도하였으나 불발로 끝나고 말았다. 그러나 이들 싸웅 빠울루 흑인조직들은 훗날 흑인 언론과 '브라질 흑인전선'(Frente Negra Brasileira, FNB)의 창설을 위한 결정적인 밑거름이 되었다.

흑인 언론

흑인공동체가 늘어나면서 흑인의 이익과 활동을 대변해줄 신문의 창설을 위한 수요 또한 커지게 되었으며, 1910년대 이후 이러한 목적을 가진 흑인 언론이 나타나기 시작하였다. 이들 흑인 신문들은 나름대로 흑인들의 문제를 알려주고 논의하기 위한 역할을 수행하였지만 대규모의 언론으로 자리 잡지는 못하였다. 특히 히우 그란지 두 술 주에서는 '알보라다'(A Alvorada)와 '방구아르다'(A Vanguarda), '끄루자다'(A Cruzada) 그리고 '이젬플루(O Exemplo)'지(紙) 등이 잇따라 창간되어 흑인단체의 공지사항 및 일정에 대한 소식을 전하며 브라질 남부지역에서 흑인조직체의 단결에 공헌하였다. 그러나 흑인 언론이 가장 지속적으로 활약한 지

ALVORADA

ALVORADA

PEROLAS SOLTAS

'알보라다' 지

역은 싸웅 빠울루였으며, 20세기 초 30여 년간 이 지역 경제의 성공은 부분적으로 지역 언론의 성공에 힘입은 바가 컸다.

커피 농업의 번영은 싸웅 빠울루 시에 많은 변화를 가져왔다. 1900년 24만 명의 시민과 21,000채의 건물에 불과했던 시는 1910년에 37만 5천여 명의 주민에 32,000여 개의 건물로 늘어나, 과거 식민시대의 분위기를 보여줬던 이층집과 교회 등의 모습을 바꾸기 시작하였다. 18세기 '흑인 수도회'(Irmandade dos Homens Pretos)에 의해 건설되어 싸웅 빠울루 지역 흑인들의 중요한 문화적 근거였던 '호자리우 교회'(Igreja do Rosário)는 1904년에 사라졌다.

호자리우 교회

그리고 당시 가난한 싸웅 빠울루 주민들은 수도였던 히우 지 자네이루와 마찬가지로 시내 중심에서 쫓겨나 그들이 거주하였던 지역에는 상업 건물과 극장, 은행 등이 건설되었다.

한편, 확장일로에 있던 싸웅 빠울루 지역의 섬유 산업은 흑인노동자들보다 이탈리아와 포르투갈, 스페인과 독일 이민을 더 선호하게 되어, 흑인노동자들의 싸웅 빠울루 지역 도시 및 산업 발전에 필요한 노동시장 편입은 더욱 힘들어졌다. 유럽이민자의 유입이 주춤하고 이 지역 산업에 국내 노동자의 수가 늘어나게 된 1930년대에도 노동자의 계약과 파면은 여전히 인종차별적 기준에 의해 이루어져, 백인 다음 혼혈인의 순으로 노동시장을 확보할 수 있었지만 어두운 피부색의 인종은 피해를 볼 수밖에 없었다.

이러한 상황에서 흑인공동체의 정보와 교류의 채널을 만들 필요성이 대두되어, 과거 노예해방에 앞장섰던 많은 신문과 언론들이 노예해방 이후 흑인의 문제를 제기하기 시작하였다. 그중 '빠울리스따'(O Paulista)지(紙)는 브라질 사회에서 흑인의 상황을 논의하는 공간을 제공한다는 목적을 내세우기도 하였다.

BRAZIL Capital, 1° de Janeiro de 1916 E. DE S. PAULO

O MENELICK

ANNO 1

Regresso de Vesper

leitoras

'메넬리끄' 지

가장 먼저 1915년에 창간된 '메넬리끄'(O Menelick)지는 1896년 아드와 전쟁(Batalha de Adwa)에서 이탈리아를 패배시킨 에티오피아 황제인 메넬리끄 2세를 기념하여 만들어진 것으로, 아프리카에서의 유럽인 지배에 저항하는 대표적 언론으로 자리 잡게 되었다. 이 신문은 에티오피아 황제의 투쟁의 역사를 브라질 흑인의 역사에 비교하면서 서구 백인 중심의 우월주의 논리가 우세한 시대에 모든 흑인이 투쟁과 승리의 역사를 만들어가야 한다고 역설하였다.

이 신문은 또한 싸웅 빠울루 흑인공동체의 사회 · 문화적 단결과 유대의 삶을 강조하여 특히 흑인들에게 특별한 관심이 되는 클럽이나 기념식, 시위와 고발 등에 많은 지면을 할애하였으며, 이에 많은 흑인들이 다른 흑인들의 행동이나 처신을 비난하는 편견적이며 도덕적인 논조의 기고문을 실기도 하였다. 그래서 삼바(samba)와 깐돔블레(candomblé)와 같은 흑인들의 축제와 종교를 무절제하고 비문명화된 행위의 표현이라고 지적하기도 하였지만, 많은 다른 흑인들은 이를 흑인들이 안고 있는 사회적 차별에서 벗어날 수 있는 분출의 표현이라고 주장하여 논쟁이 일어나기도 하였다.

당시 신문들의 보급은 싸웅 빠울루의 중심지인 주영 멘지스 광장

(Praça João Mendes)과 같이 흑인들이 많이 거주하는 도심 곳곳에서 이루어졌는데, 당시 흑인들은 일요일마다 이들 지역에 모여 신문에 보도된 최근의 정치를 이야기하거나 언론들이 주관하는 흑인만을 위한 클럽이나 무도회장에 가곤 하였다. 당시에는 가정부나 식모, 노동자, 기자, 공무원 그리고 소상인들을 위한 서로 다른 무도장이 있었으며, 각각의 분위기나 규칙 또한 신분에 어울리는 양상을 보였다.

당시 브라질 사회가 인종차별의 존재를 인정하지 않았고 또한 흑인의 사회적 신분 상승이 인종차별의 이유로 작용하지 않았기 때문에 흑인에 대해 편견을 말한다는 것은 충분히 비난받는 일이었다. 편견의 부정은, 소수자의 특권을 유지하고 또한 흑인의 빈곤 상황에 대해 브라질 정부로 하여금 여하한 의무를 면제시켜주고 있었기 때문에 편리한 용어였다. 그래서 인종차별에 대한 문제를 다루면서 많은 흑인 신문들은 다양한 기교적 언어로 이를 비난하였다. 1926년 '여명의 나팔'(O Clarim da Alvorada) 신문은 인종차별과 관련해 다음과 같은 기사를 보도하였다: "이 땅에서는 많은 흑인들이 피부색이라는 편견의 존재를 확신하고 있다. 하지만 나의 동족이여, 그건 사실이 아니다. 존재하고 있는 것은, 우리와 같은 피부색을 지닌 사람들의 신분 상승을 막고 있는 야만성과 또 시기심뿐이다. (…) 브라질에서 인종의 편견에 대해 말할 수는 없다." 이처럼 이 신문은, 일부 흑인들의 사회적 상승을 어렵게 만드는 소수 백인들의 태도야말로 인종차별이라고 보았던 것이었다.

O Clarim Alvorada

A GRANDE DIVIDA BRASILEIRA

'여명의 나팔'지

흑인 신문들은 종종 흑인 민중에 대한 인종차별을 고발하는 기사를 보도하곤 하였다. 1923년 10월 21일자 '제뚤리누'(O Getulino)라는 신문은, "한 흑인이 공장에서 일할 사람을 찾는다는 기사를 보고 다른 어떤 후보자들보다도 가장 먼저 도착했음에도 불구하고, 흑인이라는 이유로 지배인과 얘기조차 할 수 없었다. 이는 명백한 인종차별이 아닌가?"라고 비난하였다. 이외에도 흑인들은 싸웅 빠울루 시에서 백인들이 다니는 공공장소에 대한 출입이 엄격히 제한되어 있어 많은 흑인 신문들이 이에 대한 비난 기사를 보도하기도 하였다.

많은 흑인 언론의 존재는, 당시 흑인운동가들에 의한 인종차별의 인식과 대처에 대한 다양한 차별성을 반영하였으며, 이들 신문에 기고하는 많은 흑인 지식인들은 브라질의 건설에 있어 흑인들의 문명적 공헌에 대한 인정을 요구하였다. 이러한 주장의 이면에는, 엘리트에 의해 형성된 민족주의가 브라질의 아프리카 민중을 인정하지 않고 오히려 배척하고 있으며 또한 브라질 형성에 기여한 흑인의 문화적이며 민속적인 기여를 축소하고 있다는 논리적 근거를 두고 있었던 것이다. 그래서 브라질의 민족성 형성에 있어 흑인들이 탁월한 역할을 하였음을 보상받기 위해 흑인 지식인들은, 브라질 현대화 과정에서 권력과 권리를 차지하기 위한 가능성에 도전하고자 하였다. 1924년 '제뚤리누' 신문은 '아프리카인을 위한 아프리카'라는 사설에서 "아프리카는 브라질과 같은 거대한 나라에게 활력을 배양하고 제공하려는 노동을 지니지 못한 사람들을 위한 곳인가? 진정 아프리카는 우리와 같은 사람을 위한 곳이 아니라 우리를 원하는 사람들을 위한 곳이었던가? 우리는 아프리카로 돌아가는 것보다 브라질의 정체성을 위해 더욱 투쟁하는 모습을 보여야 한다. 브라질은 브라질 사람, 즉 흑인을 위한 나라이다. 왜냐하면 우리는 지금 이곳에 있기 때문이다"라고 말하였다.

이러한 주장은, 흑인을 브라질 내에 있는 이방인으로 변모시키려는 일부 백인 분리주의자들에 대한 투쟁의 반응이기도 하였다.

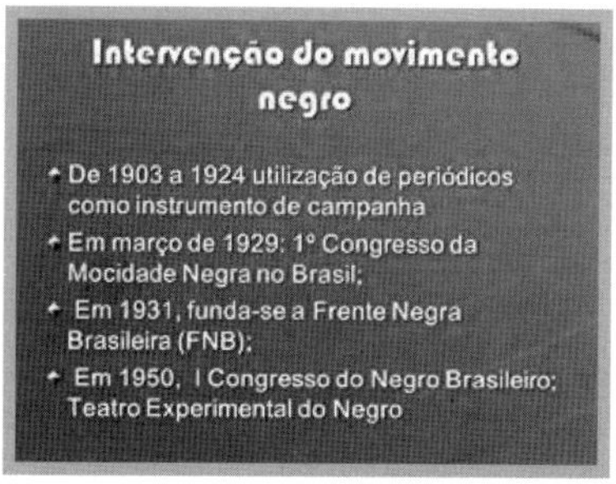

'흑인 청년의회' 캠페인

공화주의자 엘리트들에 의해 만들어진 브라질의 민족정체성은, 인종차별의 존재를 부정하는 것뿐 아니라 흑인 단체들의 형성을 저지하는 데 그 목적이 있었다. 1928년 '여명의 나팔'지(紙)가 '흑인 청년의회'(Congresso da Mocidade Negra)를 조직하려는 시도를 보도하자 싸웅 빠울루의 대규모 언론들은 "흑인들이 정치적인 열망을 조직하고 표현하려는 것은 브라질 지식인들에게 위협이 되고 있다, 무슨 필요성 때문에 그것이 존재해야 하고 또 그곳에서 무슨 말을 할 수 있다는 말인가?"라고 보도하면서 즉각 이를 반대하고 나섰다. '흑인 청년의회'의 결성은 재원 부족과 내부의 갈등 그리고 1929년 대공황으로 인한 경제 위기로 무산되었지만, 이를 시도한다는 보도만으로도 당시 사회에 심각한 우려를 나타내 보일 수 있다는 성과를 얻을 수 있었다. 이때 '여명의 나팔'지 기자들은 브라질에서 흑인들이 인종차별의 문제에 직면하고 있다는 어떠한 근거도 없이 미국식의 인종분리주의를 획책하였다는 비난을 받게 되었다. 하지만 당시 브라질 흑인들은 인종차별의 존재를 부인하고 흑인 민중에 대한 불행한 결과를 무시하는 그 자체가 인종차별의 또 다른 표현이라는 것을 잘 알고 있었다.

'브라질 흑인전선'(Frente Negra Brasileira)

프란씨스꾸 루끄레씨우와 동료들

흑인 언론과 조직들이 주도한 다양한 사회적 동원은 정당 성격을 가진 민족주의적 흑인 단체의 결성에 우호적인 분위를 만들었으며, 그러한 목적에서 1931년 싸웅 빠울루 시 리베르다지(Liberdade) 거리에서 '브라질 흑인전선'(FNB)이 창설되어 이후 전국으로 확산되었다. 창설을 주도한 프란씨스꾸 루끄레씨우(Francisco Lucrécio)와 과라나 지 싼따나(Guaraná de Santana), 아를린두 베이가 다 꼬스따(Arlindo Veiga da Costa), 하울 조비아누 두 아마랄(Raul Joviano do Amaral), 그리고 주제 꼬헤아 레이찌(José Correa Leite) 등은 '브라질 흑인전선'이야말로 '흑인공동체의 투쟁과 조직의 보루'가 될 것이라고 역설하였다. 그들은 대규모 단체의 조직을 통해서 흑인들의 사회 · 경제적 신분 상승을 가로막고 있는 인종차별에 대한 투쟁을 가장 효율적으로 할 수 있을 것이라고 판단하였는데, 다른 흑인 조직체와 마찬가지로 초기에는 흑인들의 교육 및 여가, 사회적 활동에 헌신하였지만 곧 정치적 투쟁의 길로 방향을 전환하였다.

'브라질 흑인전선'은 또한 흑인노동자들의 노조 센터로의 역할을 수행하여, 그 주요한 목적의 하나가 노동 시장에서 법적 보장을 지닌 노동자의 권익 확보였으며, 그리고 제뚤리우 바르가스(Getúlio Vargas) 대통령에게 요구한 것 중 하나는 유럽이민의 종식이었다. '브라질 흑인전선'의 지도자들은 국내의 노동자들이 더 많은 고용의 기회를 얻기 위해 외국인에 대한 브라질의 문을 굳게 닫는 것이 필요하다고 주장하였다. '브라질 흑인전선'은 또한 고용주와 노동자간의 중재에도 헌신하였으며 이와 함께 흑인들의 공무원직 등용을 주장하여 당시까지 금지되었던 싸웅 빠울루 주 경찰대에 흑인들의 등용을 이뤄내기도 하였다.

한편, 정부에 대해 흑인의 사회 · 정치적 참여를 요구하면서 '브라질 흑인전선'은 흑인 자신들로 하여금 현대 사회가 요구하는 조건에 부합하는 당시 사회의 관습을 따를 것을 주장하여, 아프리카 기원의 문화적 패턴을 지양하고, 당시의 의상을 착용하며 그리고 경찰과의 어떠한 충돌도 피할 것을 흑인들에게 주문하였다. 이러한 요구는, 만일 흑인들이 좋은 일자리에서 배제될 경우 그것은 곧 흑인들의 아프리카에서나 노예제도 시절의 관습과 행동을 포기하지 못하는 이유가 될 것이라는 논리에서 비롯된 것이었다.

'브라질 흑인전선'의 생각은 흑인들이 사회적 불평등을 극복하기 위해서는 당시 사회가 요구하는 관례를 따르는 것이 필요하며, 이는 곧 흑인들의 격리를 요구하는 백인 분리주의자들에 대처하는 하나의 방법이 될 수 있다는 것이었다. '브라질 흑인전선'의 이러한 정치 전략은 과거 흑인지도자들의 정치 연설에서도 누차 강조되었던 것이지만, 보다 새로운 점은 흑인의 브라질 정치 참여가 인종적 불평등을 극복하는 가장 효율적인 노선이며, 정치적 통합은 곧 사회, 경제적 통합을 위한 첫걸음이라는 것이었다.

싸웅 빠울루의 모델을 따라 바이아와 히우 그란지 두 술, 이스삐리뚜 싼뚜 그리고 미나스 제라이스 주 등에서도 '브라질 흑인전선'은 같은 정치적 노선을 취하였다. 각 지역의 이들 조직은 공동의 정보망과 행동 및 동원 전략을 구사하며 특히 흑인들의 문맹과 인종불평등 의식의 척결을 위한 다양한 행사를 주도하였다. 그래서 노예해방이 이루어진 '황금법'이 발표된 5월 13일을 기념하여 이날을 브라질 흑인의 상황에 대한 토론과 인종 불평등의 제고의 기회로 삼고자 다양한 행사를 준비하는데, 5월 13일의 이러한 정치적 기념행사는 정부가 조직적으로 은폐하려고 시도하였던 흑인의 요구조건을 공식적으로 논의하는 기회를 허용하는 자리였었다.

FNB의 창립자의 한 명인 주제 꼬헤아 레이찌

'브라질 흑인전선'의 내부 조직은 매우 위계질서가 강했으며 모두 20명의 위원회가 지도부를 형성하며 지방 조직에 의해 구성되는 위원회가 따로 존재하고 있었다. 이 조직의 구성원들은 조직이 발행한 증명서를 소지하여 혹시 경찰에 의해 구금이 될 경우에도 '믿을 만한 사람'으로 인정받아 곧 풀려날 정도였다. '브라질 흑인전선'은 한편 저가(低價)의 의료지원과 문맹퇴치 및 직업 교육과 같은 사회적 지원에 대한 사업을 실행하면서도 정당-정치적 활동을 펼쳐 당시 제뚤리우 바르가스 정권과 협력관계를 유지하였다. 하지만 '브라질 흑인전선' 내부에는 사회주의자들뿐 아니라 전체주의자들도 함께 공존해 있는 관계로 내부에서의 정치적 의견 통일은 쉽지 않았다.

'브라질 흑인전선'과 바르가스 정부와의 긴밀한 관계는 'FNB'의 법적 정당성을 보장받으려는 전략이기도 하였지만, 한편 바르가스 정부하에서 자신들의 오랜 염원, 즉 인종차별 없는 혼혈인 브라질 국가의 건설과 정부가 가난과 문맹, 매춘과 알코올중독과 같이 흑인들이 안고 있는 문제의 해결책을 제시할 가능성을 기대하였기 때문이었다. 바르가스 정부에 대한 이러한 기대는 브라질의 흑인 인종에게 시민권을 보장해줄 수 있는 강한 국가로서의 면모를 바라는 것이었으며, '혼혈인' 형성의 주체자로서 흑인을 국민의 한 부분으로 인정받으려는 것이었다.

이와 관련하여 바르가스 정권은 흑인 민중에 대한 우호적인 일련의 조치를 단행하였는데, 그중 1931년 모든 기업 및 상업 시설에 브라질 국민 최소 2/3의 고용을 보장하는 '노동 국유화법'을 공표한 것이 대표적인 것이었다. 바르가스 정권은 외국 이민자들에 대해 국내노동자들을 보호하기 위해 이 법안을 공표하면서 오랜 시간 동안 노동문제에 대한 국가의 개입을 비난해왔던 흑인들의 동조를 얻게 되었다. 하지만 바르가스 정부의 정치는 'FNB'의 열망을 채우기에는 미흡하였다. 정부 내각에서는 이와는 반대의 조치를 취하기도 하였는데, 특히 흑인과 혼혈인을 '잠재적인 범죄인'으로 간주하여 범죄의 억제와 예방 행동은 모두 인종주의에 입각하여 흑인과 혼혈인 계층에게만 주목하는 조치를 취하였다. 이는 바르가스 정권 당시 흑인 민중을 여전히 괴롭히는 처사일 수밖에 없었다.

흑인공동체와 당시 바르가스 정부와의 알력은 1932년 싸웅 빠울루 제헌 혁명에서도 촉발되었다. 당시 싸웅 빠울루 주민과 연방 정부 간의 무장 투쟁 와중에 'FNB'는 조직 내에 정부에 대한 동조자와 적대자가 공존해 있는 관계로 혁명에 거리를 두었으나 일부 흑인지도자들은 '빠울리스따 국가'라는 명칭으로 연방정부에 대항하는 약 2천 명 이상의 흑인으로 구성된 '싸웅 빠울루 흑인 군대'를 조직하였다. '흑색 진주'(Pérolas Negras)라고도 알려진 이 군대는 학생들과 노동자, 철도노동자, 포르투갈인, 독일인, 스페인인, 그리고 원주민 인디오 군대에 가세해 정부군과 대항하였는데, 당시 활약했던 주요 인물로는 브라질 역사에서 중요한 흑인과 혼혈인 영웅으로 추앙받고 있는 안또니우 뻬레이라 헤보우싸스(Antônio Pereira Rebouças)와 엥리께 지아스(Henrique Dias)와 같은 인물도 있었다. 이들은 당시 혁명을 흑인들의 시민권을 보장하는 절호의 기회로 생각하였으며, 혁명은 곧 억압받는 자유국가의 건설을 위한 가장 중요한 첫걸음이라고 강조하며 '유색인종'의 단결을 호소하였던 것이다.

안또니우 뻬레이라 헤보우싸스

흑인 민중의 제헌 혁명에 대한 또 다른 참여 동기는 흑인 실업자들이 무력 투쟁에 참가하면서 보상을 받을 수 있는 기회로 생각하였기 때문이었다. 그래서 일부 흑인 여성들도 간호사나 재봉사, 요리사, 그리고 심지어는 군인으로 자원하기도 하였으며, 이들에게는 기증이나 공적 재원을 통하여 월급과 식료품, 의료지원 등의 혜택이 주어졌는데, 과거 빠라과이 전쟁(Guerra do Paraguai)에서 그랬던 것처럼 혁명과 전쟁이 생존을 보장하는 수단으로 변질되었다는 사실은 매우 아이러니한 일이었다.

1932년 혁명을 승리로 끝낸 '싸웅 빠울루 흑인 군대'와 'FNB'는 곧 정당으로의 탈바꿈을 시도하고 권력의 내부에서 자신들을 대표할 흑인들을 선출하여 정치에 참여시키고자 하였다. 그래서 1936년 선거법원에 정당으로서 필요한 조건을 갖춰 등록하였지만, 1937년 제뚤리우 바르가스 정권이 공산혁명의 음모를 핑계로 '신국가'(Estado Novo)라는 독재체제를 선포하면서 모든 정당과 노조, 언론의 해산, 공공 시위 등의 금지가 발표됨으로써 'FNB'를 포함한 모든 정당이 해산되었고, 이후 하울 조비아누 두 아마랄(Raul Joviano do Amaral)에 의해 '브라질 흑인 연맹'(União Negra Brasileira)으로 명칭을 변경하려 하였지만 이 또한 무위로 끝나고 말았다.

또 다른 흑인 단체들

바르가스 대통령의 신국가체제 선포

'신국가' 체제의 정착으로 언론 검열이 이루어지면서 'FNB'의 기관지였던 '인종의 목소리'(A Voz da Raça)지(紙) 또한 출판 중지되고 '브라질 흑인 연맹'(União Negra Brasileira)도 해산된 해는 공교롭게도 노예해방 50주년을 맞은 1938년이었다.

그로부터 10년 후 1948년 히우 지 자네이루에서 흑인지도자 압디아스 두 나쉬멘뚜(Abdias do Nascimento)가 주도하여 '낄롬부'(Quilombo)지(紙)가 창간되어 흑인들의 사고와 언론의 새로운 지평을 열게 되었다. '낄롬부'지는 인종차별에 대항한 투쟁에 백인들의 참여를 주장하며 브라질 사회에 있어 흑인들의 긍정적인 통합 가능성을 새롭게 시도하고자 하여, 이미 미국과 프랑스의 흑인 언론들에서 행해지는 것처럼 브라질 인종차별에 대한 논의와 비난의 대열에 흑인뿐 아니라 백인 지식인들도 동참시키고자 하였다. 그래서 질베르뚜 프레이리(Gilberto Freyre)와 아르뚜르 하무스(Artur Ramos), 넬손 호드리게스(Nelson Rodrigues), 하껠 지 께이로스(Raquel de Queiroz), 무릴루 멘지스(Murilo Mendes) 그리고 호제르 바스띠지(Roger Bastide)와 같은 당대의 지식인과 문인들이 '낄롬부'지에서 인종 문제에 대한 열띤 논쟁을 펼치기도 하였다.

'낄롬부'지는, 한편으로 아프리카의 뿌리라는 기원의 문제를 소홀히 하지 않고 다른 한편으로는 브라질 문화의 단일하고 창조적 요인을 흑인과 혼혈인에 두고 아프리카-브라질 정체성의 구축을 목적으로 한 언론이라고 말할 수 있다. 이 신문은 브라질 사회에서 흑인의 인권 투쟁과 인종차별에 대한 반대를 통하여 인종의 통합을 주창하여, 특히 흑인문화의 시위와 흑인에 대한 열린 교육의 면에서 흑인운동을 선도하였다. 그리고 흑인성(negritude)의 긍정적 이미지를 강조하며 흑인의 시민권과 자존감을 획득하는 데 지대한 기여를 하였다. '낄롬부'지는 1950년에 폐간되었으며, 이후 1964년 군부 쿠데타에 의해 또 다른 흑인 신문인 '꼬헤이우 데바누'(Correio d'Ebano)도 폐간되었다.

Quilombo

'낄롬부' 지

흑인 실험극단(實驗劇團)

압디아스 두 나시멘뚜

1930년대 이후 브라질 내외로 흑인운동을 선도한 인물들 중에는 '브라질 흑인전선'(FNB)의 창립자였던 극작가와 미술작가, 시인과 소설가, 그리고 압디아스 두 나시멘뚜(Abdias do Nascimento)와 같은 흑인정치인들이 주가 되었는데, 이들은 1945년 '흑인 실험극단'(Teatro Experimental do Negro, TEN)을 창설하였다. 압디아스 두 나시멘뚜는, TEN은 인종차별에 반대하고, 아프리카-브라질인 극작가와 배우들의 유대를 돈독히 하며 또한 브라질 사회에서 언제나 조롱과 천박한 유희로 취급받았던 흑인문화전통을 증진하기 위한 목적에서 만들어진 것이라고 밝혔다.

백인화와 백인 미학의 가치화에 표현되는 흑인 민중을 위한 인종차별의 내면화(內面化)에 주력하였던 TEN은 1949년 5월 '브라질 흑인 전국대회'(Convenção Nacional do Negro Brasileiro)와 1950년 제1회 브라질 흑인 의회(1° Congresso do Negro Brasileiro)를 조직하는 데 크게 기여하였다.

TEN이 관심을 갖는 주요 문제는 흑인 연극과 시, 음악 그리고 무엇보다도 깐돔블레(candomblé)와 같은 아프리카 전통의 종교 등이었으며, 이와 함께 아프리카 문화유산의 가치와 혼혈화의 고양을 통하여 브라질의 혼혈적 정체성 확립은 TEN이 주장하는 50년대 흑인운동의 주요 목표였다.

1945년 제뚤리우 바르가스 독재정권의 종식과 함께 흑인운동은 보다 가속화되고 당시의 민주화 상황을 이용하여 1945년 싸웅 빠울루에서 '브라질 흑인 전국대회'가 개막되었다. 대회의 목적은 무엇보다도 제헌 의회에 제출할 흑인 인권의 고양과 흑인의 요구조건을 명문화하기 위한 것이었는데, 이러한 의도는 싸웅 빠울루와 히우 지 자네이루 언론과 유착관계에 있던 일부 엘리트들의 반감을 사고 말았다. 일부 언론에서는 흑인들의 조직화는 민주주의를 위협하고, 백인에 대한 흑인의 편견과 같은 '역전된 인종차별'을 조장할 수 있다고 비난하고 나섰는데, 이 같은 주장은 곧 흑인들이 인종차별에 대항하여 조직화하는 것을 인정할 수 없다는 브라질 사회의 인종적 편견의 존재를 증명하는 것이기도 하였다.

캐서린 던햄

브라질의 인종차별은, 1950년 세계적인 명성의 미국인 발레리나 캐서린 던햄(Katherine Dunham)이 브라질을 방문하여 흑인이라는 이유로 싸웅 빠울루의 한 호텔에서 숙박을 거부당하는 사건이 발생하면서 국제적인 주목을 받게 되었다. 당시 캐서린 던햄은 자신이 인종편견의 희생자가 되었다고 주장하며 브라질의 인종민주주의를 비난하고 나섰는데, 이 사건은 국내외에서 큰 반향을 일으켜 브라질 정치인과 엘리트들을 압박하고 한편으로 흑인 인권운동가들로 하여금 정부를 압박하는 계기가 되었다. 이에 브라질 의회는 1951년 아퐁수 아리노스(Afonso Arinos) 하원의원의 소위 '아퐁수 아리노스 법', 즉 '피부색을 이유로 그 누구도 고용과 교육 그리고 공공직책에 대한 제한을 받을 수 없다'라는 법안을 통과시키기에 이르렀다. 하지만 이 법은 인종편견에 대한 투쟁에 있어 효율적인 제재조치를 포함하고 있지 않아, 이 법을 위배한 어떤 경우도 처벌받지 않았었다.

아퐁수 아리노스

1964년 군부독재 이후에도 그리고 언론에 대한 검열에도 불구하고 인종편견에 대한 비난은 언론에서 더욱 맹렬하게 논의되었다. 그래서 1968년 이러한 비난과 흑인 노동력에 관한 조사를 토대로 브라질 노동부는 사기업 일자리의 2/3를 흑인에게 제공하는 법안을 발의하였지만 군사정부는 흑인에 대한 정치적인 고려를 인정하지 않으려고 하였으며, 일부 지역 언론에서도 브라질이 혼혈국가임에도 불구하고 일부 흑인들에게 고용의 기회를 제공하려는 것은 정당치 못하다고 주장하고 나섰다. 뒤이어 1970년 이후 군사정권은 브라질에서 인종주의를 논하는 것 자체를 공공질서의 전복 행위로 볼 수 있다고 주장하였다.

21년간의 군사정권하에서 피부색은 인구통계 등에서 전혀 고려되지 않았으며, 정권은 인종의 불평등이 공식적인 통계연감에서 유효성을 갖는 것을 적극 저지하였다. 혼혈인이라는 민족적 유산만이 군사정권에 의해 언론에서 지속적으로 유포되었으며, 혼혈이라는 브라질의 인종적 조화는 곧 국가의 가장 독특한 특징으로 고려되었다. 그래서 민중의 피부색에 대한 언급은 곧 편견과 차별의 신호로 받아들여졌다. 이후 브라질 국민의 피부색을 고려한 통계연감은 1980년에야 처음으로 나타났는데, 이는 흑인운동과 일부 정치사회학자들이, 브라질이 안고 있는 불평등의 문제를 이해하고 극복하기 위해서는 피부색이 가장 중요한 변이 요소라는 것을 정부에 납득시키고자 오래 투쟁한 끝에 얻어진 결과였다.

군부독재의 시대와 이에 항거하는 군중

X

현대 브라질의 흑인운동

1960, 70년대는 전 세계 각지에서 정치, 문화, 사회적 대변혁이 일어난 시기로, 유럽에서는 학생 및 페미니즘 운동, 미국에서는 흑인들의 인권투쟁, 아프리카에서는 독립전쟁, 베트남에서는 내전, 그리고 라틴 아메리카에서는 게릴라 투쟁이 지속적으로 발생하던 급변의 시대였다. 그리고 강압적이며 폭력적인 군사독재가 실행되고 있던 브라질에서는 국회가 해산되고, 의회 정치인들의 정치활동이 금지되고, 정당이 해산되었으며, 노동자와 농민, 학생운동조직이 금지되고 좌파 운동가들이 체포, 고문되는 상황이 벌어지고 있었다. 이러한 억압정치는 흑인 민중과 흑인 단체들에게도 직접적인 영향을 미쳤지만, 그러나 군사정부는 겉으로 브라질에는 완전한 인종의 화합이 존재하고 있다는 것을 보여주기 위해 선전을 통해 인종차별의 존재 자체를 부정하고 있었다.

군사정권의 이러한 억압이 계속되는 동안 일부 흑인 단체는 정치투쟁에서 벗어나 문화 및 여가 단체로 탈바꿈해야 했다. 1969년 싸웅 빠울루 시 베시가 구(區)(Bairro do Bexiga)에서는 '흑인문화 및 예술 센터'(Centro de Cultura e Arte Negra)가 창설되었고, 1970년대에는 전국 주요 도시에서 흑인들이 주도하는 연극 및 음악, 예술 단체들이 결성되었다. 이러한 문화운동은 브라질 내에서뿐 아니라 전 세계에서 흑인문화와 역사에 관심을 갖는 아프리카-브라질 공동체 형성에 지대한 영향을 끼쳤다.

제임스 브라운

이와 함께 전국 주요 도시의 가난한 흑인 공동체들도 일단의 변화를 겪기 시작하였는데, 특히 흑인 젊은이들이 당대의 전 세계적인 변혁에 접촉하면서 언어와 의복, 시위 등 새롭고도 다양한 행동을 표출하기 시작하였다. 디스코텍에는 제임스 브라운(James Brown)의 째지는 목소리가 대표적인 미국 흑인 음악인 소울(Soul)이 등장하였는데, 미국 흑인들의 전형적인 음악인 소울은 브라질 흑인 젊은이들에게 무도의 스타일로, 그리고 현대 흑인의 미학을 보여주며 큰 반응을 불러일으켰다. 도심지 외곽 빈곤지역의 흑인 젊은이들은 소울 음악의 가사는 이해하지 못했지만, 리듬과 제스처, 그리고 춤동작에 매료되어 흑인의 본심을 드러내었다. 제임스 브라운의 소울 음악은 브라질의 흑인 작곡가와 가수인 제니발 까씨아누(Genival Cassiano)와 또니 또르나두(Toni Tornado) 그리고 띰 마이아(Tim Maia) 등에게 큰 영향을 미쳤다.

띰 마이아

1970년대 말 히우 지 자네이루 외곽지역의 무도회장은 소위 '블랙 히우'(Black Rio)로 알려진 흑인성(negritude)의 표출과 확인을 주장하는 흑인운동의 기원이 되었으며, 당시 브라질 흑인 젊은이들은 금발에 굽이 높은 컬러 신발을 신고 밑단이 넓은 바지를 착용한 외모로 자신들의 저항심을 표현하기도 하였다. 이는 70년대 미국에서 흑인들이 자신들의 새로운 방식으로 흑인 미학을 주장했던 정치 · 문화운동인 소위 '블랙 파워'(Black Power)의 스타일과 같은 것이었다.

브라질 흑인 젊은이들은 미국의 흑인 음악에만 매료된 것은 아니었으며, 매스컴의 발달로 카리브와 유럽, 그리고 아프리카의 음악도 쉽게 접할 수 있었다. 특히 1970년대 중반 이후 자메이카의 레게음악이 유명한 음악인 질베르뚜 질(Gilberto Gil)에 의해 도입되어 브라질의 흑인 밀집지역 젊은이들에게 빠르게 전염되기도 하였다.

질베르뚜 질

바이아 주의 일단의 흑인들은 레게음악뿐 아니라 '드레드락'(dreadlocks), 즉 자메이카 흑인이 하는 여러 가닥의 로프 모양으로 땋아 내린 라스타파리안(Rastafarian) 헤어스타일도 즐겨 하였다. 레게음악은 브라질의 흑인들에게 인종차별로 야기된 일상적인 고통과 번민 앞에서 정신적, 이념적 희망을 공고히 하고 이와 함께 반식민주의와 반인종주의 항거의 메시지를 전해주었으며, 특히 레게음악의 대가였던 밥 말리(Bob Marley)의 '자유의

노래'는 브라질의 추종자들과 팬들에게 '정신적인 노예제도로부터의 해방'이라는 메시지를 전달하였다.

처음에 브라질 언론들은 도심지 주변에서 벌어지는 이러한 흑인운동을 무시하였고, 좌파 진영에서도 흑인 청년들이 미국음악을 즐기는 것을 미제국주의의 난잡함을 따라하는 치졸한 행위라고 간주하며 고까운 시선으로 바라보았다. 그래서 흑인 젊은이들은 세간의 인식을 단순한 편견이라고 주장하며 브라질 흑인 자체의 정체성을 재생산하는 문화적 활동을 시작하는데, 이는 흑인들의 정치적 조직화와 특히 흑인성의 인식과 표현 형태에 커다란 영향을 미치게 되었다.

수백 명의 흑인 젊은이들은 무도회장이나 디스코텍에서 서로의 유대관계를 강화하고 브라질 흑인의 상황과 현실에 대한 경험과 논의를 나누며 70년대 말 소울 음악에서 비롯된 흑인의 문화적 활동 지평을 넓혀갔던 것이다. 대표적인 예로 1976년 히우 지 자네이루에서는 소울 음악에 맞춰 춤을 추던 한 그룹이 아프리카-브라질 전통과 역사, 그리고 연극과 춤 등의 과정을 개설하여 흑인들의 문화 활동에 대한 학구적인 연구를 시작하였다.

1970년대 북동부 살바도르의 흑인 민중들은 디스코텍에 드나드는 것 대신에 음악과 미학의 또 다른 표현을 통해 자신들의 흑인성(negritude)을 표출하는 새로운 형태를 개발하기 시작하였다. 살바도르의 카니발은 삼바스쿨(escola de samba)과 아포쉐(afoxé)[13] 등에서 흑인의 전폭적인 참여를 보여주었으며 1974년에는 오늘날 그 유명한 '일레 아이에'(Ilê Ayiê)가 살바도르 시 리베르다지 구(區)에서 창설되었다. 요르바(iorubá) 어로 '이 땅은 우리의 집'이라는 의미의 '일레 아이에'는

13 요루바어에서 파생된 말로 거리의 깐돔블레라는 의미

오늘날 삼바스쿨과 유사한 '블로꾸'(bloco) 또는 그룹으로서 아프리카 흑인문화를 표현하고 흑인의 정체성을 표현하려는 의도에서 만들어진 조직으로, 처음으로 인종차별에 대항한 시위를 노래 가사에서 표현하였으며 동시에

일레 아이에

아프리카와 흑인의 역사와 문화, 미학을 강조하였다. 1974년 살바도르 거리에서 펼쳐진 첫 번째 카니발에서 '일레 아이에'는 빠울링유 까마페우(Paulinho Camafeu)가 만든 다음과 같은 노래를 불렀다.

> 여기 이곳은 내가 알고 싶어 하는 곳
> 그곳은 당신에게 보려주려는 흑인의 세계
>
> 우리는 정당한 혼혈인
> 우리는 딱딱한 머릿결의 흑인
>
> 백인인 당신이
> 우리 흑인이 갖고 있는 가치를
> 알게 된다면
> 당신 역시 역청으로 샤워해
> 흑인이 될 것이네

살바도르의 흑인 민중 밀집지역에서의 '일레 아이에' 그룹의 행진에는 잘 알려진 올로둥(Olodum)과 무젠자(Muzenza), 그리고 말레 데발레

올로둠

(Malê Debalê)와 같은 그룹도 자메이카 음악의 영향을 받은 소위 '삼바-레게'(samba-reggae)라는 새로운 리듬의 음악을 선보이며 행진에 동참하였다. 하지만 흑인 그룹의 활동은 카니발 기간에만 한정되지 않고 연중 내내 흑인들의 정치 · 문화적 이벤트를 통하여 동조자를 규합하곤 하였다. 당시 창설된 흑인 그룹들은 전통적인 것뿐 아니라 예술적인 교육에 헌신하며 오늘날까지도 여전히 카니발에 참여하고 있다.

마틴 루터 킹 목사

1970년대에는 전 세계 각지의 흑인 정치운동에 관한 정보가 브라질 흑인 민중들에게 속속 전해지고 있었다. 그래서 브라질의 아프리카-브라질인들은 미국에서의 소위 '블랙 파워'(Black Power)와 시민권 운동을 주목하고 있었으며, 단편적이나마 미국의 흑인들을 위한 기회 평등과 권리 옹호를 주장하였던 안젤라 데이비스(Angela Davis)와 말콤 엑스(Malcolm X), 그리고 마틴 루터 킹(Martin Luther King) 등의 사상은 브라질의 흑인 지성인과 인권운동가들에게 영향을 미치기 시작하였다.

또한 당시 브라질 흑인들에게는 70년대 중반 앙골라와 모잠비크의 독립을 이끌었던 포르투갈 식민주의에 반대하는 아프리카 국가들의 민족해방운동에 관한 소식들이 언론을 통해 알려지며 커다란 반향을 일으켰다. 아프리카-브라질인들은 미주뿐 아니라 아프리카에서도 흑인들이 인종차별과 억압에 직면하고 있다는 것을 인식하게 되었으며 이와 함께 가장 혹독하고 극단적인 형태의 인종차별 정책인 남아프리카공화국의 아파르트헤이트(Apartheid)에 대항한 흑인 인권운동에 대해서도 지대한 관심을 갖게 되었다. 아프리카인들의 이러한 인권투쟁은 곧 앙골라의 아고스찡유 네뚜(Agostinho Neto)와 남아프리카의 넬슨 만델라(Nelson Mandela), 그리고 모잠비크의 싸모라 마셀(Samora Machel)과 같은 이름을 딴 브라질 흑인 인권단체들의 정치적, 이념적 표상이 되었으며, 이들에 의한 인권투쟁은 브라질에서 흑인의 인권신장 투쟁을 승리로 이끌기도 하였다.

넬슨 만델라

1970년대에는 흑인들이 또한 전국적인 조직체를 결성하여 흑인운동을 주도하였는데, 그러한 목적하에 1978년 7월 7일 '인종차별에 대항하는 흑인 통일운동'(Movimento Negro Unificado Contra a Discriminação Racial)이 결성되었으며, 같은 날 싸웅 빠울루 시립극장 앞에서 수백 명이 운집한 가운데 대중 집회가 열려 찌에떼(Tietê) 요트경기에 출전한 네 명의 흑인선수들에 대한 차별과 또 다른 흑인 청년에 대한 고문과 살인에 대해 성토하였다. 이들 단체에 의한 대중 집회와 시위는 향후의 흑인정책의 방향에 크게 영향을 미쳤지만, 당시 브라질은 군사독재하에 있었기 때문에 흑인들의 시위와 반인종차별주의자들의 집회는 공권력, 곧 군부독재에 대한 도전으로 받아들여질 수밖에 없었다.

후에 '통일흑인운동'(Movimento Negro Unificado, MNU)으로 이름을 바꾼 '인종차별에 대항하는 흑인 통일운동'은 1970년대 군부정권이 채택하였던 브라질 인종 민주주의의 사고를 비난하고 나섰지만, 좌파단체들의 입장은 약간 상이하였다. 즉 불평등과 인종차별의 문제는 자본주의 체제하에서 지배계급의 착취로부터 야기된다는 입장은 동일하였으나, 좌파조직들은 이러한 불평등을 불식시킬 수 있는 것은 오로지 사회주의 혁명이라고 보고 인종차별에 대해서는 의미가 없다고 인식하였다. 그들은 사회적 불평등을 해소하면 자동적으로 인종적 불평등도 해소될 수 있다고 보았던 것이다.

브라질 흑인운동 조직은 미국 흑인 단체들의 인권옹호, 특히 '블랙파워' 운동의 영향을 크게 받았는데, 미국의 경우 두 개 인종의 분류에 기반한 사회, 즉 인종의 범주로서 흑인과 백인을 나누고 흑인의 혼혈은 똑같이 흑인으로 생각하였던 입장을 견지하고 있었던 반면, 브라질에서는 그 입장이 상이하였다. 즉 미국에서는 흑인의 정체성이 아프리카 후손이라는 사실에 의해 결정됐다면, 브라질에서는 피부색과 머릿결과 같은 신체적 특징에 의해 결정됐다. 그래서 브라질에서는 밝은 피부색의 흑인 혼혈인의 경우 돈과 권력이 있고 또 고등교육을 받은 경우에 백인으로 취급될 수 있었다. 곧 소득과 교육이 인종의 분류에 지대한 영향을 미쳤으며 이러한 논의는 흑인운동의 공고화를 위해서도 매우 중요한 사실로 작용하였다.

'통일흑인운동'(MNU) 조직의 출현은 군부독재 시절의 정치 투쟁을 재설정하였는데, 특히 최대의 흑인투쟁단체로서 역할을 수행하는 것과 좌파 단체들로 하여금 브라질 사회의 흑인문제에 대한 인식을 공유하도록 납득시키는 역할이 주어졌다. 1970년과 1980년대에 다양한 흑인 단체들이 결성되었는데, 1988년 한 조사에 따르면 전국에는 343개의 흑인 조직들이 존재하고 있었으며, 그중 싸웅 빠울루 주에 138개, 히우 지 자네이루 주에 76개, 미나스 제라이스 주에 33개 등을 포함하여 전국에 흑인 단체가 결성되어 있었다.

렐리아 곤잘레스

한편 흑인 민중이 겪는 인종차별에 대한 문제를 논의하는 과정에서 특히 흑인 여성운동 조직의 활동이 부각되었는데, 그중 70, 80년대 흑인 여성운동의 리더였던 렐리아 곤잘레스(Lélia Gonzalez)는 흑인 여성단체의 중요성을 강조한 인물로 평가받고 있다. 이와 함께 1988년 싸웅 빠울루에서는 흑인 여성의 가치화와 인종차별에 대항한 투쟁을 목적으로 하는 정치조직인 '젤레데스'(GELEDÉS)가 창설되었다. GELEDÉS는 특히 가정과 성적 폭력으로 고통받는 흑인 여성들에 대한 법적, 심리적 지원을 비롯하여 여성의 사회교육을 담당하고 있는데, 지난 2001년에는 GELEDÉS를 포함한 25개 여성단체가 흑인 여성에 대한 공공정책의 도입과 인권신장을 위한 논의를 범국내적으로 통솔하기 위해 '브라질 흑인 여성단체'(Organizaões de Mulheres Negras Brasileira)가 조직되었다.

무토지농민운동

대부분의 사회운동과 마찬가지로 흑인운동 단체들은 주로 도심지역에 그 활동 기반을 두고 있지만, 농촌지역에서도 상당한 활동을 펼치고 있다. 특히 '무토지농민운동'(Movimento dos Sem Terra, MST)과 같은 조직에 대한 활발한 참여 외에도 과거 흑인 노예들이 농장에서 탈출해 오지에서 마을 이루며 집단생활을 했었던 '낄롬부'(quilombo) 잔재의 공동체를 결성하는 데도 주력하였다. 여기서 '낄롬부'란 과거 도망친 흑인 노예들이 형성한 공동체뿐 아니라 과거 노예제 농장의 토지와 과거 노예들에게 양도된 토지를 점유한 공동체라는 폭넓은 의미를 포함하고 있다. 농촌지역 흑인운동단체의 가장 큰 성과는 연방헌법에 "토지를 점유하고 있는 낄롬부 공동체의 잔존자들에게 국가가 상응한 증서를 발행함으로써 소유권을 인정해준다"라는 조항을 삽입시킨 것이었다. 최근의 조사에 따르면 브라질 전국에는 약 2,000개 이상의 낄롬부 공동체가 존재하고 있는데, 대부분이 점유하고 있는 토지의 법적 취득을 인정받지 못하고 있는 것으로 밝혀졌다. 정부로부터 공식적으로 토지소유가 합법화된 낄롬부 공동체는 1995년에 소유권을 인정받은 빠라 주의 보아 비스따(Boa Vista) 낄롬부였다.

이처럼 흑인들은 최근 수십 년간 다양한 형태로 흑인의 인권신장을 위해 노력해왔으며, 여기에 일부 좌파 정당과 우익 정당, 가톨릭교회 그리고 노조 등도 가세하여 인종문제에 대한 논의를 시작하였다. 1980년대 초 브라질의 야당들은 자신들의 선거 유세에 반 인종차별과 흑인의 정치참여를 주장하였으며, 1978년 브라질 전국주교회의(Conferência Nacional dos Bispos do Brasil, CNBB)도 흑인성직자들의 모임과 회의를 다양한 형태로 주관하였다.

흑인운동 단체들의 이러한 전국적인 흑인인권 신장 노력은 특히 브라질 흑인들의 정신적인 진보와 변화를 가져왔으며, 그들의 업적은 무엇보다도 인종문제에 대한 브라질 사회의 관심을 불러일으키고 이와 함께 정부로 하여금 인종불평등 앞에서 수동적인 묵과의 자세를 포기하도록 하였다는 점이라고 볼 수 있다.

노예해방 100주년

공화정 실시 기간 내내 노예해방의 기념은 흑인 수도회와 흑인운동 단체들의 몫이었으며, 공화정 정부는 이에 대한 관심조차 두지 않았으며 오히려 노예해방일을 망각시키려는 정치적 의도를 갖고 있었다. 우선 정부는 민중들이 이룩한 위대한 업적인 노예해방의 의미를 비난하고자 하였으며 과거의 노예제도를 묻어두고 싶었고, 이와 함께 전 노예들과 흑인 민중의 삶의 질적 개선을 위한 여하한 조치도 피하고 싶었던 것이다. 그래서 정부는 1890년대 내내 전국 각지 흑인들의 5월 13일 노예해방의 기념을 금지하였었다.

하지만 5월 13일은 브라질의 흑인들에게 남다른 특별한 의미를 갖는 날이었으며, 이날 흑인들은 무도회와 미사, 세미나와 스포츠 경기 등 다양한 행사를 통하여 노예해방의 의미를 되새기곤 하였다. 예를 들어 1927년 5월 13일에는 싸웅 빠울루 흑인 단체가 주도하여 흑인과 백인 간의 축구경기가 개최되었다. 이날 경기의 결과는 의외로 흑인들의 승리로 끝났는데, 이러한 당혹스러운 결과에 대해 지역 언론들은 일제히 대서특필로 보도하였다. 왜냐하면 이날 활약을 펼친 흑인선수들은 모두 소규모 하위 리그 소속으로 1부 리그에는 입단하지도 못한 선수들이었기 때문이었다. 하지만 그로부터 60년이 지나 노예해방 100주년이 되던 1988년에는 상황이 많이 바뀌어 당시 인종문제에 대한 논의가 보다 표면화되었던 시점에 100주년 기념은 브라질 사회에서 인종정체성에 관한 토론을 본격화하였고 또한 흑인의 주변화에 대항한 다양한 시위가 벌어졌다.

1980년대의 흑인 인권운동은, 노예해방을 논할 때 노예들의 자유를 쟁취하기 위한 투쟁보다는 노예해방의 기틀을 마련했던 이자벨 공주(Princesa Isabel)의 선의와 박애정신에 더 무게를 두는 정부의 공식입장에 대해 의구심을 가졌으며, 동시에 대부분의 흑인 민중이 최악의 생활상황에 처해 있는 현실에서 노예해방일을 기념한다는 것 자체는 의미가 없는 것처럼 보였다. 그래서 흑인들의 투쟁전신을 회복하고 저항을 고양시키기 위해 흑인 단체들은 5월 13일을 부정하기에 이르렀다. 하지만 노예해방일은 여전히 종교단체들과 아프리카 토속신앙조직, 그리고 낄롬부 공동체 등에 의해 중요한 의미를 지니고 있었으며, 특히 나이든 세대들에게 있어서 그날은 노예해방운동에 참여한 흑인들의 숭고한 희생정신을 기리는 기념일로 기억되고 있었다.

1985년 연방정부는 노예해방 100주년을 기념하기 위하여 일련의 세미나와 토론회, 전시회 등의 행사를 조직할 것이라고 발표하였으며, 이에 대해 흑인운동 단체들은 지식인과 종교인, 정치가와 기자들을 포함하는 사회 각 계층의 인사들이 참여하여 이러한 기념행사를 치룰 것인지에 대한 논쟁을 촉발시켰다. 이에 대해 브라질 전국의 흑인운동가들은 이러한 기념행사에 반대하는 입장을 표명하였고, 이들의 압력하에 살바도르 시와 바이아 주 정부는 100주년 기념행사를 포기하고 말았으며, 흑인 단체들은 시위를 격화시키기 위해 5월 12일 살바도르 시에서 소위 '노예해방 없는 100주년' 행진을 계획하였으며 이때 시위자들에 의해 이자벨 공주의 초상화가 불태워지는 사건이 발생하였다.

이와 유사한 행진 시위가 히우 지 자네이루에서도 조직되어 750명의 경찰병력이 시위를 저지하기 위해 배치된 가운데 충돌이 벌어져 노조지도자들이 체포되었으며 흑인운동 지도자들은 시위 중 연설이 금지되기도 하였다. 이러한 사건은 언론에 대서특필되었으며 브라질의 인종민주주의의 개선에 대한 보다 급진적인 논쟁을 제공하게 되었다.

노예해방 100주년인 1988년 이후 다양한 흑인운동 단체들이 5월 13일을 브라질 인종차별에 대한 논의의 일정으로 공식화하여, 그해 11월 20일, 1695년 이 날 처형된 노예해방 전사인 빨마리스 낄롬부(Quilombo de Palmares)의 줌비(Zumbi)를 기념하여 이날을 '흑인 자각의 날'(Dia Nacional da Consciência Negra)로 정하였으며 이때부터 흑인이라는 용어의 강조는 브라질 사회에서 인종차별의 문제를 재인식하는 하나의 지표로서 인식되었다. 그래서 흑인의 미적 가치와 줌비의 영웅주의, 그리고 흑인 민중 투쟁의 고양은 1988년 한 해를 흑인성의 가치화와 인종차별에 대항한 투쟁 과정의 기록의 표식으로 바꾸어놓는 흑인 운동가들의 노력과 업적임을 보여주게 되었다. 노예해방 100주년 기념식의 엄숙함과 대중시위, 그리고 학술활동을 주도한 흑인 단체들의 목적은, 사회 · 경제적 불평등을 고발하는 것 외에도 아프리카 전통의 지속성과 저항의 상징으로 규정된 흑인문화를 고양시키는 것이었다.

1980년대의 이러한 흑인운동은 곧 정치적으로도 큰 반향을 일으켰는데, 1988년 이후 연방헌법은 인종차별은 보석(保釋) 없고 시효도 없는 범죄이며 또한 인종차별을 행할 경우 사회격리 형벌에 처하도록 언급하고 있다. 즉 인종차별 행위자는 보석금을 지불해도 풀려날 수 없으며 또한 범죄행위가 오래되었다 하더라도 체포될 수 있음을 의미하는 것이었다.

1989년에는 일명 까오(Caó)라고 알려진 흑인 하원의원 까를로스 알베르뚜 지 올리베이라(Carlos Alberto de Oliveira)가 제안한 7716/89 법안 '까오 법'(Lei Caó)이 공포되었다. 이 법은 브라질에서 인종차별 범죄의 실체를 규정한 유일한 법안으로 브라질 공직사회에 흑인의 참여 중요성을 역설하였으며, 이후 브라질 정치에서 상, 하원을 포함하여 주지사 등에 많은 흑인들이 당선되는 계기가 되기도 하였다.

여전한 불평등

2000년에 실시되었던 국민 총인구조사에 따르면 1억 7,900만 명의 총인구 중 흑인은 7,600만 명 이상으로 나타났으며, 이 중 싸웅 빠울루에 310만 명의 흑인이 집중되어 있고 그 뒤를 이어 히우 지 자네이루에 240만 명, 살바도르에 180만 명이 거주하고 있는 것으로 밝혀졌다. 여기서 브라질 국립지리통계원(IBGE)이 채택하고 있는 등급표에 따르면 완전 흑인(preto, 쁘레뚜) 또는 흑색에 가까운 혼혈인(pardo, 빠르두)도 모두 흑인의 범주로 잡고 있다. 이러한 통계 자료는 브라질 흑인의 최근 역사를 이해하는 데 필수적인 것으로서, 흑인의 사회적 불평등을 측정하고 또한 흑인 민중들에게 필요한 특정의 공공정책을 채택하는 데 도움을 주기 때문이다.

2000년의 인구통계 조사에서는 다음의 두 가지 사실을 살펴볼 수 있다. 첫째, 완전 흑색의 인구, 즉 '쁘레뚜'는 점차 줄어드는 반면에 검은색에 가까운 혼혈인, '빠르두'는 늘어나고 있는 추세이며, 둘째, 이 두 인구를 합치면 백인의 숫자와 거의 비슷하다는 사실이다. 1940년에 '쁘레뚜'와 '빠르두'를 포함한 흑인은 전체 인구의 36%였었지만, 2000년에 이르러 45%에 육박하고 있다는 사실은 곧 흑인 가정의 출생률이 백인 가정보다 훨씬 높다는 것을 의미하는 것이다.

그러나 유아사망률은 백인보다 흑인 인구에서 더 높은 것으로 나타났는데, 1996년 통계에서 1000명의 출생 유아 중 36명의 흑인 유아가 1년을 생존하지 못한 반면 백인 유아는 24명에 불과하였다. 이는 곧 영아의 출생 후 공중보건시설의 열악함을 반증하는 것이며 이와 함께 태아 건강에 직접적인 영향을 미치는 흑인 산모들에게서 빈혈이나 당뇨, 고혈압 등의 질병이 두드러짐을 반영하는 것이다. 특히 빠라나 주에서는 흑인 여성의 사망 위험률이 백인 여성보다도 7.4배나 높았는데, 이는 많은 가정이 여성에 의해 주도되고 있는 흑인가족의 생활상에 비추어볼 때 매우 심각한 것이 아닐 수 없다. 지역별로도 차이는 매우 심각하게 나타고 있는데, 북동부지역 흑인 유아 사망 위험률은 남부지방의 그것보다도 44%나 더 높은 것으로 나타났다.

빈민촌, 파벨라

히우 지 자네이루 조사연구소와 안전 및 시민권 연구센터에 따르면, 2000년에 흑인의 자살률은 백인보다도 87%나 높았으며 특히 흑인 남성의 경우 그 비율은 훨씬 높았던 것으로 밝혀졌다. 이러한 결과에 대해서는 무엇보다도 흑인 청년들이 마약밀매와 같은 위험 상황에 훨씬 더 많이 노출되어 있는 점과 함께 공중병원 응급시설의 열악함, 그리고 대도시에서의 경찰 폭력 등이 원인으로 지적될 수 있다. 이와 함께 대부분 흑인들이 거주하는 시외와 빈민촌(favela, 파벨라)의 열악한 생활조건과 노동시장의 기회 부족, 낮은 학력, 그리고 인종차별 또한 원인으로 지적되고 있다.

브라질사회경제연구및조사국(DIEESE)에 따르면, 6개 대도시(벨루오리존찌, 브라질리아, 뽀르뚜 알레그리, 헤시페, 살바도르, 싸웅 빠울루)의 경우 지난 2002년 흑인의 실업률은 백인보다도 훨씬 높은 것으로 나타났다. 특히 뽀르뚜 알레그리의 경우 흑인의 실업률은 22.7%로 백인의 14.9%보다 8% 더 높았다. 그리고 다음의 표에서 보듯이 흑인 여성의 경우 고용의 기회는 매우 저조하였다.

브라질 대도시의 성별 및 피부색에 따른 실업률(2002년)

구 분	흑 인			비 흑 인		
	전 체	여 성	남 성	전 체	여 성	남 성
벨루 오리존찌	19.9	22.4	17.9	16.1	19.9	12.8
브라질리아	23	25.2	21	17.2	21.2	13.3
뽀르뚜 알레그리	22.7	24.7	20.8	14.9	17.9	12.5
헤시페	22.4	25.8	19.8	19.1	23.3	15.3
살바도르	29	32	26.2	19.9	21.9	17.9
싸웅 빠울루	23.9	27.4	21	16.7	20.1	14

출처: DIEESE(2002년 1월 ~ 6월 기간의 평균)

하지만 기회의 불평등은 무엇보다도 교육체계에 있는 것으로 나타났다. 1992년 초등교육과정에 등록한 학생 수는 28,234,039명이었는데, 이 중 백인이 52%, 검은 색에 가까운 혼혈인 '빠르두'는 43%인 반면 흑인은 4.5%에 불과하였다. 이러한 수치는 브라질 국민 중 백인과 '빠르두', 그리고 흑인의 인구 비율과 일치하는 것이며 또한 적어도 초등교육에 있어서는 불평등이 존재하지 않는 것을 의미한다. 하지만 상급학교로 진학할수록 불평등은 더욱 커지게 된다. 고등교육에 등록한 학생은 모두 1,665,982명인데, 이 중 백인은 78.6%인 반면 '빠르두'와 흑인은 각각 17.4%와 1.4%를 차지할 뿐이다. 이러한 상황의 차이 외에도 노동시장에 있어서의 흑인의 기회 또한 피부색에 대한 편견에 의해 좌우되고 있다. 즉, 같은 학력을 지녔다고 하더라도 흑인은 고용의 기회와 보수, 사회적 성공에 있어서도 훨씬 차별을 받고 있는 것이다.

브라질의 아프리카-브라질 민중은 백인들보다 일은 더 많이 하면서도 적은 보수를 받고, 더 열악한 노동환경에 처해 있으며 또 실업에 더 많이 노출되어 있다. 흑인의 노동시간은, 백인이 주당 평균 42시간인 반면 44시간으로 나타났으며, 2001년 흑인 성인의 17.3%가 노동허가증 없이 일을 한 반면, 같은 조건에서 백인의 비율은 12.3%였었다. 같은 해 실업률은 흑인이 6.4%, 백인이 5.3%로 나타나 흑인이 보다 빈곤에 노출되어 있으며, 흑인의 인구가 전체 인구의 45%이지만 전체 흑인 가구의 70%가 극빈층인 것으로 나타났다.

위에서 제시된 수치는 공식적인 것으로 또 다른 사회적 지표, 즉 교육과 건강, 주거 및 여가 등의 지표를 더하면 흑인들은 백인에 비해 훨씬 불리한 환경에 처해 있음이 나타날 것이다. 이러한 지표는 브라질의 인종차별이 단지 개인적인 차별의 이야기로 귀결되는 것이 아님을 명백히 보여주고 있다. 브라질에서 인종차별은 그야말로 광범위하게 확산되어 있으며, 그 역사적 뿌리 또한 깊어서 흑인들이 풍요로운 삶의 조건을 획득하는데 가장 큰 걸림돌이 되고 있는 것은 분명한 사실이다.

'적극적 우대조치'(Ações Afirmativas)[14]

확연히 드러나는 사회·경제적 불평등의 상황을 바꾸기 위해서는 불리한 조건에 처해진 집단의 생활을 개선하기 위한 조치와 정책이 필요할 것이다. '적극적 우대조치'는 곧 불평등을 교정하기 위하여 공공부문 및 기업에서 행해지는 정책을 채택하며, 나아가 과거의 차별에

14 '적극적 우대조치'(Ações Afirmativas)는 인종이나 경제적 신분 간 갈등을 해소하고 과거의 잘못을 시정하기 위해 특혜를 주는 사회정책을 말한다. 단순히 차별을 철폐하고 공평한 대우를 하는 것보다 좀 더 적극적으로 가산점을 주는 형태로 이루어진다.

대한 보상과 배상이 이루어져 과거가 현재와 미래에 또 다시 반복되지 않도록 정책적으로 결정짓고자 한다. 이러한 '적극적 우대조치'는 브라질의 고유한 것이 아니라 이미 콜롬비아와 중국, 남아프리카공화국 등 많은 지역에서 채택되어 왔다. 미국의 경우에도, 1960년대에 이미 '적극적 우대조치'를 채택하였지만, 1980년에 대학 입학 쿼터와 같은 일부 정책들은 대법원에 의해 위헌판결을 받은 바 있다. 하지만 대학이나 기업, 공공기관에서는 흑인을 위한 장학금과 같은 조치들을 여전히 실행하고 있다.

미국에서는 '적극적 우대조치'로 인하여 교육과 노동시장에서 흑인의 기회가 높아졌으며, 브라질보다는 흑인의 수가 적으면서도 미국의 흑인들은 브라질과는 다르게 사회 전 부문에 걸쳐 중요한 자리를 차지하고 있다. 하지만 미국의 '적극적 우대조치' 모델이 이상적인 것은 아니다.

미국에서는 극소수의 흑인들만이 중산층을 이루고 기업과 연방정부, 정부기구 등에서 요직을 차지하고 있으며 대부분의 흑인들은 가난과 폭력, 가족의 해체, 마약이 일상적인 건강하지 못한 동네에서 여전히 거주하고 있다. 그리고 브라질의 경우와 마찬가지로 미국의 교도소에는 전체 인구 내 인종 비율보다 훨씬 높은 비율로 흑인 죄수들이 수감되어 있다(미국의 흑인 비율은 13% 정도이지만 죄수 중의 49%가 흑인이다). 미국 흑인들의 빈곤한 상황은 지난 2005년 8월 카트리나 태풍의 비극으로 수많은 흑인 군중들이 구걸과 도움을 요청하는 모습이 TV를 통해 전 세계에 알려지면서 표면화되었다.

1990년대 중반 이후 브라질의 흑인 단체들은 브라질에서 인종차별과 인종불평등에 대항하여 정부적 차원의 조치를 논의하도록 압박을 가하여 드디어 그 논의가 본격 실시되기 시작하였다. 1996년 연방

정부에서 '적극적 우대조치 채택을 위한 정부부처 간 그룹'(Grupo de Trabalho Interministerial para a Implementação de Políticas de Ações Afirmativas)이 창설되었고, 2001년 남아프리카공화국에서 개최된 '제3차 인종차별 반대 국제회의'에서 브라질 정부는 교육과 노동시장에서 인종 쿼터 제도를 채택하기로 약속하였다.

정부의 조치와는 별개로 브라질 상당수의 공립대학에서도 소위 사회적·인종적 쿼터 제도를 실시하고 있는데, 각 대학이 특정의 별개 조치를 취하고 있지만, 일반적으로 공립학교를 졸업한 흑인 및 빈곤층을 위해 일정 수의 입학생을 예비하고 있다.

쿼터 제도를 채택하고 있는 사람들은 물론 이 제도가 인종차별과 불평등을 즉각 해결하지는 못해도 적어도 그러한 방향으로 나가는 첫 걸음이라고 인식하고 있다. 하지만 쿼터 제도를 반대하는 사람들은 이 제도가 흑인과 백인 간의 경쟁을 부채질하기 때문에 오히려 인종차별을 더 확대시킬 수 있다고 주장한다. 하지만 그러한 경쟁은 예전부터 존재해오고 있는 것이며, 그것은 현재의 국면을 역전시키는 데 필요하다. 물론 빈곤한 백인의 경우에도 쿼터 제도는 당연히 실시되어야 한다. 기회는 모든 사람에게 공평하게 제공되어야 하며, 이는 곧 정부의 의무이며 사회의 목적이 되어야 한다.

참고문헌 | 찾아보기

참고문헌

논문

김영철, 「브라질 문화에 나타난 아프리카 흑인문화」, 『이베로아메리카 제3집』, 2001.

_____, 「브라질 문화의 흑인성 연구-아프로 브라질 종교를 중심으로」, 『국제지역연구 제7권 제4호』, 2004.

서성철, 「라틴아메리카 종교의 신크레티즘: 카리브 지역의 문화의 혼합주의」, 『라틴아메리카연구』, 2000.

이광윤, 「네그리뚜지(Negritude)와 브라질의 흑인문학」, 『외대논집 제18집』, 1998.

최금좌, 「카니발을 통해 본 브라질의 문화정체성」, 『국제지역연구 제5권 제2호』, 2005.

최금좌 · 곽재성, 「카포에이라: 자유와 평등을 향한 흑인운동의 상징」, 『라틴아메리카연구』, 2000.

Crook, Larry & Johnson, Randal, "Black Brazil: Culture, Identity and Social Mobilization", *UCLA Latin American Studies*, Vol. 86, 1999.

저서

이전, 『라틴아메리카 지리: 문화와 역사, 그리고 정치 시사를 중심으로』, 민음사, 1994.

DaMatta, Roberto, *Carnavais, Malandros e Heróis: Para uma Sociologia do*

Dilema Brasileiro, ed. Guanabata Koogan, Rio de Janeiro: Rocco, 1990.

Freyre, Gilberto, *Casa Grande & Senzala*, Rio de Janeiro: Record, 1992.

Hess, David J. & Damatta Roberto, *The Brazilian Puzzle: Culture on the Borderlands of the Western World*, New York: Columbia University Press, 1995.

Leopoldi, J .S., *Escola de samba, ritual e sociedade*, Petrópolis: Vozes, 1978.

Lopes, Helena Theodora, ed., *Megro e Cultura no Brasil: Pequena Enciclopedia da Cultura Brasileiro*, Rio de Janeiro: Alphabet Gráfica e Editora Ltda., 1987.

Luiz, Mauro Aurélio, *Cultura Negra e Ideologia do Recalque*, Rio de Janeiro: Achianmé, 1983.

Neves, Maria de Fátima Rodrignes das, *Documentos sobre a escravidão no Brasil*, São Paulo: Contexto, 1995.

Moreira, Manuel Correia, *O Brasil e África*, São Paulo: Contexto, 1989.

Moura, Clóvis, *Sociologia do Negro Brasileiro*, São Paulo: Livro em Geral, 1980.

Ortiz, Renato, *Cultura Brasileira & Identidade Nacional*, São Paulo: Brasiliense, 1985.

Ramos, Artur, *O Negro Brasileiro*, São Paulo: Companhia Editora Nacional, 1969.

Ribeiro, Darcy, *O Povo Brasileiro: A Formação e o Sentido do Brasil*, São Paulo: Companhia das Letras, 1992.

Skidmore, Thomas E., *O Brasil Visto de Fora*, Rio de Janeiro: Paz e Terra, 1994.

찾아보기

ㅇ

브라질 흑인의 역사와 문화

초판 1쇄 발행 2015년 5월 31일

지은이 이광윤
펴낸이 강수걸
편집장 권경옥
편집 문호영 양아름
디자인 권문경 박지민
펴낸곳 산지니
등록 2005년 2월 7일 제14-49호
주소 부산광역시 연제구 법원남로15번길 26 위너스빌딩 203호
전화 051-504-7070 | 팩스 051-507-7543
홈페이지 www.sanzinibook.com
전자우편 sanzini@sanzinibook.com
블로그 http://sanzinibook.tistory.com

ISBN 978-89-6545-295-9 93950

* 책값은 뒤표지에 있습니다.
* 이 저서는 2008년 정부(교육과학기술부)의 재원으로 한국연구재단의 지원을 받아 수행된 연구입니다.(NRF-2008-362-A00003)
* 이 도서의 국립중앙도서관 출판예정도서목록(CIP)은 서지정보유통지원시스템 홈페이지(http://seoji.nl.go.kr)와 국가자료공동목록시스템(http://www.nl.go.kr/kolisnet)에서 이용하실 수 있습니다.(CIP 제어번호: CIP2015012606)